壹 一说春秋 /边看边听的春秋历史/

一说春秋之惊蛰

李明 著

The Waking of
INSECTS

中国社会科学出版社

图书在版编目（CIP）数据

一说春秋之惊蛰 / 李明著. — 北京：中国社会科学出版社，2019.9（2022.1重印）

ISBN 978-7-5203-4721-1

Ⅰ. ①一⋯　Ⅱ. ①李⋯　Ⅲ. ①中国历史－春秋时代－通俗读物　Ⅳ. ①K225.09

中国版本图书馆CIP数据核字（2019）第144989号

出 版 人	赵剑英
责任编辑	黄　山
责任校对	张文池
责任印制	李寡寡

出　　版	中国社会科学出版社
社　　址	北京鼓楼西大街甲158号
邮　　编	100720
网　　址	http://www.csspw.cn
发 行 部	010-84083685
门 市 部	010-84029450
经　　销	新华书店及其他书店
印　　刷	北京明恒达印务有限公司
装　　订	廊坊市广阳区广增装订厂
版　　次	2019年9月第1版
印　　次	2022年1月第2次印刷
开　　本	650×960　1/16
印　　张	20.5
插　　页	2
字　　数	325千字
定　　价	46.00元

凡购买中国社会科学出版社图书，如有质量问题请与本社营销中心联系调换
电话：010-84083683
版权所有　侵权必究

谨以此书献给所有热爱春秋以及将要爱上春秋的朋友们。

惊蛰

惊蛰是农历二十四节气中的第三个节气,时间在农历二月初,公历3日5号或6日。这个时候,天气已经开始转暖,渐有春雷。古人认为,春雷一发,就会惊醒在寒冬中蛰伏已久的小动物,所以把这个节气称为惊蛰。早在公元前771年,犬戎攻破西周王朝的都城镐京,西周最后一任天王姬宫涅被杀。姬宫涅的儿子姬宜臼虽然继位,却无法在镐京立足,被迫东迁。本书开始于姬宜臼东迁之后50年的公元前722年,这时候的王室面临王畿缩水、实力衰退、自身合法性饱受质疑的困境,而本来受到王室压制的诸侯们却开始活跃起来。如果姬宜臼的东迁是一声春雷,那么春雷一发,蛰伏已久的诸侯就被惊醒了,本书也就由此命名为『惊蛰』。

凡例

● **本书结构**

《春秋》为编年史，按年记录，所以本书每年为一章，每章前都列出年表，年表标出本年是公元前多少年、干支是什么，主要国家本年在位的国君、爵位、名字以及在位年数。如：

公元前722年 己未 周王姬宜臼四十九年 齐侯禄父九年，晋侯郄二年，曲沃鳝十一年，卫侯完十三年，蔡侯措父二十八年，郑伯寤生二十二年，曹伯终生三十五年，陈侯鲍二十三年，杞武二十九年，宋公和七年，秦文四十四年，楚王芈彻十九年。

每一年都根据本年情况编排所有出场人物的关系图。

每一年都提供二维码，使用微信扫描二维码可以在我们的公众号中收听本年相关的音频。

● **正篇之外**

本书除了正篇内容以外，还包括一些特殊环节。

（1）番外：非正篇内容，但和正篇内容相关的背景知识及观点的介绍。

（2）回声：对听友、群友提出的《春秋》相关问题，所做的针对性的回复。

● **《春秋经》**

本书依据《春秋经》，将一年的史料分为若干条目，有经文的则在条目最前标注经文，如：

元年春，王正月。

《春秋》开篇六个字，元年春、王、正月，虽然只有六个字，但我们要分成五点来讲……

对于需要说明的经文，则予以说明。如：

三月，公及邾仪父盟于蔑。「蔑」即姑蔑，《春秋经》记为「蔑」为避讳鲁息姑。

如果没有对应的经文，则会有模仿的经文，并以（）注明。如：

（城郎。）

● 原文引用

《春秋》经常会引用诗经、尚书、谚语等内容，由于有些引用会和其他内容有关联，不适于直接翻译为白话文，所以会在保留原文的情况下，注明出处及示意白话文。所有引用使用『』「」标识，以示区别。如：

诗曰：『孝子不匮，永锡尔类』（《大雅·既醉》，孝子源源不绝，永远赐福给你的家族）。

此外，凡提诗即是指《诗经》，提书即是《尚书》，其他如《夏书》《商书》《周书》之类都是指《尚书》。

● 君子曰

《春秋》除了记录的史实外，还包含对这些史实的评论。比如《左传》会使用"君子曰"来记录当时人对某件事情的看法，本书除保留"君子曰"这种形式外，还会根据不同需要摘录其他各家的观点。

● 人物称呼

不同于一般的春秋故事，本书并没有采用谥号来称呼《春秋》的人物，因为谥号是死后才会有的称呼方式，本书依据《春秋经》的习惯，以他们活着时候的称呼方式来称呼他们。《春秋经》讲究称氏不称姓，所以本书采用"氏 + 名"作为主要的称呼方式。比如：

郑国的第三任国君，一般被称为郑庄公，庄即他的谥号，而郑是他的氏，寤生则是他的名字，所以我们称呼他为郑寤生。

由于史料有限，部分无法确定名字的人则保留习惯的称呼，比如秦景公。另外，春秋时代女性多没有正式的名字，也只能保留习惯的称呼，比如文姜、武姜等。

● 日期的书写

《春秋》所用历法为周历，并非我们今天常用的公历或农历，所以本书的周历日期都用汉字书写予以标识，而牵涉公历的日期，则全部使用阿拉伯数字。如：

十月初一，日食。根据今日推算，本次日食是在公元前695年10月10日的日环食。

《春秋》使用天干地支记录日期，本书会将干支统统转化为日期，但有些干支可能因为经文有错而无法转换，则直接照录干支并提醒本月无此干支，例如：

八月庚辰（八月无庚辰），鲁息姑和戎人在唐结盟。

● 注音

《春秋》里有很多生僻字，本书在这些字第一次出现时，会用同音字予以注音，例如：

九月，纪国国君派卿大夫裂繻（音"须"）来迎娶。

● 人物关系图

本书会根据每一年的情况编排所有出场人物的关系图。

出场人物以实线框标识，未出场的关联人物用虚线框标识。

不同国家的人物会分别放置在各自的国家框内。人物的国家属性仅表示他的出身地，不会因叛逃或流亡国外而改变。

有关系的人物会用关系线连接，并注明关系。涉及多代人物的关系，大体会按照辈分从上到下的排列。国家间则优先放置相互有关系的国家，没有关系的国家尽量示意地理上的相对位置。

● 关于二维码

《一说春秋》先有音频内容，然后才形成图书文字，所以我们在每个章节的开始，提供一个二维码，使用微信扫描二维码即可查看该章节对应的音频。

要注意的是，文字内容在音频基础上做了修订和增补，未必和音频完全一致，有冲突的部分应该以文字为准。

目 录

一 自序 / 01

缘起 / 02
孔版春秋？ / 04
三传 / 09
始终 / 19
经史 / 26
成书 / 28

二 鲁息姑 / 37

元年 / 39

番外：何以君子 / 63
二年 / 71
三年 / 81
四年 / 99
番外：何以诗经 / 109
五年 / 117
六年 / 131
七年 / 141
八年 / 149
九年 / 161
十年 / 171
十一年 / 179

回声：摄政称公是自找麻烦？ / 197

❸ 鲁允 / 201

元年 / 203
二年 / 209
三年 / 223
四年 / 233
五年 / 239
六年 / 249
番外：何以姓氏 / 263

七年 / 271
八年 / 277
九年 / 287
十年 / 295
十一年 / 303

附录 / 312

人物别名表 / 312

参考文献 / 316

一

自序

我看书并不常看『序』,所以写这篇『序』的时候,有点儿担心谁会真的去看。但到动笔,我才发现更需要担心的是,这篇『自序』能不能写好。春秋时代距今历史久远,《春秋》在当今社会实在算不上热门读物,所以不管要讲述什么样的事情、阐述什么样的观点,如何能深入浅出地把牵涉的众多背景内容讲清楚,还真有不小的难度。不过,衡量再三,我还是写了下面的文字,毕竟有些事情您需要了解,有些话我也的确想说。

缘起

春秋是中国古代历史的一个时期，上承夏、商与西周，下启战国与秦、汉。春秋的开始和一位倾国倾城的美女有关，这位美女叫作褒姒。

当时中国大地的统治者是西周第十二任天王，叫作姬宫涅[①]。姬宫涅非常宠信褒姒。褒姒不爱笑，姬宫涅为了让她开心，就点燃烽火。天下诸侯以为王室受到攻击，匆匆来援，他们狼狈的样子被褒姒看到，褒姒笑了。此后姬宫涅又多次点燃烽火，就为博美人一笑，这也就是我们常说的烽火戏诸侯[②]的故事。

当然，故事讲到这里，还只是一个"不爱江山爱美人"的桥段而已。可是褒姒希望做王后，要立她的儿子伯服做太子，姬宫涅就废掉原来的王后，还要杀掉原太子姬宜臼，这个事儿就闹大了。

姬宜臼的母亲是申国人，姬宜臼为了逃避追杀跑回申国。申侯听说事情原委后非常愤怒，但是他知道，以申国的力量不足以挑战王室。于是，申侯联合周王朝的外敌犬戎攻打京师。姬宫涅点燃烽火召天下诸侯来援，可是大家都以为他在开玩笑，谁也没有来。结果京师被攻破，姬宫涅被杀，褒姒不知所踪。

接着，姬宜臼继承王位，可是他身负弑父的嫌疑，无法在京师立足，就

[①] 《史记》作宫湦（音生），《世本》作宫涅，本书从后者。

[②] 烽火戏诸侯出自《史记·周本纪》，网络上有驳斥或认为是编造的说法，这些说法多是推理或个人观点，缺乏有力实证，所以本书从《史记·周本纪》。

将都城向东迁到了洛邑，也就是今天的洛阳。由此周王朝被分成两部分，东迁之前被称为西周，东迁之后被称为东周，而春秋时代也就由此开始了。

中国历史上有个规律，凡是在今天西安一代定都的王朝，比如说西汉、唐都是非常强悍的王朝，而在洛阳定都的王朝相对来说就没有那么多的建树。西周定都在镐京，也就是今天的西安附近，东迁到洛阳之后，王室的京畿大幅缩水，实力大减，加上姬宜臼名不正言不顺，本来受到王室压制的诸侯纷纷活跃起来，群雄逐鹿，霸主层出不穷。王室的权威也不断衰落，一直到姬宜臼东迁 367 年以后，赵、魏、韩三家分晋，他们以行动证明，只要有实力，根本不用在乎王室怎么想，战国时代也就拉开了帷幕。

那么，也就是王室开始衰落但还有一定权威的时代，就是春秋时代了。

春秋之所以称为春秋，是因为有一本叫作《春秋》的书。这本书是春秋时代鲁国的国史，放在今天，就相当于山东曲阜一带的地方志。《春秋》以鲁国的视角记录了鲁国 12 位国君两百四五十年的历史。

当时各个诸侯国都有他们的国史，比如说，晋国的国史叫作《乘》，楚国的国史叫作《梼杌》（音"桃物"）。这些书在汉代就没有人见过，大概是秦始皇焚书坑儒的时候都给烧掉了。晋国的国史有一部分零零碎碎地流传下来，但已经完全失去本来的面貌，有人把它汇编成册，另起了一个名字，叫作《竹书纪年》[①]。能够完整流传下来的只有鲁国的《春秋》，唯一的地方志就变成了中国史，而它所在的时代也就由它来命名。

我要说的春秋，就是《春秋》这本书。

[①] 《竹书纪年》出自战国魏襄王墓，其内容包含夏、商、西周、春秋、战国各时代的记录，一般认为是由晋国及魏国史官记录，本书聚焦在春秋，所以称其为晋史。

孔版《春秋》？

说《春秋》，首先要说的就是它的作者。

所谓孔子治六经，《诗》《书》《礼》《乐》《易》《春秋》。传统一般认为《春秋》为孔子所作，这种说法最早可以追溯到孟子的一段话：

世道衰微，邪说暴行有作，臣弑其君者有之；子弑其父者有之。孔子惧，作春秋。（《孟子·滕文公下》）

孟子的意思也就是说，孔子所处的那个时代礼崩乐坏，暴行邪说遍地都是，孔子感到恐惧，就退而「作春秋」，他要用《春秋》来揭露这些暴行邪说，指责这些乱臣贼子。

到了汉代，《史记》的作者司马迁也有类似的说法。

仲尼厄而作春秋。（《报任安书》）

「仲尼」就是孔子，孔子曾经周游列国，到处不受礼遇，其至被人所困断水断粮，惶惶如丧家之犬，司马迁的意思也就是说，孔子正是因为倒了这么大的霉，才开始「作春秋」的。

要注意的是，「作春秋」的这个「作」字，就是创作的意思。两位大"牛人"孟子、司马迁都认为是孔子创作了《春秋》，自然在古代世界里，大家也就普遍地这么认为了。

《春秋》由孔子所创作，对于《春秋》来说，实在是好坏参半。

好处就是自汉以后，罢黜百家，独尊儒术。《春秋》因为是孔子创作的，所以被列为五经之一，成为重要的经典，由此为《春秋》的研究、注解、传播都奠定了基础。

坏处则《春秋》是孔子所创作，自然也就变成了圣人之言，后世很多人就抠它里面的每一个字，本来好好的一部书，非要抠每个字都要抠出价值观、世界观，自然就会搞出一些莫名其妙的东西。常见的比如问这句话什么意思呢？这是讽刺，孔子要讽刺什么；那句话什么意思呢？那也是讽刺，孔子又讽刺什么，结果搞得孔子似乎也愤世嫉俗起来了。

到了唐代，关于《春秋》是不是真的由孔子创作这件事，有人开始提出质疑。数百年间，这种质疑不断地扩大，到清代尤为强烈。因为清代主要的学术就是考据学，清代把所有的古代经典全部考据了一遍，各种注解全部作了汇编，所以清代的人自认为更有发言权。他们认为，《春秋》这本书内容延续200多年，笔法前后都不同，怎么看都不像是一个人创作出来的。

要说笔法这种事情靠谱吗？这个要类比一下同为编年史的《资治通鉴》。《资治通鉴》前后记录了1000多年的历史，虽然参编的人很多，但是通书是由司马光来把控的，所以整个下来，它的文笔上下是一致的，可是《春秋》就200多年，文笔前后都不一致，起码不像是一个人从头到尾捋过一遍的。

这种观点成了现在主流的看法，也就是说，孔子没有创作《春秋》，只是根据某个原始的版本进行了整理。

孔子整理《春秋》，其实有非常多零零散散的证据。

孔子自称他是「述而不作」（《论语·述而》）。"述"就是转述，"作"就是创作。也就是说孔子认为，他治六经，都是转述先贤的学术，没有自己创作。孔子要强调这点，是因为孔子讲「克己复礼」（《论语·颜渊》），所谓「复礼」就是恢复旧礼，如果他的六经全部都是他自己创作出来的，他还恢复什么旧礼，不是都变成开创新礼了吗？所以他必须说所有东西都是转述别人的，不是创作出来的。如果六经都是转述的，那么作为六经之一的《春秋》自然也应该是转述的，不是他自己创作的。孔子自己都这样认为的话，我们非要说是他创作的，这不是很奇怪吗？

《春秋》中记录了很多天象，仅日食就记录了36次，其中33次都可以用现代的技术手段进行验证。这些记录是古人无法伪造的，一定是日食发生的当时有人看到，并且把它记录了下来。由此，我们可以推断，《春秋》这本书的底本必然有一个实时记录的过程，比如说当年记录上一年的事情，下一个季度记录上一个季度的事情，类似这种方式。那么，《春秋》既然记录了200多年的事情，而孔子是春秋末年的人，他不可能200多年都在，所以也算是旁证《春秋》不是孔子所创作。

还有像称呼的问题，比如郑国第三任国君郑寤生，《春秋》称呼他为「郑伯」，郑国是一个伯爵的国家，称呼「郑伯」，也就是用爵位来称呼郑国国君。这种称呼有什么特殊的地方呢？在当时人们看来，郑国的国君可能10年、20年就是一个人，所以在郑寤生执政的时候，有人说「郑伯」，大家都知道，这个郑伯一定指的是郑寤生，可是对于后人来说，郑国几十任国君，每一任国君都可以称呼成郑伯，如果后人提到郑伯的话，这个郑伯指的是谁呀？是郑寤生、郑忽还是郑突，到底是谁呀？说不清啦。所以后人的著作，一般在称呼的时候都会用谥号，比如称呼郑寤生作郑庄公，庄是他的谥号，每一任郑伯的谥号都不一样，所以一称呼就知道是谁了，或者像我们《一说春秋》，称呼的方式是氏加名，称呼他为郑寤生，其他如郑忽、郑突，称呼都不一样，自然也就区分出来了。那么我们就可以推测，《春秋》称呼郑寤生作郑伯，很可能是《春秋》的文字是在郑寤生还活着的时候形成的，甚至这个文字就为当时的人们看的，根本就没有考虑过后人怎么看。如果《春秋》是实时成文这种推测成立的话，那肯定就不是孔子创作的，这也是个证据。

另外是创作时间的问题。孔子「作春秋」是在获麟之后。所谓获麟，是说鲁国当时抓到一只怪兽，大家都不认识，于是就找孔子，让他鉴定这到底是什么东西。孔子说，这是麒麟。所以那一年就被称为获麟，也就是捕获到麒麟的意思。孔子看到麒麟被捕获，感叹道：「吾道终矣。」（公羊传·哀公十四年），然后开始「作春秋」。事实上，获麟之后两年，孔子就去世了。按说孔子当时年老力衰，临死之前两年的时间就能把《春秋》这么大一本书创作完成？试想，200多年零零碎碎那么多的东西，以当时的著书条件来说能做得到吗？相反，如果孔子只是做一些比较简单的像字句、修辞之类的调整，那么两年之内做到倒是有可能的。

还有就是《春秋》这本书在《论语》里面竟然没有人提到。如果说真的是孔子创作出来的，这么重要的一本书，他后世的再传弟子竟然都不讨论，这不是很奇怪吗？

这些证据似乎都在说《春秋》不是孔子创作的，而是孔子汇编或是整理的。可是那么多的理由，连个最关键的证据都没有，如果《春秋》是由孔子汇编整理的，那么就应该有个由鲁国历代史官传承记录下来的原始版本，我们权且称为《鲁春秋》。可是这个《鲁春秋》到现在没有人见过。大概是鲁国灭亡的时候，要不然就被楚国抄了，要不然就是楚国抄了以后，又被秦国抄了，最后秦始皇焚书坑儒一把火全烧了。我们今天看见的《春秋》，是西汉的鲁恭王要扩建府邸，看孔子的旧宅碍眼，就说拆了吧。没想到墙一撬开，发现里面有夹层，夹层里面堆的全是竹简，其中有一堆记载的就是《春秋》。

也就是说，我们现在看到的《春秋》肯定是孔子经过手——我们权且称为孔版《春秋》——但是因为没有《鲁春秋》这个原始版本做对照，孔版《春秋》相对于《鲁春秋》来说，到底修订了什么？是没有修订完全拿过来了，或者做了修订，还是说完全重新撰写，或者还是其他什么情况，我们并不清楚。

原始的《鲁春秋》唯一留下来的只有一句话，叫作「雨星不及地尺而复」(《公羊传·庄公七年》)。这句让人完全摸不着头脑的话描述的是公元前687年的一次天琴座流星雨。

我们现在也经常看到流星雨，没准儿哪一天国家天文台一预告，今天晚上有流星雨，大家结伴同行，一帮人看着满天流星飞逝的时候，突然有人想秀一下文采，就说，今天的流星雨真是「雨星不及地尺而复」，这话一出，保证全场皆惊。因为根本不可能有人知道这是在说什么。所以孔子把这句话改成了四个字，叫作「星陨如雨」(《公羊传·庄公七年》)。「星陨如雨」，即使放在今天，当场秀出来，大家估计也会鼓掌的。

如果仅以现存的这一条来说的话，孔子到底对《鲁春秋》做了什么？我们认为，孔子实际上是把我们看不懂的、更古老的文字，翻译成相对来说更便于理解的文字。

实际上，春秋本就是中国文字发展的一个重要阶段，春秋之前我们的文字因为太过简陋，往往词不达意，自然记录的内容也就非常晦涩，跟我们说话用的语言相差得非常多，可是经过春秋一代的发展，在春秋结束的时候，文字基本已经可以做到以词达意了，所以诸子百家的著作在春秋之后才开始大量形成文字并流传至今。

对于《春秋》来说，孔子把古代这种难以理解、晦涩的、简陋的《鲁春秋》的原始文字翻译成孔子所在的春秋末年最先进的，甚至能够被现代人所理解的文字，孔子实际上做的是"古文字翻译"的工作。所以，我们说孔子翻译了《鲁春秋》，就好像我们今天把《春秋》的文言文翻译成白话文一样。

孔子翻译了《鲁春秋》，如果真是这样的话，我们能说孔子是孔版《春秋》的作者吗？或者说，孔子拥有孔版《春秋》的著作权吗？

这其实是一个法律问题，当然我们要先看法律是怎么规定的。

1952年生效的国际法《世界版权公约》，第一次规定了翻译权隶属于原作者，也就是说，在1952年之后，如果您打算把美国的一部小说翻译成中文，如果没有经过原作者的同意，您自行翻译了，那么您就侵犯了原作者的版权；如果1952年之前，您把这本小说翻译成了中文，那么这个中文版的版权就是属于您的，所以等于一刀劈开了。

中国是在1991年颁布的《著作权法》里也包含相关规定。到1992年，中国加入了《世界版权公约》。所以，如果在中国做翻译的话，您在1991年之前翻译的，那著作权就属于您；1991年之后翻译的，著作权属于原作者。孔子当然是1991年之前的啦，所以孔版《春秋》，孔子是享有完整著作权的。从这个角度上看，我们说孔子「作春秋」这个话一点儿都没错，说他整理《春秋》，说他治《春秋》，其实也都没有错，古代两派争来争去，到最后发现，从法律上看大家白费了上千年的嘴皮子。

最后，我们总结一下，《鲁春秋》是由鲁国的史官历代记录，一年一年持续了几百年记录下来的。到了孔子的时代，孔子对《鲁春秋》里面一些晦涩的古文字进行了翻译、整理，最后形成了一个孔版《春秋》的册子。当然，孔版《春秋》只能算是《鲁春秋》的节选，因为《鲁春秋》恐怕是从鲁国建国开始一直记录到孔子所在的时代，然后还继续往后记录了鲁国的灭亡，而孔子实际上只是节选其中的一段，成为今天我们所看到的《春秋》的面貌。既然孔子享有孔版《春秋》的完整著作权，从法律角度上来说，我们说孔子作《春秋》、治《春秋》、编《春秋》、修《春秋》、翻译《春秋》都是没有问题的。

三传

鲁国史官花了200多年，一年一年记录，再经过孔子整理的《春秋》，据说最初的版本有18000字，经过上千年的流传，到今天我们看到的版本，据说只有16500多字，当然我没仔细数过，但大家都这么说。

我们可以看到《春秋》里面常有一些断句，比如突然冒出来两个字，谁也说不清楚是什么意思，这些大概就是在传播的过程中有遗失的例子。

不过，不管是一万几千字，在今天看来，最多算是中篇小说的篇幅，我们随便搜一个原创文学的网站，随便拿一本书，动辄几百万字。据说专业写手一天就是10000字，3年之内就能写1000万字，相对于《春秋》10000多字的篇幅来说，它竟然还写了200多年的历史，平均下来，每一年只有60多个字，那么这60多个字里面又能记录些什么呢？

首先是春、夏、秋、冬。《春秋》有记录四时的习惯，即使一个季节没事，也照样要记录下来，所以60多个字里面首先有4个字"浪费"掉了。

其次还有月份，比如"王正月""三月""七月""十有一月"等，又一大堆字"浪费"掉了。

再次是干支形式的日期，像什么甲申、甲午、乙未等，用来标识某一天的，又"浪费"掉几个字。

还有人物的称呼，像宋公、郑伯、齐侯、卫侯等，尤其诸侯一开盟会就是一长串，又"浪费"掉了。

最后是地名，像石门、中丘、郎等，或者每一个灾祸的名字，像什么大雨、螽等，又"浪费"掉几个字。

各种情况一刨掉之后，一年下来能够真正用来记事的其实没有几个字，所以《春秋》的记录都是非常简略的，很多时候一个字就是一条记录，可以说是字字千金。即使是在古代，对于这么简略的记录，古人也看不顺眼，甚至戏称它为"断烂朝报"①。

为什么《春秋》记录得如此简略呢？

我们前面也说过，春秋是中国文字发展一个非常重要的阶段，春秋之前中国的文字是不能直接做事务表达、事务描述的，春秋之后才逐步做到，但也只有到战国末年的时候，文字才真正地能够支撑比较大的作品，像吕不韦的《吕氏春秋》，煌煌几十万字，当然也包括《左传》的十几万字。但要说真正运用自如，那就要到《史记》的时代，也就是西汉中期了。所以在孔子作《春秋》的时代，尽管孔子已经尽力把《春秋》整理成当时最厉害、最强大、最丰富的文字，可是，对于后世来说，它还是太过简略，简略得甚至都没办法阅读。

《春秋》的记录很简略，可是春秋的事情怎么传下来呢？那么多的春秋故事，靠这60多个字怎么可能讲得了？这就要说，秦汉以前的著作都有一个习惯，就是有经有传。

经，丝字旁，传说古人最早是结绳记事，所以这个丝字旁实际上强调的是记录。经往往是很早就被写在竹简上的极简略的文字。

传，传者，传也。传也就是口口相传。

我们可以想象古人怎么来讲《春秋》。讲者拿着记录《春秋》的竹简，抽一根出来一看——「春王正月」，然后开始讲，「春」怎么样，「王」怎么样，「正月」怎么样。讲完了之后，再抽一根竹简出来——「郑伯克段于鄢」，然后开始讲「郑伯」是谁，「段」又是谁，「鄢」在什么地方等。那么，《春秋》的竹简记录就是经，讲者讲出来的内容就是传了。

正是因为传是口口相传，所以不同的人讲，就有不同的风格，这就像我们的评书一样，一本《三国演义》那么多家讲，每家讲的都不一样，而听众有的人喜欢听田连元的，有的人喜欢听袁阔成的，有的人喜欢听单田芳的，不同的

---

① "断烂朝报"据说是王安石说的，王安石曾经重新规范科举考试，他就认为，《春秋》记录得太简略，就好像随手记录的会议纪要一样，这种东西怎么能列为官学专门研究呢？所以以"断烂朝报"的名义将《春秋》剔除出官学系列。当然也有好事者后来查了《王安石全集》，没找到这句话，不管谁说的，但是的确代表古人有这样的看法。

版本，不同的人听不同的人传。对《春秋》来说，经有孔子的孔版《春秋》，传则有著名的三大传：《左传》《公羊传》和《谷梁传》。

我们先来讲讲《左传》。《左传》也被称为《左氏传》，据说是出自左丘明之手。

左丘明的生平我们今天所知非常地有限，甚至连他是姓左名丘明，还是姓左丘名明，还是氏左丘名明，都有很多的争论，现在只能大概地猜测他是鲁国的史官。唯一能够确定的是，左丘明应该和孔子是同时代的人，因为在《论语》里面有这么一句话：

巧言令色，足恭，左丘明耻之，丘亦耻之。（《论语·公冶长》）

从这句话我们可以看出来，孔子是以左丘明来对标自己的德行的。也就是说，左丘明是孔子的道德榜样，那么我们就可以认为左丘明至少是孔子同时代的人，也有可能是孔子的前辈。

虽然我们对左丘明知道得不多，但是左丘明在古代世界非常重要，因为很多著作跟他或多或少都有关联，比如《国语》跟他就有很大的关系，当然这是个题外话，我们这里不展开，有机会的时候再来介绍。

左丘明将《左传》传给了曾申。这点说起来很有趣，曾申是孔子的弟子曾参的儿子，论述起来曾申是孔子的徒孙，可是他没有学孔版《春秋》，学的却是左丘明的《左传》。由此可见，《左传》在当时人心目中的地位。

曾申后来碰到了一个在后世非常有名的同门，这个人叫作吴起。

吴起是卫国人，而且是卫国一个"富二代"的败家子儿，他家里很有钱，可是他喜欢没事到处乱逛，结果就把家给败光了。同乡有人耻笑他，他一怒之下杀了三十几个同乡，于是在卫国待不下去了。吴起跟母亲诀别，他咬着自己的胳膊发誓说："如果不能封侯拜相，就永不再回卫国。"

吴起离开卫国，跑到鲁国学习，拜在了曾参的门下，后来他母亲去世的消息传到了鲁国，吴起严守自己的誓言没有回去奔丧。但这却让曾参认为吴起这个人没心没肺，最终将他赶出师门。大概是吴起在曾参门下学习的这段时间，跟曾申有交往，所以从曾申那里学到了《左传》。

吴起喜好军事，当时齐国要攻打鲁国，他就自告奋勇做鲁国的将军，带领鲁军抗击齐国。可是偏偏吴起的老婆是齐国人，吴起为了取信于鲁国就把老婆杀掉，鲁国把兵权交给他。吴起带着鲁军大败齐军，一战成名。

可是鲁国很多小人诋毁他说，吴起这个人把同乡干掉了一堆，母亲去世也不奔丧，老师曾参看不上他，为了取信于鲁国竟然连老婆都杀了，这么一个没心没肺的人，怎么能够相信他，怎么能够把兵权长期交给他呢？

所以鲁国国君就对吴起说，您军事手腕让人敬佩，但是我们国家太小，容不下您，您到其他地方去发展吧。

于是，吴起又被鲁国赶出来了。

这个时候，整个天下最具雄才大略的人是战国初年魏国了不起的国君魏文侯。魏文侯正在扩张实力，听说吴起这个人竟然带领弱鲁击败了强齐，他就有心接纳吴起。当时他问他的智囊李悝："吴起这个人怎么样？"

李悝回答说："吴起「贪而好色，然用兵司马穰苴不能过也。」（《史记·孙子吴起列传》）。"司马穰苴也是一兵法大家，将吴起和司马穰苴并列，是对吴起极高的评价。

魏文侯得到了这样的答案，就立即拜吴起为将。

吴起为将身先士卒，跟普通的士兵同吃同住，从不自己骑马，打仗的时候也是自己背着粮食往前跑，即使是普通的士兵，身上长了背疮，他也会亲自用嘴帮他们吸脓。

当时有一个士兵的母亲听说吴起为自己的儿子吸脓，就在家里面痛哭。她的邻居很奇怪，就说："你这有什么可哭的？人家是大将军，你儿子就一普通士兵，大将军帮你儿子吸脓疮，这是多大的光荣啊？"

士兵的母亲说："我丈夫当年就被吴起吸过脓疮，结果打仗的时候不知道后退，最后死在敌人的阵营里。如今儿子又被吸了脓疮，恐怕再打仗就不会回来了。"

吴起为将如此，自然是战无不胜、攻无不克，为魏国向西攻占秦国西河之地，向北协助平定中山，大小战役几十次，从无败绩，完全是一个无敌的统帅。

魏文侯去世以后，魏武侯继位。魏武侯有心提拔吴起做魏国的宰相。这时候魏国的宰相是公叔痤，公叔痤同时也是魏国的驸马。他一听说吴起可能要跟他竞争做宰相，那他肯定竞争不过吴起，所以就想了一条毒计。

他跟魏武侯说："吴起这个人名声不太好，虽然能打仗，但恐怕他有异心，要任命他做宰相之前最好试试他。"

魏武侯就问:"怎么试呢?"

公叔痤说:"这个简单,您只要招他做魏国的附马,如果他愿意就说明他没异心,如果他不愿意,就说明他有可能想去其他国家发展。"

魏武侯一听觉得挺好,可他哪知道这是公叔痤的计啊。

公叔痤这边建议完,回去马上邀请吴起到自己的府邸来,然后公叔痤就求他的老婆也就是魏国的公主,当着吴起的面扇他耳光。

吴起到了公叔痤府上一看,哎,这怎么回事啊?魏国的公主扇公叔痤耳光,噼啪作响,这给吴起留下了一个强烈的印象,魏国的公主太刁蛮了。

转头,魏武侯请吴起过去商量说:"我这儿有个魏国的公主,想让你来做魏国的驸马,怎么样?"

吴起一想,魏国的公主这么刁蛮,将来我娶回家以后可了不得啊,所以就婉言谢绝了。

魏武侯因此认为吴起有异心,把公主嫁给你你都不愿意。做臣子的被国君这么认为,能有好果子吃吗?没有几年的时间,吴起就被魏国赶出来了,由此,吴起就流浪到了楚国。

吴起到楚国的时候,楚国当时也有一位雄才大略的国君,叫作楚悼王。他打算在楚国实行变法正缺人,一听吴起来了,很高兴。可是吴起在楚国并没有太大的威望,所以楚悼王就把吴起放到边境上,给他机会立功。

这时候恰好魏赵两国之间发生了三年战争,赵国打不过魏国,就向楚国求援,楚国派吴起去救助赵国,结果吴起大败魏军,在楚国一下声望大涨。楚悼王借机把吴起召回楚都,任命他做令尹[①]。

楚悼王让吴起在楚国主持变法,吴起大刀阔斧,得罪了很多人。楚悼王虽然雄才大略,可惜寿命太短,吴起刚变法不到一年,楚悼王就去世了,吴起得罪的那些楚国贵族愤怒地在楚悼王的灵堂上追杀他,吴起在没有办法的情况下,只好抱住楚悼王的尸体,最终还是被乱箭射死。可就是这么一抱,吴起不仅为自己复了仇,还延续了楚国的国祚。因为射他那些人,把箭射到了楚悼王的

---

① 令尹,楚国的宰相。

身上，于是新君上台第一件事，就开始追究，是谁射箭射到先君的身上，这是大不敬，要抄家灭族，结果一共灭了71家。

以上就是吴起的一生。我们一听吴起这个人，战国初年的名将，大家看重的都是军事方面的才能，可谁又能想到他同时也擅长《左传》？吴起能把整部《左传》背诵如流，他实际上是一个儒将的身份，这也是魏国想让他做宰相、楚国想让他做令尹的原因。

吴起戎马一生，他学到的《左传》，不可能像前面左丘明或者曾申这些人可以开馆授徒，他只能把《左传》传给他的儿子。他的儿子叫吴期，吴期在吴起死后，仍然受到楚国的礼遇，但是吴期跟他的父亲完全不同，一生寂寂无名，没有做出什么特别的举动。不过因为吴期仍然在楚国的上流社会，所以结识了很多楚国的名流，其中有一个人叫作铎椒。

铎椒是楚国的太傅，一听太傅就知道这是文化界或者学术圈里的人物，铎椒对《左传》非常感兴趣，他让吴期把《左传》传给了他。铎椒习得《左传》之后，做了一件非常有意义的事情，就是把《左传》这一套书写成了文字。

这里要插一句，就是前面所有提到的人物，包括左丘明、曾申、吴起、吴期这些人，他们学习《左传》全是靠背诵，因为那时候是没有一本书可以相互传阅的。

也许有人会问，《左传》十几万字怎么能背得下来？

一方面，古人所接触到的书比较少，不像我们现在动不动就是几百万字、上千万字的著作，当时有十几万字的著作已经算很多啦，人活一辈子能看个二三十万字就已经了不得了，已经可以叫作博览群书了。我们今天不是有个词叫作"学富五车"吗？当时可都是竹简，就算是五车换算成现在的纸质书，也就是个稍大的旅行包就装下了。书读得少，自然就容易精，可以整篇背诵也就不足为奇。

另一方面，即使以后世论，比如说像《红楼梦》，六七十万字，算是"大部头"吧，可是茅盾就可以全篇背下来。所以关键取决于学习方法，并不是字数多就一定背不下来。

更重要的是，当时的传承就是靠脑子来记，不是靠笔头儿。当然现在我们都说好记性不如烂笔头儿，可是古代笔头儿真的不行，一直到铎椒的时代才能够把《左传》落实到文字，这才有了最初的《左传》八卷。

铎椒录出了文字以后，觉得挺光彩，于是就把这本书献给了当时的楚王，楚王拿过来一看，八卷啊，这么多的字！篇幅太长了，这怎么可能读得下去啊？

楚王就跟铎椒说，看看能不能给我弄个节选本，或者缩略本什么的比较好。

于是铎椒又把这八卷进行了缩略，最后缩略成更小的一个版本交给楚王。铎椒还为这个缩略本起了个名叫作《铎氏微》。

但是不管怎么说，铎椒搞出了八卷的《左传》，这是我们现在已知的《左传》最早的成书记录。正是有了成文的版本，《左传》的传播也就更广泛了。这个版本从铎椒传到了另外一个人身上，这个人叫作虞卿。当然虞卿并不是真名，只是他的称号而已。

虞卿是战国时代的一个游士，到处求学、到处求富贵。他最出名的事情就是去见赵王，一见赵王，赵王就赐给他黄金百镒、白璧一双；再见赵王，就被拜为上卿，所以号虞卿。

由此可以想见虞卿这个人的才学，虞卿不只是才华出众，而且人品也好。虞卿有个朋友是魏国原来的宰相，叫作魏齐，魏齐得罪了秦国的宰相，当然这个事情其实并不是很光彩，我们就不展开说了。可是不管怎么说，魏齐得罪了秦国的宰相那就没好果子吃，秦王想尽办法要把魏齐杀死。

最初，魏齐庇护在赵国的平原君门下，可是平原君被秦王给诓骗到秦国去了。秦王扣着平原君说，赵国如果不把魏齐给干掉的话，那我就把平原君扣住永远不放。这是秦国一惯喜欢用的招数。赵王没办法，就开始追杀魏齐。虞卿听说了这件事，于是挂印封金，跟着魏齐一块逃亡。

虞卿跟魏齐出主意说："当世之间能够跟秦王抗衡的只有一个人，那就是魏国的公子魏无忌，我们要投靠，也只能去投靠魏无忌。"所以两个人就跑去求见魏无忌。

魏无忌那可是耳目众多、消息灵通，一听说虞卿为魏齐前来求见，就知道肯定不是什么好事，这是烫手的山芋。当时魏无忌犹豫了一下，正好他的智囊侯嬴在身边。魏无忌就问侯嬴："虞卿这个人到底怎么样？"

侯嬴说："虞卿这个人我不熟，但他再见赵王就能被封上卿，魏齐有难他能解印捐官，共担大难，这样的人不就是您要接纳的对象吗？如今投到门前了，您连见都不见，这成什么体统？"

魏无忌一听这话说得有道理，于是就派人出去请两个人进来。

可是这时候的魏齐，在外面等的时间太久了，以为魏无忌不打算见他，顿时觉得天地虽大，无立身之处，所以一咬牙，就把自己给干掉了。魏无忌的人出来的时候，魏齐已经横尸当场了。

虞卿看着也是寒心，从此远离官场，跑到山中去修书。他按照《左传》重新汇编了一套书，叫作《虞氏春秋》，也算是历尽平生所学。

除了虞卿之外，还有一位大人物叫作荀卿，我们也叫他荀子。荀子是赵国人，据说是虞卿在赵国的时候，从虞卿手里面习得《左传》。当然，因为荀子后来跑到了春申君的门下，被封为兰陵令，所以也有可能是在楚国习得的《左传》，但是不管怎么说荀子这样的大人物，在习得《左传》之后，又开馆授徒，把它继续传扬天下。

荀子最有名的一位弟子就是李斯，他是秦始皇手下的第一智囊，后来辅佐秦始皇平定六国一统九合。而后世我们运行了上千年的"三公九卿"制度以及小篆体都是出自于李斯之手。

到此，关于《左传》，我们前面说的这些人物，都是当世豪杰，甚至在今天说起来大家还朗朗上口。所以由他们所传出来的《左传》，影响力可想而知，甚至孔门都把他们分批分期不停地在修缮的过程中形成《左传》的文本，也收录了一份，藏在了他们那个墙壁的夹层之中，到后来孔子旧宅被强拆的时候才被挖掘出来。

《左传》影响力如此大，大到甚至像孔子所作的孔版《春秋》跟《左传》完全无法比较。我们细看所有秦汉之前的著作就会发现，里面只要引到《春秋》，这些话在孔版《春秋》里面统统找不到；而在《左传》里面就找得到。可见在秦汉之前的人，他们认为《左传》就是《春秋》，《春秋》就是《左传》。

《左传》不仅在战国时期影响很大，对后世影响也非常广泛。由于《左传》撰写了大量关于军事方面的描述，有人联想到吴起军事天才的身份，甚至认为这些描述是由吴起增补的，而后世的军方首脑尤其喜欢《左传》。

比如说我们熟知的关羽关云长。《三国演义》里讲他土山约三誓降了曹操，曹操就想把关羽和刘备的两个老婆放在一起，希望他们能够淫乱，结果关羽让两个嫂子在里屋睡觉，他就在厅堂上夜读《春秋》，连续数晚都是如此。

以史而论，关羽夜读的这个《春秋》其实就是《左传》，否则《春秋经》前后不过一万多字，"关二爷"拿着一会儿就读完啦，他能读几个晚上吗？

另外，像平灭吴国的名将杜预也偏好《左传》，他甚至为《左传》作了注，后世称它为"杜注"，"杜注"到今天仍然是研究《左传》一个非常重要的工具。

说完《左传》，我们再来说另外的两本书，《公羊传》和《谷梁传》。这两本书师出同源，都是出自子夏之手。

子夏名叫卜商，字子夏，是孔子的弟子，比孔子小44岁。他在孔子临终前一直伺候在孔子身边。《公羊传》《谷梁传》为什么能出自子夏？恐怕就是因为孔子在治《春秋》的时候，子夏在旁边辅助，他甚至有可能在整个编辑整理的过程中起到了非常大的作用。所以子夏对于孔子治《春秋》的由来和意愿都有非常深刻并且高于同门的理解。

子夏在孔子死后守孝三年，因为跟同门不和，负气出走。到了今天河南安阳一带，也是开馆授徒，据说弟子三百，在河南一带的声势甚至盖过孔子。又是那位魏国的魏文侯，听说子夏这么了不起，就亲自拜子夏为师，所以魏国初年大量的人才都是从子夏这来的，包括帮助魏国变法的李悝。

李悝就是子夏的弟子，李悝著了一本书叫作《法经》，后来商鞅就是拿着《法经》到秦国进行了变法，所以我们可以说，商鞅变法往上一推就会发现其实根是在孔子那儿，当然这是题外话。

再说子夏，年老丧子，把眼给哭瞎了，到了80多岁，自觉身子骨还行，想最后一次到曲阜去祭拜老师，所以组织了一批人，搞了一个"曲阜观光团"，从河南这边往山东走，可是在路上不幸去世。他的弟子想把他的遗体送回他老家——温地，也就是今天河南的焦作——可是在路上遇见了风暴，只好在当地掩埋。所以今天山东有子夏墓，河南有子夏冢。

子夏开馆授徒，讲授《春秋》，他的弟子中有两个习得《春秋》的真传，这两个人一个叫公羊高，一个叫谷梁赤。其实，当时得到子夏《春秋》的不只是这两个人，还有其他人，可是那些人都是口口相传，到最后也没有形成文字，他们口传的版本也就佚失了。公羊高、谷梁赤这两个人在自己的家族之内，不停地传播，一直到汉初，也学《左传》逐步形成文字。

到了汉武帝时代，又出现了一位大牛人，叫作董仲舒。董仲舒就是师从公羊家学的《公羊传》，自己另外搞了一本书叫作《春秋繁露》。董仲舒从《公羊传》里提取出来大一统的思想，这套思想对于汉代的统治非常有意义，也确定了中国从秦汉以下一直到清代的整个统治思想。董仲舒把这套东西进献给汉武帝，所以才有了"罢黜百家，独尊儒术"。既然是"独尊儒术"，《公羊传》作为儒家正宗，自然一下就跃居成了官学，成了当时最显赫的学问。

这儿我们要多说一句的是，汉代两大牛人，一个就是这位董仲舒，另外一位则是贾谊。贾谊写了《过秦论》，并且提出了"阴法阳儒"的思想，一直到今天"阴法阳儒"仍然在起作用，当然这是彻头彻尾的题外话。

《公羊传》首先成了官学，到后来《谷梁传》也成了官学，毕竟它们往上一追都是在孔子一脉，孔子既然成为圣人，它们成为官学是迟早的事情。到最后受到众人喜欢、经过无数大人物的编修才成型的《左传》，也成为官学。今天，如果我们讲六经，三传合起来称《春秋》，如果讲十三经，则是《春秋》分出三传为三经。

我们前面花了很大的篇幅，讲了三传的由来以及一些经手大人物的简单介绍，那么这一经三传①，或者说两经三传②，它们之间到底什么关系？

毫无疑问，鲁国史官所搞的《鲁春秋》，这是整个体系的本源，由《鲁春秋》延伸出来了两支，一支是孔版《春秋》，也就是我们今天看到的《春秋经》；另外一支就是《左传》。

孔版《春秋》继承了《鲁春秋》的文字，它把《鲁春秋》的行文、规范、记录的习惯都给继承下来。《左传》则继承了《鲁春秋》的史料，也就是《鲁春秋》字面背后到底保存了什么事情，这些事情的前因后果是怎么样的。一个继承的是字；一个继承的是事。如果打个不太恰当的比喻，我们也可以说，一个是直译，一个是意译。

《公羊传》和《谷梁传》则是用来解释孔版《春秋》的。

---

① 一经指《春秋经》，三传指《左传》《公羊传》《谷梁传》

② 两经指《鲁春秋》、孔版《春秋》，三传指《左传》《公羊传》《谷梁传》

一 自序

始 终

我们知道，凡是一本书、一段历史，必然都有它的开始，有它的终结。比如像我们熟悉的《史记》，因为是通史，所以上通三皇五帝，从中国传说的时代开始，一直记载到汉武帝元狩元年。

为什么记载到元狩元年呢？因为《史记》的作者司马迁就生活在汉武帝的时代，也就是说，他实际是记录到了他所生活、所在的那个时代。元狩元年之所以叫元狩，是因为汉武帝在狩猎的时候捕到了一只怪兽，还记得我们前面讲到的获麟吗？是不是和元狩有点像？司马迁把结束的地方放在这里，是有些向孔子致敬的意思。可是不管怎么说，《史记》的开始和结束是可以非常清楚地解释出来。

我们再看《资治通鉴》。《资治通鉴》是编年体通史，它是从三家分晋，即公元前403年开始，一直记载到后周世宗显德六年。

为什么要从三家分晋开始呢？司马光编撰《资治通鉴》的目的是让皇帝以史为鉴，他想讲的是秦汉以下历代制度的得失，战国时代则是秦汉以下制度形成的阶段，三家分晋恰好是春秋战国的分水岭，所以司马光从三家分晋开始讲。

为什么到后周世宗显德六年结束呢？因为显德六年，后周世宗去世，紧跟着就是赵匡胤陈桥兵变，黄袍加身，然后才有了大宋朝。也就是说，《资治通鉴》实际上讲到了宋朝立国之前。

要插一句的是，司马迁和司马光这两个人的区别。司马迁讲到自己生活的时代，不管什么朝代，他生活在汉武帝时代，他就写到汉武帝；司马光则是写到自己所在的宋朝之前，这实际上是历史记录前后的变化，这个话头儿我们不展开讲，以后我们讲史官的时候，会讲为什么有这样的区别。不管怎么说，这两本书我们一看就明白为什么它们会从这里开始、到那里结束。

再说其他的，像二十四史里面的，什么《汉书》《后汉书》《梁书》《齐书》《陈书》等这些书，一听名字就知道了，它们写的就是一个朝代。这些书也叫作断代史，那肯定是从这个朝代的开始到这个朝代的结束。

最后，我们再来看我们的《春秋》。

我们前面说过了，春秋这个时代是以《春秋》这本书来命名的，那么《春秋》这本书自然不需要去关心春秋这个时代是从什么时候开始到什么时候结束，它只是从鲁国第十三任国君鲁息姑开始，一直记录了12位鲁国的国君，但这12位国君之后，鲁国并没有灭亡。《春秋》既然是鲁国的国史，为什么不从鲁国立国开始，一直到鲁国灭亡为止呢？为什么只是拣了中间这12位国君呢？这么说起来，《春秋》的开始和结束相对于前面那些书就要复杂一些了。

我们先来讲讲《春秋》的记录结束在什么时候。

我们前面说《春秋》一共记录了鲁国12位国君，两百四五十年的历史。两百四五十年的历史，您不觉得很奇怪吗？《春秋》是一本编年史，是按年记录的一本书，记录了240年就是240年，记录了250年就是250年，怎么会出现二百四五十年的历史呢？这就是《春秋》跟后世的历代史书都不同的地方，因为它有三个终结点。

《春秋》的第一个终结点是《公羊传》和《谷梁传》，它们以获麟这一年作为终结。

为什么要以获麟这一年作为终结呢？我们前面讲到过获麟，获麟是说这一年鲁国在狩猎的时候捕到麒麟，孔子看到麒麟之后，感叹道："吾道穷矣"（《公羊传·哀公十四年》）。

为什么孔子要这么说呢？据说孔子出生的时候，鲁国就曾经捕获到一只麒麟，所以孔子认为，自己出生的时候捕到了一只麒麟，现在又捕到了一只麒麟，这是一个循环，说明自己要到终点了，离死不远了。孔子有感而发才说出「吾道穷矣」，于是退而作「春秋」，两年以后就去世了。

《公羊传》《谷梁传》这本两本书都是孔子的弟子子夏传授出来的，是要为孔子整个思想来作注解，所以它们认为到获麟这一年，也就是孔子思想大成、整个循环结束的时候，它们以这年作为终结，向孔子致敬。如果按照《公羊传》

《谷梁传》的这个终结点，那么《春秋》记录的一共是 242 年的历史。

《春秋》的第二个终结点是《春秋经》。《春秋经》的最后一个条目就是「孔丘卒」（《春秋经·哀公十六年》），孔子去世后那一年其实还没有过完，但是，后面的事情《春秋经》就不再讲了。也就是说，《春秋经》是以孔子去世的那个时候作为终结的，它实际上是在《公羊传》《谷梁传》之后又补了一年半。如果按照《春秋经》的这个终结点，那么《春秋》记录的一共是 243 年半的历史。

《春秋》的第三个终结点是《左传》。春秋记录了鲁国 12 位国君的历史，可是孔子去世的时候，在位的那位鲁国国君又多活了 11 年，所以《左传》就把这 11 年补齐。也就是说，《左传》记录的是完整的 12 位国君的历史，而《公羊传》《谷梁传》《春秋经》都是不完整的。如果按照《左传》这个终结点，那么《春秋》记录的一共是 255 年的历史。

由此我们可以看出，《公羊传》《谷梁传》是以孔子之道的终结作为终结，《春秋经》是以孔子之身的终结作为终结，而《左传》是以鲁国国君的终结作为终结，三个终结点虽然很复杂，但大家一看，还是可以猜测出来如此分割的用意。可是一经三传都是以鲁国第十三任国君鲁息姑作为春秋十二国君中的第一个，为什么以鲁息姑作为第一个呢？这个事可就不好解释了。

《公羊传》给了一种解释，《公羊传》说以鲁息姑作为第一个国君，是因为鲁息姑之前的时代，离孔子所在的时代太遥远了，当时的史料不全，资料缺乏，没办法组织成像后面这样完整的记录，所以孔子就把之前的部分去掉了。这个说法听起来好像很有道理。

可是《公羊传》的解释并不总是那么合理，比如鲁息姑有个叔叔叫鲁益师，鲁益师去世的时候，《春秋经》没有标注他去世的日期，《公羊传》就解释说，因为时间太久远了，所以就没有标注日期。

为了说明这个问题，《公羊传》还特意把《春秋》的记录分成三个阶段，分别是所见世、所闻世、所传闻世。所见世是指孔子看到和生活的那个时代，自然记录得最详细；所闻世是孔子听人讲述的时代；所传闻世是孔子只能通过收集历代传闻来了解的时代。而鲁息姑就是在所传闻世，所传闻世既然是基于传闻，本来就不准确，所以说有一些细节丢失了，在《公羊传》看来，也觉得很正常。

我们看《左传》怎么解释鲁益师这事呢？《左传》说因为鲁息姑没有参

加鲁益师的小敛，国君不参加，所以《春秋经》就没有记录具体的日期。这么一比较，明显是《左传》的解释比《公羊传》的解释更合理。

拿这个例子再来看为什么要以鲁息姑作为第一个国君呢？《公羊传》的解释就让人觉得不那么可靠了。

那么到底为什么以鲁息姑作为十二国君的第一个呢？我们认为，这个事情要从继承制度讲起。

一般来说，继承制度分为两种，一种是父死子继，简称继，就是父亲死了，儿子继位，儿子死了，孙子继位，这么一系下去；另外一种则叫作兄终弟及，简称及，就是说哥哥死了，弟弟继位。以后世来说，主流的继承制度是父死子继，典型的就是我们常说的嫡长制，很少会有兄终弟及的情况。比如我们熟知的，宋太祖赵匡胤去世之后，由他的弟弟赵匡义继位，结果赵匡义一继位就出现了所谓烛影斧声的传说。大家都说，这肯定是赵匡义把赵匡胤给杀了，否则怎么会不让儿子继位，而是让弟弟继位呢？

但在春秋时代这两种继承制度都被使用，而鲁国则采取了一种更有意思的方式，叫作一继一及，我们可以看鲁国的国君序列表：

伯禽子考公继，弟炀公及，子幽公继，弟魏公及，子厉公继，弟献公及，子真公继，弟武公及，子懿公继，弟孝公及，子惠公（鲁弗湟）继，子隐公（鲁息姑）继，弟桓公（鲁允）及，子庄公（鲁同）继，子闵公继，弟僖公及，子文公继，子宣公继，子成公继，子襄公继，子昭公继，弟定公及，子哀公继。

（根据《史记》整理）

从鲁国始封君伯禽以下，基本都是弟弟继承—儿子继承—弟弟继承—儿子继承，一直到第十二任国君鲁弗湟，也就是惠公，本来应该轮到鲁弗湟的弟弟继位，但却是由他的儿子鲁息姑继承。

为什么不由他弟弟继位呢？史料有限，我们只能猜测，大概是因为鲁弗湟在位的年代太长了，他在位40多年，等到他死的时候，他的弟弟已经老得不行了，没办法再做国君了。比如像我们前面说的鲁益师，就是鲁弗湟的弟弟，他在鲁息姑执政的第一年就死了。

大概鲁息姑继位的时候，大家也考虑按照顺序来说，应该是鲁益师来继位的，可是鲁益师已经没有办法再继承了，所以鲁息姑的继位实际上在鲁国的整个继承体系上来说是一个偶然现象，可是从他之后的十几任国君，除了发生政变几乎就不再有兄终弟及这种情况，全部都变成了父死子继，可以说鲁息姑正好是站在两种制度变革的中间，而偏偏鲁息姑又是摄政称公的双重身份，这让他代表了鲁国继承制度大转变的同时，又成为鲁国整个历史中最有争议的人物。

关于摄政称公的事儿，我们会在正篇中详述，这里只说一个大概。鲁息姑摄政称公，就是说他一方面是摄政的臣子，另一方面又享受国君的待遇。所以从后人的角度上来看，可以把他理解成为摄政，也可以把他理解为称公。如果理解为摄政，那么鲁息姑就是以臣子的身份来摄政，鲁息姑在位执政的11年，真正的国君应该是他的弟弟鲁允；可是如果理解为称公，那么鲁息姑是继承了第十二任国君鲁弗湟的国君宝座，死后又把他的位置交给鲁允继承。

正是这种理解上的差异，直接影响到了鲁国第十五任国君鲁同选择继承人的问题。如果鲁同将鲁息姑看作摄政的臣子，则从第十二任国君鲁弗湟以下的继承序列如下：

子鲁弗湟继，子鲁允继，子鲁同继。（根据《史记》整理）

从这个序列上看，似乎鲁国已经从原来一继一及的继承法变成了父死子替的继承法，而且这种变化在第十二任鲁弗湟时代就已经出现了，所以鲁同就可以堂而皇之地说，我要让我的儿子继位，因为第从十二任国君开始就已经是这样的，已经运转了三代的制度，自然这样做是没有任何问题的。

如果鲁同将鲁息姑看作正式的国君，则从第十二任国君鲁弗湟以下的继承序列如下：

子鲁弗湟继，子鲁息姑继，弟鲁允及，子鲁同继。（根据《史记》整理）

从这个序列上看，鲁息姑虽然是一个异类，但当时毕竟有特殊的情况，而鲁息姑之后，鲁国似乎又回到了传统的一继一及继承法。既然一继一及制度还在延续，那鲁同当然应该让他的弟弟来继位。

不同的理解，对于鲁同的选择就产生不同的影响。鲁同当然希望由他的儿子来继位，这个难题以后我们会专门讲到。但不管怎么说，鲁息姑的确是鲁国整个继承制度上一个重要的转折点，但继承制度的变化有那么重要吗？重要到一定要以他为开始吗？

继承制度的变化到底意味着什么？这点我们要先说一说父死子继和兄死弟及的区别。

古人的寿命相对比较短，尤其像春秋和春秋以前的人寿命非常短，往往父亲生了儿子之后还没多长时间，父亲可能就去世了。所以父死子继，儿子继位的时候年纪都很小，可是兄终弟及，哥哥去世的时候，弟弟一般情况下正是壮年。

那么，两种继承制度最大的区别在于立长君还是立幼君的问题。对于今天的我们来说，立长君和立幼君似乎并没有太大的区别，末代皇帝爱新觉罗·溥仪，被人抱在怀里时就做了皇帝，也没有引起多大的反对。

其实，长君和幼君的区别并不是在年龄，而在于一件事情——敬奉神灵，长君可以做，幼君做不了，而一个国家对这件事情的重视程度就决定了这个国家到底会选用哪种继承制度。

只有敬神这件事情，首先别人不能替，其次它的过程环节非常烦琐，任何错误都是对神灵的不尊重。如果一个国家对于敬神这件事情非常看重，那就必须立长君，如果无所谓的话，就可以立幼君。换一句话说就是，政教合一的国家必须立长君，而政教分离的世俗国家就可以随便立幼君，因为治理国家完全可以由别人代理，但是敬奉神灵是没有办法代理的。

我们看一看今天的世界仍然是这样的，英国、日本实行的都是君主立宪制，英国的国王、日本的天皇都是父死子继。我们再来看沙特阿拉伯，他就是兄终弟及，因为沙特阿拉伯是一个宗教国家。

由此，再来看鲁息姑，他恰恰是站在鲁国从一个半宗教、半政教合一的国家转化成一个完全世俗国家的节点上，那他是不是一个非常重要的国君呢？他是不是正好可以用来劈开春秋时代，用来作为《春秋》开始的第一个国君呢？

继承制度的变化，在鲁国产生了一个负作用。鲁同本来应该让他的弟弟来继承，他有三个弟弟——鲁庆父、鲁牙、鲁友，可是鲁同有私心，想让他自己的儿子继位，结果导致鲁友把鲁牙给毒死了，鲁庆父作乱最后被杀。鲁同的儿子继位后，为防止自己的弟弟抢夺国君的位置，依赖他的叔叔鲁友，结果无形中助长了鲁友的势力，鲁友又扶植鲁庆父、鲁牙的后人，他们在鲁国的势力不断地膨胀。

到了孔子的时代,鲁国的"三桓"把鲁国国君架空,专权鲁国,"三桓"就是鲁同三个弟弟的后人。而孔子提出「克己复礼」(《论语·颜渊》),实际上就是要把"三桓"专政的局面给扭转过来。

我们可以想象,孔子「作春秋」的时候,之所以从鲁息姑这里开始,恐怕就是他认为"三桓"专政的情况从根上来说是在鲁息姑这里,也就是继承制度的变化导致鲁国当时的局面吧。

经 史

  《春秋》按年记录了两百四五十年的历史，仅从内容上来说，它应该被归类为编年体史书。但有意思的是，古代的学者从未将它与一般的史书，比如二十四史并列。清代以纪晓岚等总纂的《四库全书》，也只是将《春秋》收录在经部，而不是同为编年史的《资治通鉴》所在的史部。

  明明是史书却没人把它当史看，这就不得不提《春秋》的经史之争了。

  汉代"罢黜百家，独尊儒术"，将孔子的五经① 定为经典，并设置五经博士予以解读及传授，由此产生了经学。

  经学将《春秋》看成政治著作，通过挖掘其中的微言大义来阐述孔子的政治理念，早期的主流，以《公羊传》为主体的公羊学即是如此。后来，五经之外又补以四书，合成我们今天所熟知的四书五经的经学体系。

  在晋初，以杜预为起始，提出《春秋》是史学著作的观点。此后的众多历史学者都继承此观点。于是，《春秋》到底是经书还是史书的争论就开始不绝于耳。

  对于经学家来说，如果认同史学家《春秋》是史书的说法，那么《春秋》的字句不过是对当时史实的描述，就难有微言大义无限上纲上线的作用；同样地，史学家如果依从经学家《春秋》是经书的说法，则《春秋》的史文就变成任人打扮的小姑娘，可信度将会大幅度降低。

  经学家、史学家面对的都是核心立场的颠覆，所以各不相让，由此经史之争绵延数千年不绝。

  到了近代，出现了调和派，他们提出《春秋》亦经亦史的观点。调和派认为，

---

 ① 孔子治六经，《诗》《书》《礼》《乐》《易》《春秋》，到汉代《乐经》失传，是为五经。

先秦无经也无史，经史都是后世的分类，所以不必太过纠结。但调和派的论调并未起到真正的调和作用，反而被迫加入争端，和经、史两派打成了三派的纷争。

《一说春秋》无意介入经史之争，因为这会模糊讲述《春秋》的焦点，本书希望聚焦在三个问题上。

一是《春秋》到底记录了什么？《一说春秋》基于《左传》，并以《公羊传》《谷梁传》《国语》《史记》作为主要补充，参考近现代新出土的材料及考古发现，希望能够将《春秋》所记录的史实还原清楚。

二是古人如何看待这些史实？比如《春秋经》会通过个别字的春秋笔法来评论，《左传》通过「君子曰」来评论，《公羊传》《谷梁传》通过问答形式来评论。除此以外，战国诸子以及后世对于《春秋》的典故皆有不同角度的评说，《一说春秋》将它们筛选汇编，以展示古人在不同环境下对某件事情的看法。

三是我们应该如何看待这些史实？《春秋》记录的都是千年前的浩渺繁事，如果不能对今天的我们有所借镜，又有何益？不过，好在《春秋》能提供给我们的实在比我们想象的要多得多。

成 书

我在开篇就强调，《一说春秋》说的是《春秋》这本书。但要提到《春秋》这本书，不要说讲，在很长的一段时间里，我都没有想去读它。

我比较喜欢历史，所以断断续续地也读过一些书，年纪渐长之后，希望专注于某一段历史，做比较深入的了解。当时正好读到唐德刚先生提出的大变革理论。他说，中国这么几千年下来，真正大的变革只有两次，第一次是从商鞅变法开始，一直到汉武帝推恩令前后，200多年的时间，这次大变革将中国从本来分封制的封建社会，变成了特有的士人社会，或者叫帝制的社会。第二次大变革则是从1840年鸦片战争开始，一直到今天还没有结束，这次变革按唐德刚先生的预估，应该是从原来的士人社会、帝制社会转变成富庶、民主的现代化社会。

看到这个理论以后，我非常感兴趣。因为在今天的现实生活中，的确常会碰到一些不可理解、不知道该怎么看待的事情。如果今天的纷纷扰扰是因为我们处在一个大变革的过程中，很多事情，很多思想，很多世界观，价值观都没有真正定型，那么同样也意味着我们有无限的可能性，我们走向何方，可以由我们自己来决定。

那么我们该如何选择，该做出怎么样的选择呢？现在搞不清楚的事情，我们就回到历史中去探讨，这不就是以史为鉴嘛。

所以我就计划将深入的目标定在大变革的第一个时期，也就是从商鞅变法开始，到汉武帝推恩令结束，大概200年的时间，不过按照历史研究的一般方法，有所谓"前一代后一代"的说法。也就是说，要研究某一段历史，就要先研究它的前面一段，再研究它的后面一段。比如说我们要研究明朝的历史，那么我们就需要先研究元朝的历史，再研究清朝历史，这样才能知道明朝的制度是从什么地方来的，又走向什么地方。想要研究大变革，研究从商鞅变法开始到推恩令结束的这段历史，首先要研究的就是《春秋》。由此，《春秋》才进入我考虑阅读的名单中。

说起来，我读《春秋》是一个相当曲折离奇的过程。

最初我觉得，《春秋》嘛，一部历史书而已。为了避免受到后人解释的影响，我特意买了一本纯原文的小册子。这种书，我们在网上一搜，经常能看到，大概卖十块钱，还集成了《左传》《国语》相关内容。

今天看起来，这种行为就是教科书式的"充大瓣蒜"，因为拿到书的时候我就傻眼了。

一翻开《左传》，头一年就有类似于这样的词句，「不书即位，摄也」，就是说不记录即位这件事情，是因为摄政；「未王命，故不书爵」，还有什么「夷不告，故不书」「有蜚，不为灾，亦不书」。这一看就完全傻掉了，明明书上白纸黑字地写着这件事情，怎么又说不记录这件事情呢？这不是自相矛盾吗？

当然，我们现在知道，《左传》写这些东西都是为了评论《春秋经》的文字，为什么这样记，为什么那样记。可是我当时不知道啊，所以觉得不行，看不懂。

看不懂就要降低姿态，文言看不明白，我就找一个白话本的。于是我到处搜，还真有名家主编的白话本。白话的《春秋》拿过来一读，我发现还是读不懂，不只是读不懂，甚至在我看来，很多语句都是不连贯的，与其说它是白话翻译的《春秋》，不如说是翻译出来一大堆的句子，然后把这些句子堆砌在一起，这怎么能看得明白呢？

这一下可就有意思了，文字不认识，或者某个字比较古老，什么含义我们搞不清楚；某个词以前是这样的意思，现在是那样的意思，所以我们会有混淆，这都很容易理解。可是现在字也认识，句子也通顺，含义也明白，可是放在一起就不明白，这就有名堂了。我又开始找，最后找到了杨伯峻先生的《春秋左传注》，也就是那种繁体竖排，一打开，正文可能就几个字，注就好几页的那种书，这个细细读下来总算是读明白了——但注意，只是读明白而已。

这一下返回来再看，为什么之前不明白呢？为什么白话文也看不明白呢？这是因为《春秋》的记录离我们太遥远，有太多的背景知识，对于现在的我们来说根本没概念。

举个例子，晋国的公子晋重耳跑到秦国去，受到秦国国君秦任好的庇佑，秦任好为重耳娶妻，当时偷偷将他的女儿怀嬴，作为媵妾送给晋重耳，可是晋重耳不知道。

《左传》记录说，怀嬴拿着水壶给晋重耳洗手，晋重耳洗过之后甩了甩手，然后怀嬴就大怒说："秦国和晋国是匹敌的，地位相同，你凭什么看不起我？"

这一下把晋重耳吓坏了，他脱掉外面的袍子，穿着素服，自己把自己囚禁起来。这件事情闹得很大，最后是秦任好出来化解，才把它解决，我们以后会在正篇中详细讲述这件事情。

这里要说的是，如果单纯把这个故事拿过来，大家会非常费解，怀嬴给晋重耳洗手，晋重耳只是想把手甩干。是，这举动看起来不够文雅，但是怀嬴用得着那么愤怒吗？最多说，晋重耳这个人怎么这么不懂事儿啊，这么不懂规矩之类的，至于上纲上线到羞辱人格的地步吗？

这就需要了解背景才能明白，因为拿着水壶洗手这种事情，只有在新婚夜的时候，媵妾才会拿着水壶给新郎洗手，洗过之后，这个负责拿壶的人把壶放在一边，然后拿来毛巾交给新郎官，擦干净手，这实际上是新婚夜的一个仪式。晋重耳没有等怀嬴拿来毛巾，就这么自己甩干了手，这是什么意思呢？就是我认为你这个媵妾做得不合格，所以怀嬴才会有这么大的脾气。当然，怀嬴发脾气还有其他原因，这个以后我们再讲。

仅对这个故事来说，如果不知道这个背景，这段话即使翻译成再怎么浅白的文字，我们也不会明白。可是注本书的好处就是，原文一段简单描述的后面，注会告诉我们当时有这样的习惯，为什么她会生气，通过对照注读原文就能读懂了。

读懂《春秋》后，就想自己也来做一个《白话春秋》好了。

有了这么一个念头后，我开始动笔写我的《白话春秋》。当然，这个在今天看起来，完全是自己给自己挖了一个"大坑"，到现在还没从"坑"里出来。

一动笔，整个春秋的世界就不同了，甚至影响我对中国传统历史的认识，包括我们前面讲到的内容，以及后面所有正篇之外的番外篇，都是我在动笔写《白话春秋》的过程中对我以前所认识的传统概念的重新审视。

可是之前不是已经读懂《春秋》了吗？为什么要到动笔之后才又突然重新

审视呢？这就是读和写的区别。

举例来说，郑国国君郑寤生和她的母亲武姜和解的事故，当时两个人，一个站在隧道内，说「大隧之内，其乐也融融」，一个站在隧道外，说「大隧之外，其乐也泄泄」。

如果只是读的话，我们会觉得朗朗上口，感觉大概就是在说和解了，所以其乐融融。可是和其乐融融相对的其乐泄泄又是什么意思呢？我们恐怕就不会考虑。

人的大脑就是这样的，容错性是非常强的，细碎的问题很容易自动忽略。这也就是为什么我们读一个句子，即使里面有我们不认识的字，有不理解的词语，但是我们照样可以读懂它。

所以当我们读一本书觉得读懂了，往往只是读懂它的字面意思，只有把这本书的内容重新进行阐述，重新进行解释，这个时候才能确定是不是真的懂了。所以我们说对一个概念、一个事物是不是真正理解的检验方法，就是能不能把这个事情跟一个6岁的孩子讲清楚。如果讲得清楚，就说明真的理解了；如果讲不清楚，说明对这个概念至少还有些许不清楚的地方。

在读《春秋》的时候，我认为我读懂了，实际上只是把基础的概念如君子、礼、仁、义给囫囵吞枣了，并没有真正理解它们。可是当我需要写、需要阐述的时候，就不可避免地需要解释它们，需要理解它们，要知道它们在这个地方是什么意思，在那个地方是什么意思，这个时候所看到的春秋世界，就和之前读《春秋》时候的那个春秋世界完全不同了。

即使这样，仅读一本历史书，就能够影响我对整个中国传统文化、中国历史的认识吗？说实话，我之前读《史记》《资治通鉴》的时候，并没有这样的感觉。

《春秋》有这么大的影响力，我必须说，这是因为它是一本极其特殊的书。

中国传统流传下来的所有书籍在古代一般被分成经、史、子、集四类。

经，也就是我们常说的四书五经、九经、十三经等，这些书都是基于某种思想，先口口相传，在不同的传播渠道中形成不同版本，最终成书于春秋战国以及更晚的时代。

史，也就是我们常说的二十四史、二十六史等。所有这些史书几乎都源出于《史记》。《史记》最早打下了纪传志表的样板，然后才有后来这些史书。

可是《史记》又源出哪里呢？《史记》学的是《春秋》啊。《史记》有《太史公自序》，其中提到为什么要写《史记》这个事情，以后我们会做番外来讲这个事情，简单说就是史这一类的书也多多少少跟《春秋》相关。

子，也就是诸子百家，诸子百家最活跃的时代是在战国，可是诸子百家思想是从哪儿来的？如果我们溯源的话，会发现他们的思想有的可以溯源到夏代，甚至更早的时期，但是这些思想能够被整理、汇编、分门成派都是在春秋时代，到春秋末年流传出来，有人把它讲述出来，然后编著成书。

集，属于文集类，可是我们知道古代主要的学术不出《经》《史》《子》的范畴，《经》《史》《子》都和《春秋》有关联，集恐怕也就脱不了关系了。

古代的典籍多多少少都和春秋时代有关系，所以我们可以说，春秋时代是中国传统历史人文的"孵化器"。

春秋时代孵化成型的各种思想在相互作用中形成各自的风格。到了战国，这些思想被人争相引用，到处传播，同样也受到各种的质疑和挑战。这些思想的传承者不得不拿历史史实来应对挑战，来证明自己的正确性。对于战国人最了解的史实是什么，当然就是春秋时代的史实嘛。

战国的诸子使用春秋的史实来证明自己，来推演、校正、精细他们的思想。所以我们可以说，春秋时代是中国传统各种思想的第一块试验田。

那么，作为春秋时代的记录者，《春秋》承载了什么也就可想而知了。

此外，我们今天所看到的中国传统，是经过无数代的传承，不断地修修补补，个中思想也一直在不停地摇摆。如果我们溯源中国传统，《春秋》作为源头级别的著作，岂不就是最好的起点吗？

虽然这么大的帽子扣下来了，可是真正动笔去写，零零碎碎，我花了一年多的时间，只写出来 15 万字，不足原计划的 20%。更重要的是，这 15 万字远远没有达到我的预期，甚至相较于那些市面上名家翻译的版本还有一定的距离，这不是我想要的结果。

为什么会出现这样的问题呢？究其原因，《春秋》这本书成书的时代，所用的词汇和语境甚至语序都跟今天有极大的差别。这也就是名家主编翻译出来的版本读起来不顺口的原因。越是名家，针对每一个具体的词汇越做非常精细的翻译，结果这些词汇全部翻译对了，但是堆砌起来就读不通顺了，这叫作直译，因为是直译所以就很别扭。

可是名家为什么不作意译呢？因为意译会产生很多新的问题，名家不愿意那么不严谨，所以造成现在的局面。

另一个原因则是白话版本身在形式上的固有问题，我们前面讲《春秋》之所以难读，是因为它有很多很庞杂的背景知识，如果仅仅是做一个白话版，比如说《白话左传》《白话公羊传》《白话谷梁传》，那么每一个故事每一个细节后面所带的背景知识，要放在什么地方呢？难道还以注的形式来放吗？大家在看书的时候，如果每看一段话都要看半天的注，那这本书读起来就太费心思了，还不如直接去读注本？可是，如果不放背景知识的话，这本书就又变成难以看明白的白话文，那这个事情做起来又有什么意义呢？所以我写到15万字时，本来的目标反而模糊了，于是就停了下来。

恰好我有些朋友做一些课程录播的工作，有一个录制的团队邀请我过去玩。他们提议说："您可以录一些，平常就能说嘛，自己录一些节目只当玩儿。"

我就当是尝鲜，接受了他们的邀请，录制了一些节目。这些节目跟《春秋》没有任何关系，有点儿仿《晓说》，就是什么都说，说说旅游啊、职场、历史啊等，所以起名叫作《一说》。《一说》这样的节目，前前后后也录了几十期。

那段时间里，我一方面写了一个自己非常不满意的《白话春秋》；一方面又在录一个和《春秋》完全不相关的节目。突然有一天，这两条线并在一起了。

正如前面我们所讲的，《春秋》流传下来的一经三传，经是最早由文字写成的，而传最早的时候就是有人一条一条讲述出来的，经过大家口口相传，最终才落实成文字的。

那么，为什么我们不能效仿古人重新讲述《春秋》呢？像古人一样坐在这里，一条一条地讲述呢？

有了这么一个想法，我先把之前写的那个非常不满意的白话本拿出来，补全并完善成一个59.6万字的底本，在底本之上，融合其他内容来讲述《春秋》。为了适应今天短视频的趋势，我们将《春秋》正篇控制在5—10分钟一期，这也就是我们今天的《一说春秋》的音视频节目。

自从《一说春秋》这个节目推出以后，常有朋友问，你读的是哪本书？或者问，你怎么老是读得磕磕绊绊的？我只能苦笑，要是真有一本书可以读就好了。

录制节目的时候，经常底本只有3分钟的内容，第一次录成5分钟，第二次录成 7 分钟，第三次录完，一拍脑袋，算了，还是临时增加一期背景评论吧。所以讲的过程不仅仅是融会贯通，本身也是在创作，临时起意增补内容也就不足为奇了。

《一说春秋》的视频录了 244 期，音频大概会录 1200—1500 期，在这些音视频内容的基础上，我们创建了一个叫作"一说春秋"的公众号，用来统合、整理、发布音视频的文字版本。

从底本到音视频，再到文字版，还远没有达到我想要的效果。音视频因为脱口的缘故，难免有错漏，而《春秋》又是典型的多人物、多地点、多事件，加上编年史的题材所限，前后关联性也不强，为管理所有的这些信息，我又专门开发一款写作软件，来标识、管理、重组所有的相关信息。是的，我的专业是软件开发，说起来还是个不错的程序员，而本书的内容及图表皆是基于这款软件自动创建的。

《春秋》三传最初都是口口相传，最终落实成我们今天所看到的文字。《一说春秋》也是走同样的轨迹，从讲述《春秋》，到将讲的内容落实成《一说春秋》的文字版，接着再将这些文字整理汇编成册，最终通过图书的形式出版出来，这就是您现在正在阅读的版本了。

当然纸质书只是我们控制内容质量的一环，并不是终结，我希望《春秋》的内容能够以更多、更新的形式展示给您，这么做只有一个目的，就是帮您读懂《春秋》。

我从最早看到大变革理论，开始想要聚焦在从商鞅变法到汉武帝推恩令这么一段历史，到因为要了解这段历史的起源，聚焦在《春秋》，没想到在《春秋》聚焦这么长时间，这个是不是有点儿跑题太远了？

或许是，但我认为，正是因为聚焦到《春秋》，我才得以重新了解中国的传统，了解中国的历史到底是什么。这就好像一个人首先要认识自己，要了解自己，才能够超越自己。

对于我们的文化、我们的传统，同样是这样，我们只有真正地认识我们的文化，真正了解我们的文化，我们才有可能创造出来超越中国传统文化的现代化的中国文化，不是吗？

到这里，本篇序终于到了尾声，我大概也可以松一口气了。

但也要强调的是，《春秋》经过 2000 年的传播，各种研究的资料可以说是浩如烟海，一字一句的斟酌较真起来都够写几篇论文的，而以我的知识积累和阅读量来说，九牛未必能覆盖一毛，虽然顶着一说之名，仍然常感「战战兢兢，如临深渊，如履薄冰」（《诗经·小雅·小旻》）。

我对因为自己学识有限而可能对您造成的误导深表歉意，同时也请各位名家多予勘误指导，非常感谢！

此外，要在此感谢为《一说春秋》的编撰提供无私帮助的朋友们。感谢我们公众号的编辑李雪美同学，感谢帮助我们整理文字版的网友 @丁晓寒、@刘峰浩、@张志宏、@不争、@阿蛋、@张剑、@李军、@程菲、@王楠楠、@笑笑、@刺猬的优雅、@张广建、@煞冷、@如果当时、@云水禅心、@谦牧等，感谢所有平台上的听友、群友，正是你们不断地"拍砖"和鼓励，才让《一说春秋》得以成书。

谢谢大家！

李明
2017 年 12 月 11 日成稿于北京

二 鲁息姑

元年

公元前722年，己未，周王姬宜臼四十九年，鲁侯息姑元年，晋侯郄二年，曲沃伯鳝十一年，卫侯完十三年，蔡侯考父二十八年，郑伯寤生二十二年，曹伯终生三十五年，齐侯禄父九年，宋公和七年，秦文公四十四年，楚王熊彻十九年，杞武公二十九年，陈侯鲍二十三年，许男弗十年。

使用微信扫描以上二维码收听本章音频

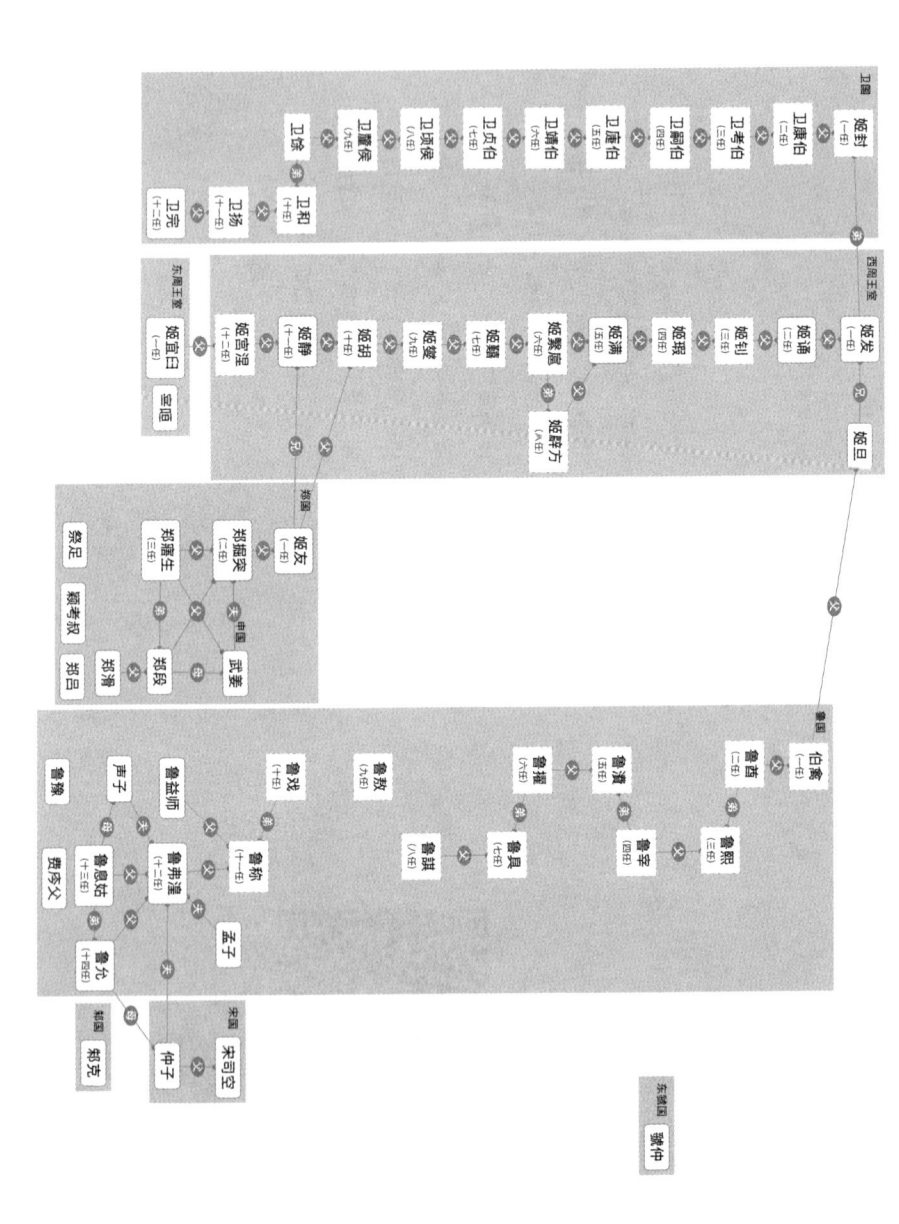

图1 鲁息姑元年人物关系图

元年春，王正月。

《春秋经》开篇六个字，"元年春，王正月"，虽然只有六个字，但我们要分成五点来讲。

第一点，我们先要讲讲"正月"。

有人可能要说，正月有什么可讲的？正月不就是农历一月，正月初一不就是春节吗？放到现在当然是这样，但是在春秋时代就没有那么简单了。

相传古代有所谓"三正"，"三正"其实就是三个正月，夏代的正月叫作夏正，商代的正月叫作商正，周代的正月叫作周正。这么多个正月其实都是历法的问题。

历法从大面上来说，有太阳历和太阴历之分，太阳历就是通过观测太阳来确定时间，比如说我们现在用的公历就是太阳历；太阴历则是通过观测月亮来确定时间，我们现在的农历就是太阴历[①]。

但是宇宙跟人类开了一个大玩笑。所有历法都是以天作为单位的，偏偏一年的精确时间是365天零5小时多一点儿，所以任何历法，不管是太阳历还是太阴历，一年下来都会有误差。我们现在的公历每年是365天，一年就误差了5小时多，4年下来就误差将近1天的时间。所以公历每隔4年就要设一个闰日，来弥补这些误差，这个闰日也就是2月29号了。

误差的问题放到太阴历里面就复杂多了。比如农历1年是360天，每年误

[①] 网上各种百科皆称农历为阴阳历，此说并不确切，这里不展开，有机会再专门撰文说明。

差 5 天零 5 个小时多，几年下来就可能误差 1 个月。即使补一个闰月还是有误差，所以日积月累，日期和时间就对不上了。我们看日历以为是在过 3 月，实际上已经是 5 月了。

古人为了解决这个问题，就找了一天作为校验这一年时间的"定海神针"，这就是冬至。因为冬至是最容易通过观测来确定的日子。

冬至是太阳直射地面到达一年中的最南端，对于北半球来说就是一年中白天最短的一天。古人使用土圭来测量太阳的影子，越靠近冬至，太阳的影子就越长，而经过冬至之后，影子就会变短，所以影子最长的那一天就是冬至日了。

确定了冬至，一年中的每一天也就确定了，所以古人将冬至所在的月作为一年中的第一个月。用天干地支的地支称呼它为子月，冬至月后的第一个月称为丑月，冬至月后的第二月称为寅月，以此类推。

冬至虽然很容易观测到，但是以当时天文学的水平，想要预测它却不是一件容易的事情。所以夏王朝就设置了一个正月，它们把寅月也就是冬至月后的第二月设置成正月。那么理论上说，冬至月也就是夏历的十一月，因为误差的缘故也有可能是十二月。所以每年十一月，夏王朝就会派专人观察日影的长度，如果在整个十一月中日影变短，那么就说明本年的冬至在十一月，十二月就开始备年货，正月就开始过年了。如果走完十一月日影仍然没有变短，就说明本年的冬至是在十二月，夏王朝就会在十二月后面加一个闰十二月，过完闰十二月之后才是正月。

这在《左传》中被称为「履端于始，举正于中，归余于终」（《左传·文公元年》），意思就是说以冬至作为一年的开始，在冬至后面设置一个正月，每年到最后发现有误差的情况，就把这些零头归属在一个闰月里面，也就是闰十二月，或者也叫十三月。

到了商代，商王朝把正月向前提了一个月。也就是以冬至月后的第一个月：丑月作为正月。到了周代，周王朝又把正月向前提一个月，把冬至月，也就是子月作为正月。到了秦代，再向前提一个月，把冬至月的前一个月，也就是亥月作为正月。

这些王朝每当改朝换代的时候，就在正月这个问题上较真儿，显得有点儿孩子气，但实际上确定正月对他们来说是非常重要的事情。因为这代表它们对宇宙和世界的认识，对天象的把控。用现在的话说，就是能不能代表最先进的生产力。

中国古代有个词叫作正朔。正就是正月，也就是每一年以哪一个月来开年。朔就是每一个月以哪一天来开月。正朔实际上就是历法的意思。当一个地方政权要归属中央政权的时候就会说，我遵守你的正朔。表面上看是地方政权遵守中央政权的历法，实际上是地方政权承认中央政权对于天象的权威。

话虽然这么说，但毕竟古人的天文水平有限，他们不停地向前提正月，最后的结果是经常出错。比如《春秋》里面就经常有历法算错的情况，本来以为是在过正月，实际上过的是十二月。

到了汉代，汉初继承的是秦代以来以亥月作为正月的做法，但人们已经不堪忍受历法上的错误，所以汉武帝颁布太初历，重新以寅月也就是冬至月后的第二个月作为正月，这也就是今天农历的前身了。

前面讲了很多关于正月的事情，想说明的是，《春秋》里面的「正月」并不是我们今天的正月，它是周历的正月，也就是作为冬至月的子月。所以当我们看到正月的时候，我们的第一反应应该是把它减掉两个月，换算成今天农历的话，就是农历十一月。

第二点，我们要说说「王」。

中国最早的三个王朝分别是夏、商、周，后世称为三代，也称作三王。但实际上夏、商称帝，只有周称王。周代之后，秦汉以下皆称皇帝。所以中国历史上以王作为最高领袖的朝代就只有周代了。

在我们的印象里，王好像比帝低一个层次，一个皇帝下面有几个王是很正常的，但一个王底下有几个皇帝的情况从来都没有发生过。那么周代的领袖到底是怎么想的，为什么以前都称帝，到了他们要改称王呢？

这里我们要先讲讲什么是帝、什么是王。

帝即揥，也就是发簪。在古代，类似祭司这样神职人员会头戴特殊的冠冕，以和普通人区分，而在更早的上古时代，神职人员则仅仅是把头发盘起来，用一根簪扎住，以示区别。由此演化出戴簪的人也被称为揥，换句话说，帝本是指的神职人员。

我们看探索频道，那些模拟的远古部落画面：一盆火，旁边站一个大祭司，下面是一群信众磕头。如果我们把这个画面放到中国的历史长河中，似乎与中国的哪个时代都格格不入。在我们的感觉里，中国从夏、商、周，甚至从三皇五帝开始，一直到宋元明清都是一样的体制，从未存在过那样蛮荒的画面。

但我们从夏、商两代都称帝就可以知道，夏、商两代的君主们在作为世俗领袖的同时，恐怕在宗教上也是领袖。夏、商的时代很可能就是探索频道中火、祭司、信众组成的画面。

夏王朝末代君王叫作桀，也被称为夏桀，就是我们常说的桀纣两大暴君中的桀。夏桀有句名言：「天之有日，犹我之有民，日有亡哉，日亡我也亡矣」（《尚书大传·殷传》，上天拥有太阳，如同我拥有民众，太阳会灭亡吗？太阳灭亡，我才会灭亡）。

这句话放到我们今天，哇，好狂妄，难怪最后亡国。但是，如果理解帝这个称号本身所代表的神职方面的概念，再看夏桀的话，搞不好夏桀真的是这么认为的，他真的认为自己和神相通，甚至认为自己就是神，那他说出这样的话就不足为奇了。

接着，我们再来看看什么是王。我们知道，王这个字三横一竖，实际上在古字里是三个圈一个竖，就像三个珠子串在一起。在古代，王和玉是同样的一个字，是相通的。也就是说，王就是玉，玉就是王。而玉，在周代，是最高级别的祭祀品，是只有国君才能够使用的祭祀用品。那我们就理解了，王就是能够进献"玉"这种祭品的人。

帝是神职人员，在祭祀中是一个组织者，他可以自认为和神是相通的，甚至可以认为自己就是神，就像夏桀那样。但是王呢，他是供奉祭品的人。一边是神，一边是人，哪一个级别更高？当然是神的级别高。所以帝比王要高一个级别。

当年西周一任天王姬发灭了商朝成为整个神州的统治者，史书记载为「贬帝号，号为王」（《史记·殷本纪》），这个「贬」字就是从称神号自贬为称人号的意思。

其实，周代不仅是贬称王，周代君主的自称也很奇怪。夏、商是以帝自称的，可是周代君主却自称"余一人"，"余一人"就是"我一个"，恐怕是因为玉这个东西是最高的祭祀用品，只有周王一个人能够用来供奉神明，所以他自称"余一人"。

周称王背后代表什么，这是值得我们思考的。

帝和王称号的区别也代表君主自我认知的不同。夏、商称帝，也就是君主自认为是神；周称王，则自认为是人。称呼的变化代表周决心从蛮荒时代以神为中心的原始宗教政权，逐步过渡到以人为中心的世俗政权，而周代在实际上也完成了这个过渡。当然，过渡的过程牵扯到方方面面的事情，这里就不再一一展开，以后碰到的时候会有对应的讲解。

到了秦始皇灭六国统一天下，造就出前所未有的中央集权的超级政权。为维持政权的合法性，秦始皇自称皇帝，并把所有与天相关的祭祀全部收归到自己的手中。由此，皇帝也就成了以天作为后盾，且唯一拥有与天沟通渠道的人，所以我们也称皇帝为天子，这本是皇权天授的一种方式。

秦始皇称帝，实际上再一次把自己放回到最靠近神的位置。但是时代已经变化了，世俗的思想早已深入人心，即使再称帝，也不可能真的以神自居，更不可能将神摆回到政治的中心。秦始皇的皇帝和夏商的帝虽然名同，但质已经完全不同了，当然这些都是题外话。

回到《春秋》，这里的「王」实际上指的是周王室，那么「王正月」就是周王室的正月，翻译成现代话就是周历正月。

第三点，我们要说说「春」。

春秋记事有一个特点，就是标注四时。它会把一年分成春夏秋冬，然后在每一段前面把季节标上。即使这个季节没有什么大事发生，它也会空标一个季节，比如「春王正月」，「夏四月」，「秋七月」等，而同为编年史的其他史书，比如《资治通鉴》，是没有这种情况的。可以说《春秋》之所以称为春秋，恐怕就是春夏秋冬的简称。

当然，《春秋》里面的春夏秋冬，相对比较机械。春指的就是一至三月，夏就是四至六月，秋指的是七至九月，冬指的是十至十二月。需要注意的是，这些时间都是周历的，换算成今天的农历，那么春其实是十一月、十二月、正月，完全就是我们感知中的冬天。所以说，《春秋》的春夏秋冬和我们感知中的春夏秋冬完全不是一回事。

第四点，我们来说说「元年」。

古代的国君年表都是从「元年」开始，接着是二年、三年一直下去。元就是始的意思，所以元年可以理解成执政的起始年。

需要注意的是，执政的起始年并不一定是执政的第一年。

旧君死，新君即位，要将旧君的年号改称为新君的元年，这被称为改元。

改元有两种方法，一种叫作立年称元法，也就是新君即位当年即改元，这时候元年就是新君执政的第一年；另一种方法叫作逾年称元法，也就是新君即位要等到第二年才改元，这时候元年也就是执政的第二年了。

两种改元法可以说是各有千秋。对于《春秋》来说，主要使用的是逾年改元法。

逾年改元法是新君即位的第二年才改元，这对于一些比较短命的倒霉国君很麻烦，比如三月即位，六月就去世，还未逾年，自然也就没有改元，这些国君虽然在国君世系上享有正式国君的待遇，但在该国的年表上则没有他们的身影，以后我们碰到类似情况的时候，会做特别的说明。

前面讲了「正月」，讲了「王」，讲了「春」，讲了「元年」。写出来的六个字，我们讲完了。所以第五点，我们要讲讲没有写出来的三个字，「公即位」。

这一年是鲁国第十三任国君鲁息姑①执政的元年，按照惯例，《春秋经》应该记「元年春，王正月，公即位」。公即位，也就是国君即位的意思。但是《春秋经》没有写「公即位」这三个字，因为鲁息姑是摄政。这也是《春秋经》记事的一个特点。该写的字没有写，代表的是一种态度。

鲁息姑的父亲是鲁国第十二任国君，叫作鲁弗湟。鲁弗湟的正室叫作孟子。注意，这位孟子可是一位女性，不是我们熟悉的孔孟之道的亚圣孟轲。春秋时代的女性多数没有名字，称呼也比较随便，大多数都是以大姑娘、二姑娘、三姑娘这样按照排行来称呼。古人排行常用"伯、仲、叔、季"或"孟、仲、叔、季"来划分，伯也好，孟也好，指的都是排行老大。对于孟子来说，孟是她在家的排行，子则是她的姓。所以孟子就是子姓家大姑娘的意思。

鲁弗湟还有一位妾侍，叫作声子。声子就是鲁息姑的母亲。

孟子早年去世没有子嗣，鲁弗湟又娶了仲子作为他的正妻。这位仲子可是大有来历的。她是宋国第十二任国君宋司空的女儿。据说她出生的时候，手上有鲁字型的掌纹，所以在宋国被戏称为"鲁夫人"，宋司空也就因此把她嫁到鲁国。

从今天的角度上来看，鲁字还是挺复杂的，掌纹像鲁字，那手应该长成什

---

① 与一般网络百科的计算不同，本书没有将伯御算入序列，所以鲁息姑为第十三任，伯御的问题会在后文详细阐述。

么样呢？还好古字中"鲁"比较简单，上面是"止"，下面是衣服的衣少一横一点，可能与掌纹相似。当然"鲁夫人"的说法也有可能是宋司空为了嫁女儿附会的。

仲子为鲁弗湟生下子嗣，叫作鲁允。鲁弗湟在世的时候，把鲁允立为太子，但他去世的时候，鲁允的年纪太小，所以由鲁息姑摄政。

鲁息姑虽然摄政，但是称公。称公，就意味着以国君自居。这在今天看来是很不可思议的事情。摄政的臣子怎么能以国君自居呢？以我们最常看的清宫戏为例，孝庄皇后为了保住儿子福临的帝位，由多尔衮摄政。多尔衮历称叔父摄政王、皇叔父摄政王、皇父摄政王，但从来没有称过摄政帝。称王，毕竟还是臣子，称帝就变成国君了，所以即使以多尔衮权倾朝野也不敢以摄政帝自居。

尽管如此，鲁息姑的摄政称公在鲁国却是有先例可循的。鲁国的开国始祖周公姬旦就曾经摄政称王。

姬旦在中国古代社会可是响当当的人物，我们以后还会经常提到他。据说他礼贤下士，做到了「一沐三捉发，一饭三吐哺」(《史记·鲁周公世家》)，就是说，吃饭的时候有人求见，姬旦顾不得把饭咽下去，就先吐出来去见客。回来接着吃，又有人来，又吐出来，再吃，再吐，一顿饭要折腾三回。洗头的时候有人来，姬旦等不得头发干，就抓着头发出去见客，回来接着洗，又有人来，又抓头发，如此又是好几回折腾。所以，三国的曹操在《短歌行》里说「周公吐哺，天下归心」，说的就是这位姬旦。

姬旦是西周第一任天王姬发的弟弟，姬发去世的时候，儿子姬诵年纪还小，所以就由姬旦摄政称王。但是这引起姬发其他几个弟弟的不满，他们先是造谣生事，说姬旦要篡位，然后以此为借口起兵讨伐姬旦。姬旦花了三年的时间才平定叛乱，一共摄政七年，最后还政给姬诵。

姬旦，如此响当当的人物摄政称王都受到非议，甚至引发叛乱，鲁息姑不过是一个毛头小伙子，要声望没声望，要经验没经验，摄政称公所受的压力可想而知。所以在鲁息姑执政的十一年间，低调、谨慎就成了他的主要行事作风，睦邻友好就成了他的主要外交政策。

三月，公及邾仪父盟于蔑。

三月，鲁息姑和邾国国君邾克在蔑邑盟誓。

和鲁息姑盟誓的邾国，是鲁国周边的一个小国，本是东夷的一支，属于蛮夷国家，没有得到周王室的承认，也没有受到周王室的分封。邾国的国姓，姓曹，当代国君名克，字仪父。按照现在的习惯，我们应该称他曹克，不过我们以《春秋经》的习惯，称氏不称姓，称他为邾克。

《春秋经》称呼邾克为「邾仪父」。这是因为邾国没有受到分封，没有周王室的爵位，称呼的时候就不能以爵位来称呼他，可是如果称呼他的名字，又显得不够尊重，所以，称呼他的字以示尊重。从这个细节就可以看出，鲁息姑睦邻友好的用心。

● 盟与胥命 ●

春秋时代的盟主要是两种形式：一种叫作盟，一种叫作胥命。

盟相对来说正规一些，仪式也复杂一些。参加的国家要有盟书，而且要举行盟誓。具体的方式就是先在盟会所在地挖一个大坑，用牛、羊、马作为牺牲。举行盟誓的时候，在坑边杀掉牺牲，割下左耳，将左耳血盛放在一个器皿之中。然后，在神灵面前宣读盟书。盟书的内容，一般就是说，凡参加此盟者，要步调一致，一方有难，多方要来援之类的。当然，也少不了惩罚条款，比如，如违此盟，人神共愤、国破家亡这样的狠话。宣读完盟书，参加盟誓的人会微微地饮一下左耳血，这也就是常说的歃血。歃血之后，参加盟誓的人会把盟约正本放在牺牲上，一起在坑中埋掉，意思是这次盟誓由天神作证。副本则各自保存，一般存放于金匮石室中。所谓金匮石室，也就是我们今天所说的档案室。

在各种牺牲之中，牛的级别最高，而割牛耳、取牛血则由主盟的国家负责，所以我们现在说一个人权力很大，就说他执天下之牛耳，这个牛耳就是指结盟歃血时用的牛耳。能执天下之牛耳，也就是天下的主盟者，那自然权力就很大。而牺牲之中级别最低的是雉，也就是野鸡，所以后世在结拜兄弟的时候要喝鸡血酒，大概也是由此而来的。

结盟的国家有大事互相通报的义务，比如国君过世了，要向同盟的国家发出讣告，讣告中要写明死亡时间，真实名讳是什么。国家发生内乱，也要通知同盟的国家。要注意的是，这种通告是义务，如果遇事不通告或者乱通告，在当时是非常失礼的事情，动辄引起外交纠纷，甚至引发战争。

相对于盟来说，胥命就简单很多。胥就是相互的意思；命则是口头号令。简单来说，胥命就是相互口头号令，翻译成现代话说，就是口头约定。因为是口头约定，就没有什么具体的仪式，形式方法都比较简单随意。

在春秋中后期，霸主频出，各色人等都开始拉帮结派，所以盟会也就越来越多，一开始盟会都是由各国国君参加，后来盟会太多了，就转由大夫来代理，而主盟的国家开始也是由国君主持，后来大夫的权力越来越大，就以大夫为主盟。所以，盟会越靠后就越流于形式。

《荀子》里有一句话「春秋善胥命，而诗非屡盟」（《荀子·大略》），说的就是，《春秋》认为如果有诚意的话，与其搞烦琐的盟，还不如胥命来得实在。而《诗经》则认为屡屡结盟，还不如不盟。

（四月，城郎。）

四月，鲁大夫费庈父（音"琴甫"）带军在郎筑城。

● 筑城 ●

春秋时代的筑城主要有三种情况。

第一种情况是日常修筑。城墙的修筑是一件非常消耗人力的工作，往往经年累月不能完成。现在我们看看西安的城墙就能明白，西安的城墙是明城墙，可是把明城墙剖开之后，会发现里面还有唐代的残墙。在残墙外面重新修筑一个光鲜亮丽的"外壳"，这不就是偷工减料吗？可是我们试想一下，城墙厚就是十几米，高又是十几米，周长算下来就是几十公里，光堆那么多的土，就需要多大的工作量，所以古代修城墙，就是每年不停地加固，能借用地势的地方，就一定会借用地势；能够利用残墙的地方也一定不会错过，一切都是为了节约人力。自然，这种修筑都会安排在农闲的时候，以防止干扰农事。

第二种情况是诸侯共同修筑。后面我们会讲到卫国被消灭后，要迁都到另外一个地方，可是这个地方没有城墙无险可守，怎么办呢？就由每个国家出点人出点力，草创一个城墙出来交给卫国，再让卫国自己继续修修补补直到完成。诸侯共同修筑这种情况在日本战国的时候也很多。比如大阪城、江户城，基本上都是由各个诸侯出人出力共同修筑的。

第三种情况是为了战争修筑。春秋时代是冷兵器时代，讨伐别人之前要先把自己保护好，所以在进攻之前往往会先加固自己的城墙。

费庈父在郎的这次筑城，就是为了发动战争。

《春秋经》没有记录这件事，是因为费庈父这次筑城没有得到鲁息姑的命令。没有国君的命令就筑城备战，说轻了是乱命，说重了是不臣之心意图反叛，都是大罪。可是鲁息姑这时候正低调谨慎，只能听之任之。

夏，五月，郑伯克段于鄢。

《春秋》虽然是鲁国的国史，但也会记载一些其他国家的大事。最初主要记录的是同盟的国家或者同姓的国家，这些国家遇事会发通告给鲁国，鲁国史官就顺便记录在《春秋》里。到了中后期，霸主频出，一举一动都影响着鲁国的利益，对霸主的记录也就越来越多。

郑国和鲁国是同姓的国家，都姓姬，都是周王室的分支，也是兄弟之国。我们之前说过，鲁国的始祖姬旦是西周第一任天王姬发的弟弟，而郑国的始祖叫作姬友，他是西周第十一任天王姬静的弟弟。我们从辈分不难发现，郑国是一个新兴的国家，到本年为止才有三代国君，第一任就是姬友，第二任叫作郑掘突，第三任叫作郑寤生，本年在位的国君就是这位郑寤生。

郑寤生这个名字很有点儿来历，所谓寤生，就是逆着出生的意思。小孩子出生的时候，通常是头先出来，然后是肩膀，最后才是腿。但有时候因为胎位不正，是肩膀或者腿先出来，用老话说，就是横生倒养，而郑寤生就是腿先出来的这种。

郑寤生之所以起名叫作寤生，就是以出生时候的情况命名，这种命名方式叫作信，是春秋时代的命名习惯。关于春秋时代的命名，我们在后面会专门讲到。

大概是郑寤生出生的时候情况十分危急，所以郑寤生的母亲武姜受到惊吓，从小就不喜欢郑寤生。

这里要解释一下武姜这个名字。武姜其实不叫作武姜，武姜只是后世对她的称呼。她是申国人，申国姓姜，所以姜其实是她的姓，而武是她丈夫郑掘突的谥号。也就是说，武姜这个称呼至少是在郑掘突过世以后，才有可能出现的。我们可以推测一下武姜的称呼，按照春秋的习惯，出嫁前她可能被称为伯姜、叔姜，嫁到郑国之后，就改称为郑伯姜、郑叔姜之类的。当然了，因为《春秋》没有记录，我们也不能这么瞎猜，就只能用后世称呼她的方式，称呼她为武姜。

武姜不喜欢郑寤生，她喜欢另一个儿子郑段，所以就想立郑段为太子。但她多次向郑掘突要求改立太子，郑掘突却一直没有同意。等到郑寤生即位以后，武姜来找郑寤生，为郑段讨要封地。

郑寤生就问："您想把郑段封在什么地方呢？"

结果，武姜选择了制邑。

制邑在汜水边上，后世给它另取了一个名字，叫汜水关，这个地名大家肯定都听过，关二爷温酒斩华雄就在这个地方。据说西周第五任天王姬满喜欢巡游天下，曾经在制邑圈养老虎，所以制邑还有另外一个名字，叫虎牢关，刘、关、张三英战吕布也是在这个地方。所以我们可以想象，制邑肯定是天下雄关，一夫当关，万夫莫开。

这样一个地方，郑寤生怎么舍得把它封给郑段呢？他说："制邑是一座山城，地势太过险要，当年虢叔就倚仗地势，有恃无恐，最后死在那里。"郑寤生所说的这位虢叔是制邑以前的封君，也是周代的名门。虢叔的先祖是西周一任天王姬发的叔叔，叫作虢仲，想当年周由一个地方小诸侯一跃成为能够和商王朝分庭抗礼的力量，主要靠的就是八虞二虢，而虢仲就是二虢中的一位。可以说是历史悠久，但传到虢叔这一代，却被郑国灭亡了。郑寤生的言下之意就是，我把这么险要的地方给了郑段，郑段要是也像虢叔那样有恃无恐，不思修德，那下场不是和虢叔一样吗？这个理由说得冠冕堂皇，武姜也不好反驳。

郑寤生又说："制邑不适合，其他都邑随便您挑。"

于是，武姜就退而求其次，要求京邑。郑寤生就把京邑交给郑段管理。当时人称郑段为京城太叔。太这个字意思是位在前列，京城太叔就是在京这座城中的国君的第一弟弟。

在古代，太字和大字相通，京城太叔也写作京城大叔。要是放在今天，郑段年纪轻轻就被人叫作大叔，该有多郁闷啊，当然这只是些闲话。

京邑虽然没制邑那么有名，不过和制邑一样都是在今天河南省的荥阳。楚汉相争的时候，刘邦就是靠扼守荥阳成皋对抗项羽，即使以项羽之强，也是费了九牛二虎之力才攻破荥阳。况且，京这个字的本意就是人工堆砌的高台，古代的高台往往都是防御的作用，而京邑以京为名，就可以想象当地人对京邑这样的高台多么自豪。郑段选择这个地方，虽然比制邑差了那么一点，但是也算是防御力极强的要塞，而对于郑寤生来说，只要郑段不要制邑，其他事他都可以静观其变。

郑段被封在京邑，实际上是两兄弟第一轮的隔空对招。作为当年国君地位最有利的竞争者，郑寤生继位，郑段首先担心的是被清算，选择制邑和京邑都是为了防御自保。而郑寤生则是听之任之，以静制动。

虽然京邑很可能是郑国除了制邑之外防御力最强大的城市，但这并未让郑段感到安心。他到达京邑之后，立即着手扩建城市，加固城墙。这一切都被有心人看在眼里。这个人就是郑国大夫祭足（音"在"）。请大家记住这个名字，以后郑国和这个人有关系的事情还多着呢。

祭足向郑寤生打小报告说："一般城市的城墙超过百雉，是国家的灾难。"

所谓雉，是当时城墙的计量单位。春秋的筑墙方法是把木板用绳子束紧，填上土夯实，然后一板一板地从下往上摞。筑墙所用木板宽一丈、高二尺，五板称为一堵，我们现在的墙是论"堵"的，都是一堵墙、两堵墙这么算，但在春秋时代，一堵墙指的就是宽一丈、高一丈的一面墙。三堵称为一雉，所以一雉墙也就是宽三丈、高一丈的墙，那么百雉就是宽三百丈、高一丈的墙。春秋的诸侯，国都都有一定的规制，分为七里城、五里城、三里城，郑国是侯伯级别的国家，国都的城墙一面五里长。一里一百八十丈，五里就是九百丈，也就是三百雉。国都城墙三百雉，一般城市的城墙不能超过百雉，也就是不能超过国都的1/3。

祭足继续说："先王的制度，大型城市的城墙不能超过国都的1/3（也就是不能超过百雉），中型城市不超过1/5，小型城市不超过1/9。现在京邑的城墙已经超过了规制，如果再不加以限制，将来会对您的地位造成威胁。"

郑段虽然是被郑寤生分封过去的，但是他在自己的封地上拥有完整的治理权、财权以及征兵权，实际上在他的封地上，他就相当于国君，所以当他的实力强大到一定程度的时候，是有可能威胁郑寤生的地位。这也是春秋中后期大夫的权力逐步膨胀的一个根本原因。一个封臣的实力用什么来证明呢？只能是城市的大小。所以春秋时代，对城市的大小才会有很明确的规定。

听完祭足的小报告，郑寤生回答道："这是武姜想要的，就是有危害，寡人又怎么能够逃避？"

祭足又说："武姜的贪心哪儿有个头啊？不如及早将郑段另行安置，避免他毫无节制，否则就不好处理了。杂草蔓延还不容易清理呢，何况是国君您宠信的弟弟呢？"

郑寤生回答说："多行不义必自毙，您别着急，慢慢等着看吧。"多行不义必自毙，就源出于此，从郑寤生之口说出来，一直流传到今天。

这边郑寤生对郑段的筑城行为没反应，那边郑段可没闲着。没过多久，郑段要求郑国西边和北边的边邑向郑寤生效忠的同时，也对自己效忠。我们前面讲了，京邑在河南省的荥阳，而郑国的都城在河南省郑州的南边，相对位置来说，京邑是在郑都的西北边。郑段要求西边和北边的边邑同时向他效忠，也就意味着将郑国从东北角到西南角的对角线划开，郑国被一分为二。

这下连郑氏公族里都有人开始感到不安了。郑国的公子郑吕跑来劝郑寤生说:"国家经不起这样的分裂,国君您打算怎么办?如果您想将国家送给太叔,就请让臣去侍奉他;如果没有这样的打算,就请除掉太叔,不要让民众产生二心。"

但郑寤生就好像没事人似的,说:"不用烦恼,郑段他会自取灭亡。"

郑寤生这边还是没动静,郑段则继续加紧攻势。他又要求西边和北边的边邑完全效忠自己,他的势力直达廪延,由此,郑国实际上已经分裂了。郑吕坐不住了,又跑来找郑寤生说:"行了,行了,已经够了,如果郑段的力量再加强,就无法控制了。"

郑寤生还是老样子,不紧不慢地说:"不行仁义,民众就不会和他亲近,实力再强迟早都会崩溃。"

前有祭足提出担心,后有郑吕连番来劝,可是郑寤生好像一点儿都不担心。原因是他掌握了问题的关键,那就是制邑。如果我们打开地图看一看,京邑是在郑国国都的西北,但是制邑也恰在京邑的西北。制邑就像一根芒刺钉在郑段的背后,郑段不管怎么折腾,都没办法实质分裂郑国。也正是因为牢牢掌握了制邑,郑寤生才会如此从容。

再说郑段,加固城墙、聚集粮草、修缮武器、备足步兵和战车,准备偷袭郑都,武姜则做内应准备打开城门。这个计划被郑寤生知道了,郑寤生听说了发动攻击的时间,说道:"时机已到。"

郑寤生命令郑吕率领车兵二百乘讨伐京邑。郑吕兵临京邑城下的时候,京邑崩溃,背叛郑段,投降了郑寤生。这会儿郑段正在攻打郑都的路上,一听说大本营没了,哪还敢攻击郑都,直接绕过了郑都,往北逃亡到了鄢邑。郑寤生完全没有给他喘息的时间,继续讨伐鄢邑。郑段在鄢邑无法立足,到了本年的五月二十三,郑段逃去了共邑,共邑是卫国的地盘,郑寤生也就没再追击。

郑段从受封到扩建城池,到要求西边和北边的边邑向他效忠,到偷袭郑都,放在《春秋》里,也不过几个字而已。可是大家要注意的是,史书上的一句话有可能就是十年、二十年,甚至是上百年。本年是郑寤生在位的第22年,如果他刚即位的时候就分封了郑段,也就是说,郑段这次政变,从谋划到起兵到败北前后历经近20年时间,中间也曾风光一时,可是一朝发动,败得这么一塌糊涂。郑段落寞之心可想而知,他到共邑之后,就再也没有离开,所以后人以共作为他的氏,称他为共叔段,叔则是指他的排行了。

《春秋经》记录一个国家处理国内大夫有一定的规制，如果泛泛说，这件事应该记作「郑杀其大夫段」，如果要提及郑寤生，则需要标明郑段的身份，比如「郑伯杀其弟段」。

但《春秋经》记这件事为「郑伯克段于鄢」，这就意味深长了。

称呼郑段为「段」，而不提他弟弟的身份，是因为他任意胡为，不像做弟弟的；称呼郑寤生为「郑伯」，是说他不管教弟弟，由着郑段胡来，不像做哥哥的；用「克」，是说兄弟两个斗起气来，好像两个国君在打仗；「鄢」，就是郑寤生彻底击溃郑段的地方；不提郑段流亡到共邑，是悲悯他的故事，不忍下笔。

史官直笔，但直笔未必无情。

郑寤生把郑段赶走了，对他的母亲武姜也非常生气。郑寤生把武姜放逐到城颍，还发誓说："不到黄泉，不再相见。"但是，母子哪有隔夜仇？很快，郑寤生就后悔了。

这时候，有个镇守颍谷的地方官员，叫作颍考叔。注意，颍考叔并不是他的名字，考是祭奠时的尊称，颍考叔也是后世对他的称呼。只是因为我们不知道他的原名是什么，所以只能用这个名字来称呼他。

颍考叔听说了郑寤生的誓言，就去求见郑寤生。郑寤生赐给他食物，颍考叔却把肉都挑出来放在一边。郑寤生很奇怪，问他缘由，颍考叔回答："臣的老母亲天天吃臣做的食物，但还没吃过国君的食物，请允许臣将这些留给老母亲吃。"

郑寤生一听，非常感慨地说："你还有老母可以供养，而寡人却偏偏没有。"

颍考叔明知故问道："臣能斗胆问问，国君您为什么这么说吗？"

郑寤生就将自己发誓以及后悔的事情告诉颍考叔。颍考叔说道："这有什么可担心的？如果掘地出水，再挖隧道相见，不就符合当日黄泉相见的誓言了吗？"真是一句话点醒梦中人，郑寤生立马依计而行。

到了相见那天，郑寤生走入隧道，随口吟道：「大隧之中，其乐也融融！」武姜则从隧道中走出来，也吟道：「大隧之外，其乐也泄泄！」

> ● **其乐融融** ●
>
> 其乐融融，感觉是小学就学过的成语，形容十分欢乐、和睦的样子。但和"其乐泄泄"放在一起，我们就会奇怪，其乐为什么要融融呢？
>
> 融这个字，左边一个鬲（音"立"），右边是一个虫。鬲是古代一种炊具，类似现在的锅，样子有点像鼎，但却是三条腿，而且腿是中空的。
>
> 融这个字本意是指用鬲在烹饪食物的时候，蒸气向上升腾的样子。「大隧之中，其乐也融融」意思是说，在这个隧道里，欢乐就像热气一样由下而上，充满整个隧道。
>
> 泄是水向下流的样子，「大隧之外，其乐也泄泄」就是说，在隧道的外面，欢乐就像流水一样感染四方。虽然一字之别，但细思起来，古人用词还是很讲究的，而且意境也很恰当。

最终，郑寤生和武姜母子和好如初。到此，郑国的夺嫡事件也就圆满结束了。

君子曰："颖考叔，真是纯孝之人啊，爱自己的母亲，能施及郑寤生。《诗经》有云：「孝子不匮，永锡尔类」（《大雅·既醉》，孝子源源不绝，永远赐福给你的家族），说的不就是颖考叔嘛。"

说到这里，我们要开一个脑洞。「郑伯克段于鄢」这个故事并不长，可是里面的典故却很多。比如多行不义必自毙、黄泉相见、其乐融融。这些词到现在我们仍然在使用。为什么这么一小段故事有这么多的典故呢？有人会说，因为《春秋》是中国古代的经典，也有人会说这个故事很经典。但最重要的是，这是《春秋》讲的第一个大故事。

所谓的脍炙人口，所谓的经典，所谓的通俗，一个基本的要求就是看的人要多，知道的人要多。而大多数人读书，其实也就是看看前两页而已。

比如说《诗经》，第一首是《关雎》，「关关雎鸠，在河之洲。窈窕淑女，君子好逑」几乎人人会背，可是《诗经》第二首是什么呢？恐怕很多人连名字都不知道。

比如说《易经》，第一卦叫作乾卦，里面有一句话叫「天行健，君子以自强不息」，很多大学把这句话挂在墙上；第二卦叫作坤卦，里面一句「地势坤，君子以厚德载物」，现在廉政宣传最喜欢用这句话；可是第三卦叫作屯卦，里面有一句「云雷屯，君子以经纶」，这句话又有多少人知道呢？八八六十四卦，每一卦都有一句君子如何如何，又有谁知道呢？

所以我们说，看书就看头两页，古今皆如是。

秋，七月，天王使宰咺来归惠公、仲子之赗。

七月，东周第一任天王姬宜臼派宰咺（音"宣"）送来鲁弗湟、仲子助丧用的车、马、束帛。

● 春秋葬仪 ●

按照春秋葬礼的习惯，从天子到诸侯、大夫、士，各个阶层的葬礼都有一定的规制。天子从去世到下葬历时7个月。为什么时间这么长呢？因为天子的葬礼，天下诸侯都要参加。当时的交通条件有限，从天子去世，到派出人去各诸侯国发出讣告，诸侯再坐车赶到京师，需要相当长的时间，所以从去世到下葬花费7个月，就是为了大家能及时赶到。诸侯历时5个月，葬礼由同盟的国家参加，一般盟国都在附近，所以诸侯下葬需要的时间就短了很多。大夫历时3个月，葬礼由地位相同的人参加，所谓大夫无外交，一个国家的大夫，他所有的朋友都是国内的，所以他需要的时间更短。士历时2个月，葬礼由有姻亲的人参加，时间自然就更短了。

虽然有这样的习惯，但我们后面会看到，春秋时代，很多诸侯从去世到下葬，历时只有3个月。大概是西周第十一任天王姬静搞了一个政策，「车同轨，书同文」（《礼记·中庸》），改善了交通状况，大家参加葬礼不需要那么长时间了，所以赶时髦的国家就把葬礼的时间缩短了。

> 除了葬礼的时间，还有一些行为是需要避免的，比如说丧葬用品一定要在下葬之前送到。这放到现在也是可以理解的，试想，逝者送到火葬场都火化完了，花圈才送到，这是什么意思啊？
>
> 此外，慰问应该在人最悲伤的时候来，也是在下葬之前。
>
> 听说别人病重送来丧葬用品，这是尤其失礼的。人没死丧葬用品就送来了，这不是咒人死吗？要放到今天恐怕直接就打起来了。

可是姬宜臼恰恰就犯了错误。首先，鲁弗湟去世已经超过一年，这时候才送来助丧用品实在是太晚了。当然我们还是可以帮他找到借口的，因为鲁弗湟去世的时候，鲁国国内一片混乱，或许通告的人去得晚了，我们后面也会提到，鲁弗湟十月份还要改葬，姬宜臼可以说这些丧葬用品是改葬用的，也算说得过去。

但是仲子还没有死，竟然也送了助丧之物，这就错得离谱了。可能是王室听说仲子病重，就索性一块送来，还能省一回车马费。堂堂王室竟然为了这么点蝇头小利斤斤计较，所以《春秋经》特意把办这件事的人，也就是宰咺的名字记录了下来。

宰咺，王室的卿大夫，地位相当于诸侯，宰是他的官位，咺是他的名字。按照惯例，称呼王室的卿大夫，不应该称呼名字的。不称名，表示此人声名远播人人皆知，在当时是一种尊重。但宰咺在葬仪上如此失礼，《春秋经》特意记下了宰咺的名字以示抗议。从今天看来，宰咺应该庆幸因为自己犯了错才在历史上留下名字。

（八月，纪人伐夷。）

八月，纪国讨伐夷国。

纪国是姜姓国，夷国是妘姓国，双方都在鲁国附近，但都不是鲁国的同姓国。它们发生战争，鲁国自然会有所耳闻，但两边都没有将这次事情通告鲁国，所以《春秋经》就没有记录。

不通告就不记录，这是《春秋经》记录的习惯之一。即使是战争甚至灭国这种大事，如果被灭亡的国家没有通告，灭人国家的也没有通告，那么《春秋经》同样不会记录。这主要是因为当时交通、通信不便，鲁国以外的事情多是道听途说，没有相关方正式的通告，可能会记错，不记录比较容易避免因为记错而导致不必要的外交纷争。

（有蜮。）

鲁国有蚱蠓出现，所谓蚱蠓，也就是蟑螂。因为没有成灾，所以《春秋经》没有记录。

九月，及宋人盟于宿。

鲁弗湟晚年曾经在黄邑打败宋国的军队，鲁息姑摄政之后，主动和宋国讲和。九月，鲁国和宋国在宿邑举行盟誓。这次盟誓明显又是鲁息姑对外友好的举措。

这里我们要多说鲁弗湟几句。鲁弗湟的三个老婆——孟子、声子、仲子。仲子是宋国国君宋司空的女儿，孟子和声子都姓子，子是宋国的国姓，她们很有可能也是宋国人。如果是的话，鲁弗湟娶了三个宋国的女人，生了两个具有宋国血统的儿子，居然还是不能避免和宋国的战争。可见政治婚姻在国家利益面前，是何等的一文不值。

（十月庚申，改葬惠公。）

鲁、宋之间的鏖战一直到鲁弗湟过世还没打完。身为太子的鲁允年纪还小，国内一片混乱，所以鲁弗湟的葬礼并不完备，甚至可以说是草草了事。

十月十四，鲁国改葬鲁弗湟。这时候正是鲁息姑低调谨慎的时候，他不敢以丧主自居，不仅把丧主的身份交给鲁允，甚至自己都没有到场哭丧。可是鲁息姑现在是摄政称公，是国君的身份，《春秋经》的记录是跟着国君走的，他不到场，《春秋经》就没有记录这次改葬。

跟鲁息姑失之交臂的，还有另外一个人。这个人就是卫国第十三任国君卫完。卫国是西周第一任天王姬发的弟弟姬封所分封的国家，算起来和鲁国是兄弟之国，像鲁弗湟改葬这种事情，鲁国必然会通告给卫国的。所以卫完就跑来鲁国参加葬礼，但没有见到鲁息姑，《春秋经》因此没有记录卫完来的事情。

卫完此次来鲁国并不是单纯参加改葬的，还背负着重要的外交任务。我们前面讲「郑伯克段于鄢」，郑段流亡到了共邑，从此以后就再也没有出来。但是郑段有一个儿子，叫作郑滑，郑滑并没有因此善罢甘休。他跑到卫国求援，卫国就为郑滑出兵讨伐郑国，攻取廪延。廪延在郑国的北部边疆，靠近卫国的地方，就是郑段在实力最强的时候势力曾到达的地方。

试想，郑寤生是什么人啊，能善罢甘休吗？郑国立即反击，郑寤生调动王室和虢（音"国"）国的军队攻打卫国的南部边邑。

正是在这种背景下，卫完借鲁弗湟改葬的机会来鲁国，希望拉鲁息姑对抗郑国。这自然不符合鲁息姑友好外交的政策，但鲁息姑也不好当面拒绝，就借着不方便出席改葬为由避见卫完，卫完只好空手而回。

（豫及邾人、郑人盟于翼。）

卫国国君卫完借鲁国改葬拉拢鲁国，没有成功。他的对手郑国国君郑寤生同样也希望拉拢鲁国，但郑寤生使用的手段更巧妙，他向邾国请求援兵。邾国国君邾克也就是之前和鲁息姑盟誓的邾仪父，收到求援之后，不敢单独出兵，私下请鲁国的公子鲁豫一同出兵。

鲁豫这个公子的头衔可不是后世所说的公子哥、公子爷的意思，公子是公侯之子的意思，也就是诸侯之子。还有一个词叫公孙，意思是诸侯之孙。这位鲁豫可能是鲁弗湟的儿子、鲁息姑的弟弟。

鲁豫收到邾克的请求，就跑来要鲁息姑批准。这种出兵很明显不符合鲁息姑友好外交的政策，况且鲁息姑已经避见卫完，如果同意，就等于偏帮郑国，徒召嫉恨，所以鲁息姑拒绝了鲁豫。鲁息姑不批准，鲁豫就不再理会鲁息姑，私自带兵前往，与邾国、郑国在邾国的翼邑会盟。这一下就战云密布了。

鲁豫参加翼之盟，不是鲁息姑的命令，所以《春秋经》就没有记录这件事。

（新作南门。）

鲁国新建都城的南门，这项工程不是鲁息姑的命令，所以《春秋经》没记录此事。

冬，十有二月，祭伯来。

十二月，王室大夫祭伯来到鲁国，但这不是天王姬宜臼的命令。这位祭伯和鲁国同宗，也是鲁国始祖姬旦的后裔，这次来鲁国的目的不详，大概是得罪了天王，来鲁国避难。

公子益师卒。

鲁息姑的叔叔鲁益师去世。

鲁益师名益师,字众父。他的孙子取字中"众"字作为自己的氏,这就是众氏的起始,也是今天众姓的来源,据说浙江余姚一带众姓比较多,溯源他们的先祖恐怕就是这位鲁益师。

按照当时的习惯,卿大夫死,国君应该亲自参加小敛以示重视。所谓小敛,就是给死者穿上衣物,而将死者放入棺材则叫作大敛。但鲁息姑谦让,不肯以国君自居,所以没有参加鲁益师的小敛。国君不参加,《春秋经》就没有记录鲁益师去世的具体日期。

鲁息姑因为谦让、低调、谨慎,鲁弗湟改葬的时候,他不去哭丧;现在又因为谦让、低调、谨慎,鲁益师去世他不去参加小敛。这都是因为他摄政称公,为了防人非议。可是他不去参加,《春秋经》就会对这件事情忽略甚至不记录,这就不得罪人吗?所以鲁息姑现在是"猪八戒照镜子,里外不是人。"

番外：何以君子

使用微信扫描以上二维码收听本章音频

我们前面讲到，颖考叔劝郑寤生和武姜和解，用了「君子曰」来评价颖考叔为纯孝之人，这实际上是摘录《左传》对颖考叔的评价。

《左传》每要评论什么事情的时候，就会说「君子曰」如何如何。这种写法被后世继承下来，我们所熟知的，比如说《史记》每到要评论某件事情的时候，就会用「太史公曰」；《资治通鉴》要评价某一件事情的时候，就会说「臣光曰」。

太史公是《史记》的作者司马迁的自称，我们现在说成笔名也没什么错，而《资治通鉴》则是司马光写给皇帝的，所以他要自称「臣光」。

那么，《左传》里的「君子曰」，这个君子又是谁呢？在这里，我们来做一期番外，讲一讲"君子"是什么。

何为君子？

君子是由君和子两个词合并而成的。天子、诸侯、卿大夫，凡有地者皆称君。有地者是指有土地可以世袭者，有爵才能有土地，所以君实际上指的是有爵位的人，简单来说，君就是贵族。诸侯之上大夫、下大夫、上士、中士、下士，凡五等亦称子。上大夫、下大夫是大夫的两个级别，上士、中士、下士是士的三个级别，大夫有的有土地，有的没有土地，士则没有土地，只有禄田，称他们子，是强调他们是服务于君的人，也就是有官的人，所以君、子合在一起也就是春秋时代平民以上的天子、诸侯、大夫、士这四大阶层，四大阶层的背后就是爵位和官位。

小人和君子相对，自然指的是广大贫下中农，如生活在边境的鄙人、在田野里劳作的野人、在城里面混饭吃的布衣庶民。

所以我们说君子和小人，在最初的时候，他们是两个实际存在的阶层，君子未必高尚，小人也不一定就无耻，这可能跟大家印象中的君子小人有所不同，所以我们称他们为初代君子和初代小人，以示区别。

初代君子大多数是有土地可以世袭，或者起码是吃"公家饭"的，初代君子的第一大特征就是衣食无忧。

春秋时代的阶层是一个相对稳定的阶层，每一个阶层的变动都需要大量的时间，比如说从平民要想上升到士，从士上升到大夫，从大夫上升到诸侯，这都是非常困难的。

这里我们以秦国的励志史作为例子，来看看到底有多困难。秦的祖先据说是舜时代的诸侯，是很老的诸侯，而且一直到商代都是诸侯，到商末的时候有两个人，一个叫作飞廉，一个叫作恶来，如果大家看过《封神演义》就知道，这两个人是到最后周兵攻入朝歌的时候，他们还在顽强抵抗。这两个人就是秦人的祖先。

当然，对抗新王朝肯定是没有什么好下场的，所以周立国之后秦人就被一撸到底，从诸侯变成平民，此后秦人开始努力向上爬，一直花了100多年，即十代人的时间，才终于成为大夫的阶层，后来运气好，碰上姬宜臼东迁洛邑，秦人护送姬宜臼有功，才被正式封为诸侯。从周初的一撸到底变成平民，到西周末年东周初年、春秋开始才重归诸侯序列，前后就花了好几百年的时间，而且还要运气好。

所谓秦赵同源，同样也是飞廉、恶来后人的赵国先祖，他们运气好，很早被分封在赵城，成为大夫，可是从大夫到诸侯，却比秦人晚了将近400年，一直到战国初年才成为诸侯。由此可见，当时的阶层变动是一个非常缓慢的过程。

阶层变动缓慢，反过来说，就是某个阶层上的人在一个非常固定的状态，想往上爬不容易，但想掉下去也很难，所以初代君子的第二个特征就是永固的"铁饭碗"。这个饭碗就算运气非常不好，至少端个上百年是没问题的。

衣食无忧加上永固的"铁饭碗"，合在一起就形成君子的第三个特征——君子之道。

所谓三代穿衣五代吃饭，当人在某一个层次上待够长的时间就会形成自己的圈子，在这个圈子里就会有他们独特的饮食和服装的习惯，以及独特的行为模式。我们前面讲君子永固的"铁饭碗"，就形成了这么一个圈子，衣食无忧为这个圈子里特定的习惯增添了内容，在这种情况下形成的特殊的行为习惯就称为君子之道。

这个事情说起来好像玄乎其乎，但实际上不是中国特有的现象，中国有君子，放到西方去，比如说英国有绅士。

什么叫绅士？绅士就是英国的初等贵族，类同于我们君子里面刚才说过"子"的地位，所以我们看绅士是什么，绅士给我们的印象就是戴着大礼帽，拿着手杖，揣着怀表，见到女士就是"Lady first"，类似于这样的形象。他们有自己一套特殊的衣着饮食行为习惯，我们说我们有君子之道、君子之风、君子风范，我们换一个词就是绅士之道、绅士之风、绅士风范，表达的含义不一样，它造成的语境实际上是一样的，它们本身就是一样的东西，它们也是由一样的历史背景创造出来的。

当然，这个君子之道和大家印象之中的君子之道不太一样，我们不妨把它叫作初代君子之道。

我们前面讲了初代君子、初代小人、初代君子之道。既然有初代，自然就有二代。

初代君子在流行上千年之后，到春秋时代发生了变化，首先动摇的是永固的"铁饭碗"。

春秋是一个大鱼吃小鱼、小鱼吃虾米的时代，大国着急要强国，以便吞并小国，小国也着急要强国，以避免被吞并，所以各国对人才的需求都非常的旺盛，本来动辄需要上百年才能够晋升的初代小人忽然之间就有一跃龙门的机会，所以大家都削尖脑袋往君子的队列里站。可是这中间有一个难处，就是君子之道。

所谓君子之道，其实就是一个小圈子里面的人特殊的行为习惯，如果新进这个圈子的人，没有掌握这套习惯，就会被这个圈子排斥，轻则说你粗鲁，不够文雅，重则就是野蛮人，直接赶走。

为了解决这个问题，一位救世主应声而出，他就是我们经常说的至圣先师孔丘，后世也称为孔子。孔子最大的成就就是搞了一套"君子养成计划"，把君子小圈子里面的行为习惯，整理汇编，组织成课本，然后以此为蓝本教授给大家，这就是我们常说的孔子治六经。所谓六经也就是《诗》《书》《礼》《乐》《易》《春秋》，包括我们《一说春秋》的这个《春秋》。

经过孔子这一套"君子养成计划"的改造指导而形成的人造君子，我们把他称为二代君子。

孔子之后出现了诸子百家，像墨子、庄子、孟子、荀子、公孙龙子等，有的既不是诸侯的大夫，也不是诸侯的士，按道理说他们够不上初代君子的规格，可是他们都自称"子"，所以自称"子"是二代君子的一个标志。

永固的"铁饭碗"发生了变化，也就意味着阶层的变动加剧，对应的衣食无忧也就发生了变化，因为各国之间的兼并，大量本来是初代君子的人物，突然之间被兼并了，土地没有了，分给别人了，本来的初代君子变成了没有土地的君子，没有土地，没有衣食无忧，自然原来生活起居的行为模式就不能保证，也就是君子之道不能保证，可是这些人还是自称君子。

不能维持君子之道的初代君子我们不妨叫作堕落君子。于是在孔子生活的时代，初代君子、堕落君子、二代君子龙蛇混杂。什么是君子也就产生了分歧，所以孔子的一生不停地使用他养成君子的经验，来讲解什么是君子，他其实是把原来初代君子生活习惯、行为模式里面的一部分抽象出来，把其中最好、最善的一部分抽象出来，形成他的二代君子之道，二代君子之道表述的实际上是君子中的君子，是孔子崇尚虚构的美好人格，即使孔子自己也未必能够完全做到，这也就是我们今天所说的君子之道。

孔子并没有做出专门的著作来阐述他的二代君子之道，但是他的只言片语被他的门人、后辈记录下来，后来形成一本书，叫作《论语》。我们需要注意的是，在《论语》里，并不是所有的君子都是指孔子所崇尚所虚构出来的那个完美的君子，很多地方君子指的就是初代君子，或者是二代君子。

我们举一个例子，比如说在《论语·里仁》里面有一句话，叫作「君子喻于义，小人喻于利」。

一般解释「喻」就是明白的意思，所以这整话就可以解释成：君子看重道义，小人看重利益。

进一步衍生成：看重利益的就是小人，看重道义的才是君子。

再往下衍生就变成：谈钱的就是小人，不谈钱的才是君子。

所以我们现在经常会碰到一种情况，您把钱借给朋友很君子，可是这个朋友不还钱您去要的时候，您就变成了小人，明明是自己的钱，您要自己的钱，伸张自己的权益竟然变成了小人，变成了卑鄙无耻的人，甚至还要受借您钱不还的人的唾弃，这种奇怪的思想其实就是源出于「君子喻于义，小人喻于利」。

如果我们翻过来，我们把君子和小人换成初代君子和初代小人，这句话的意思就完全不一样了。「喻」这个字本身有告诫、告喻的意思，那么「君子喻于义，小人喻于利」整句解释下来就是对君子要讲义，对小人要讲利。

为什么呢？君子衣食无忧，有永固的"铁饭碗"，人家不差钱，所以您去跟他讲利益的时候，他未必感兴趣，但是您跟他讲天下大事，他就会感兴趣。就好像我们创业，大家都在找投资人，某一天不小心碰到马云了，您跟马云说，投我这个项目好，我这个项目第一年能赚 50 万元，第二年能赚 100 万元，您觉得马云会感兴趣吗？

马云可能会说，我和你对话这会儿我已经挣 200 万元了，所以说利对马云来说没有意义。如果您要说，我这个项目好，我这个项目三五年之内可以改变业界格局，颠覆整个行业规则，您这样一讲，这讲的是义，马云也许还会听一下。

可是，如果您三五年可以改变业界规则这一套说给路边的一个小老板，他可能觉得，这个人是不是太会吹牛皮了。

所以，所谓「君子喻于义，小人喻于利」，就是"见人说人话、见鬼说鬼话"的一个翻版，只不过从孔子的口中说出来，所以后人营营聚聚，不停地想办法，怎么能够把它解释得更像孔子所说的那个君子，但是它也可能是我们说的初代君子。

我们可以再举一个例子，《论语·雍也》里面有这样一句话，「子谓子夏曰，汝为君子儒，无为小人儒」。

子夏是孔子的弟子，比孔子年轻 44 岁，孔子最后的几年都是子夏陪他度过的。孔子对他说「汝为君子儒，无为小人儒」，如果按照孔版君子来理解这句话，那就是说：你要做像君子一样的儒者，不要做像小人一样的儒者。后世很多人就附会说「君子儒」是儒者的最高境界等。可是孔子历来都是以君子来说话的，为什么不让子夏做君子，而要做君子儒呢？

我们首先要看看「儒」这个字到底是什么意思。

儒本意是柔，是术士的称呼，我们今天一说术士，马上会和江湖连在一起，江湖术士连在一起就是骗子，但是在古代，术士是有术之士，就是有特殊技能的人。那么儒者有什么特殊技能呢？我们看孔子就知道了，孔子是夏、商、周三代的礼仪专家，最熟悉的就是殡葬和仪礼，要不然他怎么能整理出来《礼》呢？

那么，这个有术之士的「儒」，今天还有吗？放在今天又是什么呢？如果您办过丧事，可能会见过。办丧事的时候一般都会有这么一个人，或者是朋友介绍来的，或者是殡仪馆介绍来的，他进来之后第一件事儿就是拿一个小收音机，放在桌子上，一打开就是念佛的声音。他会说，在整个治丧期间气氛非常压抑，放一点儿念佛的声音可以调节气氛，而这个念佛的声音本身不容易听腻。这一听，这人就是殡葬专家，这个人是什么？这个人就是「儒」，应该说是最传统的「儒」，或者说是春秋时代的「儒」。

那么我们再回过头来看这句话，「汝为君子儒，无为小人儒」，其实就是说，你要做君子的殡葬专家，不要做小人的殡葬专家。

为什么呢？还是我们前面所说的，君子衣食无忧，有永固的"铁饭碗"，给君子做殡葬专家，有人埋单，给小人做殡葬专家呢，可能就没有人埋单，这是孔子的"生意经"嘛。实际上，子夏在孔子死后，因为与同门不和，从山东曲阜走出来，到了今天河南安阳附近，在这附近游走的时候，靠的就是这一套为生，后来结识了战国初年的霸主——魏国的魏文侯，魏文侯拜子夏为师，成为开创战国时代的一个重要人物。

《论语》里很多话都是只言片语，不知道是在什么语境下说出来，所以我们不能认为，只要被记录下来的话，就一定是高深的道德，或者说是圣人之言。如果我们从不同的角度看待，就会发现它的含义有所区别。

当然，我们还是要回过头来讲君子，我们不怀疑孔子对君子的追求，他所追求的是君子的神韵，是君子中的君子，所以孔子不停地检讨自己，希望达到他期望的、他幻想出来的、他虚构出来的完美的君子人格，但是世人就不像孔子这样了。

孔子是什么人呀？人家是大思想家、大教育家，普通人关心的是君子背后的东西，君代表的是爵，子代表的是官，大多数人关心的就是爵位和官位。

战国秦汉以下，初代君子大批消亡，一方面是因为战国时候兼并的结果，剩下的诸侯越来越少，另一方面诸侯为了能够集权于国君，所以分封也变少了。秦始皇上台之后，索性进行一次大清洗，所有的分封都被消灭了。到了汉代，虽然又做了一部分分封，可是相对于春秋时代上千年的初代君子来说，汉代的初代君子已经不值一提了，而汉以下呢？初代君子就不再是中国历史的主流，对应的二代君子开始兴起，尤其是儒家成了社会的主流。孔子提倡的二代君子之道，也就成了社会向往的目标。

二代君子之道源自于初代君子之道，而初代君子之道则是基于初代君子的生活方式，也就是衣食无忧、永固的"铁饭碗"，这两点对于秦汉之后的人来说，是很难拥有的，所以他们要做到二代君子之道，是一件很困难的事情，可是儒家成为主流之后，君子就成为社会的道德标杆。

　　进一步来说，每一个人都有义、利的两面性，也就是君子和小人的两面性。由此，当打击对手的时候，就要揭露他小人的一面，展示自己的君子面，把自己放在道德的制高点上，这也就是中国历代君子小人之争的由来。常常是同样的一批人，互相指责对方是小人，所有人都标榜自己是君子，直到今天仍然是如此。

　　另外，虽然二代君子之道很难做到，但是的确有人做到，可是二代君子之道基于的是衣食无忧，自然也就不会讲如何做到衣食无忧。所以这些人要不安贫乐道，过着隐士一般的生活；要不就是迂腐死板，不能融入社会的主流。

　　最后我们要说，君子到底高尚吗？初代君子未必，后世如果真的能做到，则是毫无疑问的，但是我们更应该看到的是，除了像君子这样的圣人，还有像小人这样的罪人，更多的是像我们这样，既有君子面，又有小人面的凡人，这才是我们的世界。

　　当然，我就这么一说，您就那么一听。

二年

公元前721年，庚申，周王姬臼五十年，鲁侯息姑二年，晋侯郄三年，曲沃伯鳝十二年，卫侯完十四年，蔡侯考父二十九年，郑伯寤生二十三年，曹伯终生三十六年，齐侯禄父十年，宋公和八年，秦文公四十五年，楚王熊彻二十年，杞武公三十年，陈侯鲍二十四年，许男弗十一年。

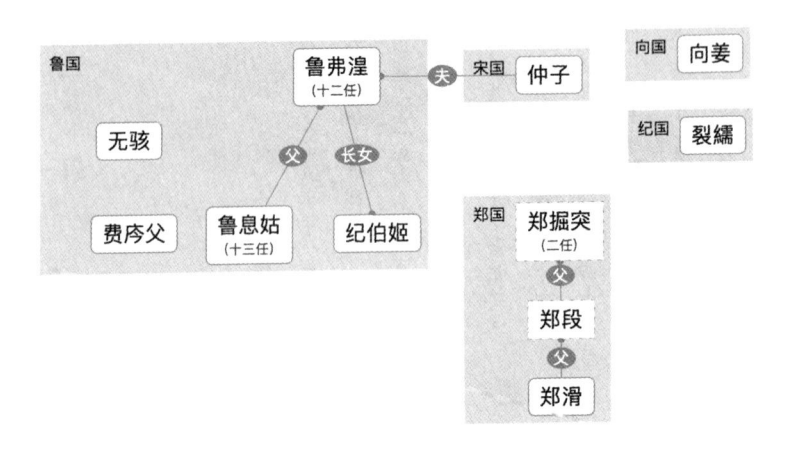

图2　鲁息姑二年人物关系图

二年春，公会戎于潜。

鲁息姑进入执政第二年，他的外交政策依然是对外友好。本年春天，他和戎人在潜邑会面，重温旧好。

重温旧好是当时的一种惯例。新君即位之后要和友好的国家会会面，联络一下感情，就跟我们现在的国家领导人上任以后去各国访问一样。

与鲁息姑会面的戎人，当场提出要和鲁国结盟，但是鲁息姑推辞了。

这里，我们要讲讲周代的朋友圈是什么样子的。

周代自然是以周王室为核心。王室外的第一圈是和王室同姓的国家。比如鲁国、卫国、郑国等，这些国家都姓姬，虽然他们和王室的关系有亲有疏，但追溯起来都是王室血脉，算是王室的兄弟之国。

第二圈是异姓功臣的国家。比如姜尚姜子牙辅佐西周第一任天王姬发克商有功，所以被分封在营丘，是为齐国；秦非子因养马有功被西周第八任天王姬辟方封在秦地，是为秦国。

无论同姓国还是异姓功臣国，都是王室无中生有分封出来的，所以可以算王室的班底。

第三圈是客居的国家。比如夏王朝的后裔封在杞，是为杞国；商王朝的后裔被封在商丘，是为宋国。这些国家是本来就有的势力，在周王朝立国的时候没有力量把它们完全消灭，于是就承认了它们的存在，而它们也承认王室的权威，服从王室的领导。

以上这三圈，同姓国、异姓功臣国、客居国都是王室承认的国家。

第四圈是王室不承认的国家。比如前面提到的邾仪父的邾国，没有得到王室的分封，也不被王室承认。此外还有如楚国、吴国，皆因自立为王，也不受王室的待见。

第五圈是蛮夷。周代除了以上国家以外，北有狄、南有蛮、西有戎、东有夷。当然，狄、蛮、戎、夷是中原诸侯对它们的称呼，并不是它们的自称。类比到今天，英语国家称呼中国为China，即瓷器之国，但是我们并不会以瓷器之国来自称。

和鲁息姑会面的戎人也就是第五圈的蛮夷，但它们并不是西戎。戎的种类很多，分布也很广泛。除了西戎还有北戎、犬戎、姜戎之类的，所以我们很难相信戎是一个国家，它们是否源于同一种族或者同一民族都很难说。

在周克商的时候，周曾经把商称为戎商。戎本意是兵器，由此衍生出战争的含义。戎装就是军装，戎车就是战车。商周两代兵器以青铜器最强，所以戎这个字最初的意思应该指的就是以青铜制成的武器，中原诸侯以戎来称呼这支蛮族，应该是以特产来称呼它们，也就说明它们应该是青铜武器很强大的部族。

戎的记录，终结在战国和秦之间。因为战国之后，武器由青铜器开始转向铁器，而铁器则是以中原王朝为最强，到了汉代，汉王朝的武器与西域诸国的武器相比起来甚至可以做到以一敌五，所以神州大地上也就再也没有以兵器自豪的戎的存在了。

戎的开始大抵在周代的初年，这个可能与周克商有关。商王朝拥有强大的青铜冶炼技术，比如传世的后母戊大方鼎[1]就是商代青铜器的典型代表作。如果您有机会一定要去看真品，因为只有见到真品，您才能体会为什么叫大、方、鼎。

强大的冶炼技术依靠的是一整套青铜器交易体系。在商王朝灭亡之后，这个交易体系彻底崩溃，而交易体系的各个环节就自行发展了自己的青铜器文化。最著名的就是古蜀国，那个拥有怪异的青铜器面具的蜀国。蜀国是为商王朝提供铜矿石的部落，在商王朝灭亡之后这些铜矿石没有销路，他们就自行研发了自己的青铜器文化。

同样地，戎的出现大概也是因为商王朝覆灭之后，商王朝的青铜器技术向外流传，而商王朝的贸易体系也需要找人接手，那么这些戎族因此研发出自己的青铜兵器，而中原诸侯恰恰看到了它们在青铜器上的强项，所以就以它们的

---

[1] 后母戊鼎原称司母戊大方鼎，高133厘米，重832.84公斤，1939年出土于河南安阳，2011年国家博物馆改名为后母戊鼎。司母戊鼎即祭祀母亲戊的鼎，后母戊鼎即帝母戊的鼎，本书从后者。

特产来称呼它们，这也就是天南地北到处都有戎的原因。

无论怎样，在中原诸侯的眼中，戎人毕竟是蛮族，中原诸侯甚至不以它们的自称来称呼它们。

夏，五月，莒人入向。

五月，莒国攻入向国。

莒国、向国都是鲁国的邻国。莒国和向国结亲，莒国国君娶了向国的向姜为妻，但是向姜在莒国生活得很不习惯，于是就偷偷跑回向国。媳妇突然跑掉了，莒国国君能不生气吗？于是他率兵攻入向国，把向姜抢了回来，还顺便把向国吞并了。

无骇帅师入极。

鲁国司空无骇率军攻入极国，大夫费庈父灭亡极国。

极国是鲁国附近的一个小国，去年费庈父违令修筑郎城，目的恐怕就是要灭亡极国。这次军事行动原本不符合鲁息姑睦邻友好的外交政策，但是鲁国经过一年的准备已经蓄势待发，鲁息姑也就没有特意阻止这次军事行动。

题外话是，在我们的印象里，鲁国似乎是一个讲礼仪、文绉绉的，甚至有些迂腐的国家，灭别的国家这种事情好像跟鲁国扯不上关系。但是春秋时代就是一个"大鱼吃小鱼"的时代，像鲁国这样能存活到战国时代的国家，怎么可能不"吃腥"？

秋，八月庚辰，公及戎盟于唐。

春天，鲁息姑和戎人重温旧好，但拒绝了戎人结盟的请求。戎人并不死心，不久又再次上门，要求和鲁国结盟，八月庚辰（八月无庚辰），鲁息姑和戎人在唐举行盟誓。

唐之盟应该是鲁息姑耍的一个小花招。之前，鲁息姑故意推辞戎人结盟的请求，是以退为进，促使戎人主动上门。这就引发一种鲁息姑即位之后有蛮族主动和鲁国结盟的假象，以此增加鲁息姑的影响力，便于他平复国内的各种势力。

九月，纪裂繻来逆女。

纪国和鲁国联姻，纪国国君要娶鲁国上任国君鲁弗湟的女儿为妻，九月，他派卿大夫裂繻（音"须"）来鲁国迎娶。

• 三书六礼 •

这里要讲讲古代的婚礼。古人将两个人的结合分成六个步骤。

- 第一步是男方请媒人四面寻访适龄的女子，这步叫作纳采。
- 第二步，找到目标女子之后，媒人要询问女方的姓氏、名字、生辰八字这些基础的信息，这步叫作问名。
- 第三步，得到女方的信息后，要将男女两方的名字、八字拿到祖庙里占卜，看看两个人的结合是吉是凶。如果得到吉，就会通知女方并且发出聘书，这步叫作纳吉。

- 第四步，纳吉定了婚姻的意向，紧接着男方会把财礼送到女方家中，随着财礼还会附上一份礼书，用来记录财礼的具体内容，这一步叫作纳征。
- 第五步，然后男方会和女方确认婚期定在什么时候，这一步叫作请期。
- 第六步，最后由男方亲自上门迎娶，并且给女方迎书作为迎娶的凭证。这一步叫作亲迎。

纳采、问名、纳吉、纳征、请期、迎亲六步加起来也叫作六礼，同时在整个过程中会产生三份凭证，纳吉时候的聘书、纳征时候的礼书、亲迎时候的迎书也被称为三书，这也就是古代常说的三书六礼。

在古代，只有经过三书六礼，才算是合法的婚礼。

纪国国君派裂繻来鲁国，这是六礼中的亲迎。按照春秋时代的习惯，国君亲迎不出境，新娘来自大国，则会派出卿大夫代替自己亲迎，新娘来自小国，则派下大夫代替。新娘到国境的时候，国君会在国境线上等着，然后迎回国。到这里还不算礼成，回国之后，两人要先去祖庙里拜祭祖先，告诉祖先"我们要结婚啦"，才算是礼成。因为拜祭祖先这个仪式往往是在黄昏时举行，所以古代称之为"昏礼"。后世造字的时候在昏旁边加了一个女字边，就是我们现在所说的"婚礼"了。

冬，十月，伯姬归于纪。

十月，鲁国的伯姬嫁去纪国。

《春秋经》记作「伯姬归于纪」。「归于纪」就是嫁到纪国的意思。这个可能跟我们今天的习惯稍稍有点儿拧，我们一般说嫁，都是嫁出去，而「归」则是回来，一个是出去，一个是回来，怎么会是同样的意思呢？

这就要说说春秋时代的特殊情况。春秋时代恪守着周人同姓不婚的习惯，氏族间的婚姻都是族外婚，也就是女子要嫁到外族去。

早期的时候，相邻的氏族往往结成相对固定的婚姻关系，一个女子嫁到另外一个氏族之后，如果生下女孩，又会嫁回到本氏族来。就比如鲁国嫁去纪国的伯姬，如果生下女儿的话，她的女儿很可能会嫁回到鲁国来。也就是说，一个女子从父亲家嫁出去，到了夫家，往往是回到了母亲的娘家，所以古代讲女子嫁出去叫作嫁，女子到了夫家则叫归。

不过，这种情况到了战国时代就慢慢地消失了，一方面是战国以后不存在同姓不婚的问题；另一方面是因为大量的氏族都被消灭了，氏族间固定的婚姻关系自然也就不存在了。于是，归这个字就逐渐不再用，到我们现在再说的时候，就只说嫁了。

纪子帛、莒子盟于密。

五月，莒国吞并了向国。这事儿跟鲁国本来没有太大关系，但是恰恰莒国和向国都是鲁国的邻国。莒国吞并向国的时候正是鲁国吞并极国的前夜，这下引起了鲁国的戒备，于是两国的关系立即变得紧张起来。

这当然不符合鲁息姑睦邻友好的政策，于是，他趁着伯姬出嫁的机会，请求来迎娶伯姬的纪国卿大夫裂繻，让他帮忙调停鲁国和莒国的紧张关系。裂繻答应了鲁息姑的请求，他在密邑和莒国国君盟誓，调停两国关系。

《春秋经》称裂繻为「纪子帛」，子帛是裂繻的字，称字是为了表示尊敬。

此外，由于此次盟誓是为鲁国所请，所以《春秋经》按记录鲁大夫的习惯，将裂繻列在莒国国君之前。

十有二月乙卯，夫人子氏薨。

十二月十五，鲁国夫人仲子去世。

仲子是鲁国第十二任国君鲁弗湟的正妻，当代国君鲁息姑的嫡母，当代太子鲁允的生母。去年七月，王室就送来了仲子的助丧用品，一直到今年的十二月，总算是用上了。

郑人伐卫。

去年，郑国国君郑寤生在内乱中击败了自己的弟弟郑段，郑段流亡到共邑再也没有出来。但郑段的儿子郑滑向卫国求救，结果引发卫国对郑国的攻击。

到了本年，郑国攻打卫国，讨伐郑滑。

三年

公元前720年，辛酉，周王姬宜臼五十一年，鲁侯息姑三年，晋侯郄四年，曲沃伯鱓十三年，卫侯完十五年，蔡侯考父三十年，郑伯寤生二十四年，曹伯终生三十七年，齐侯禄父十一年，宋公和九年，秦文公四十六年，楚王熊彻二十一年，杞武公三十一年，陈侯鲍二十五年，许男弗十二年。

图3 鲁息姑三年人物关系图

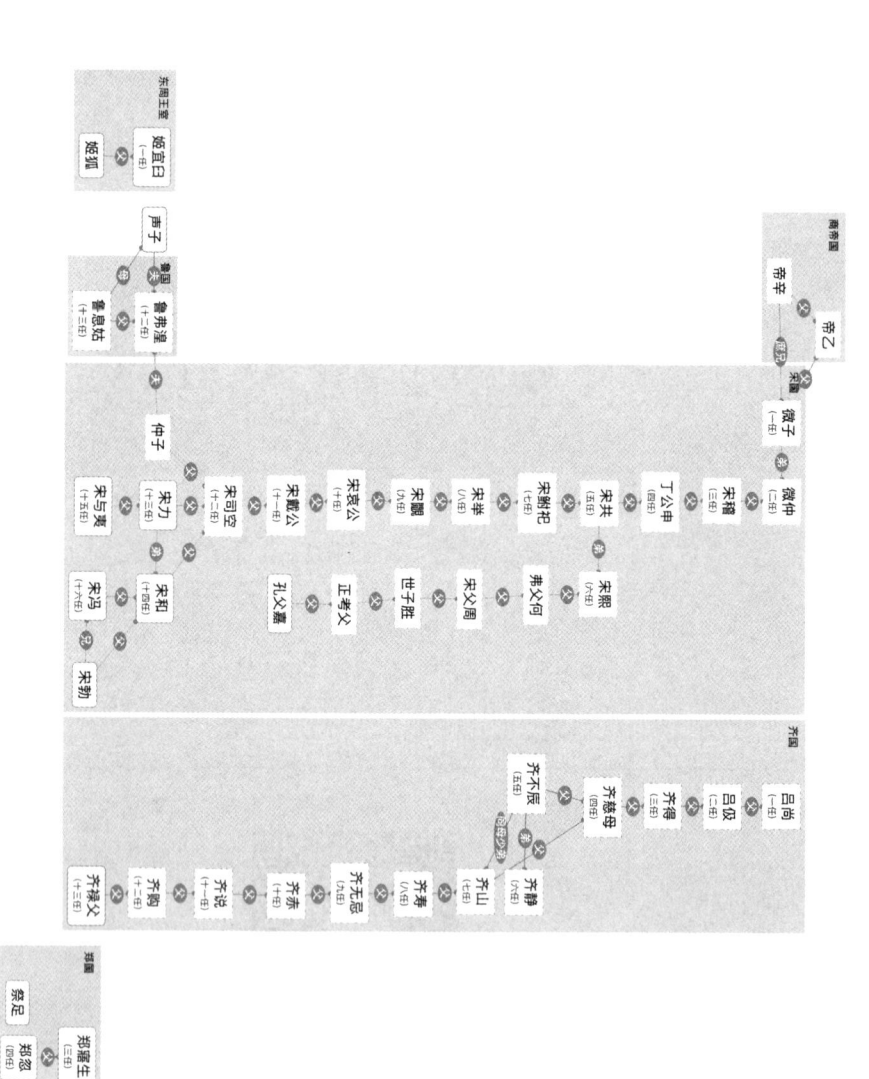

> 三年春，王二月，己巳，日有食之。

周历二月初一，日食发生了。

《春秋经》记作「春，王二月，己巳，日有食之」，「王二月」是周历二月。「己巳」则是通过天干地支记录的日子，我们现在农历的日历依然可以看到这样的记录。「日有食之」则是指日食。

《春秋经》一共用十个字来记录这件事，平平淡淡。在之前，《春秋经》肯定也有很多记录，虽然现在我们看不到这些记录，但是我们能推想出来。之后《春秋经》还有很多这样的记录，所以日食的记录对于《春秋经》来说，并不是一件很特别的事情。

可是对于今天的我们来说，这十个字的记录是目前世界上已知的最早的可以通过现代天文手段确定的日食的文字记载。说起来很绕口，但肯定是第一了。根据今天的推算，这次日食发生在公元前720年2月22日，是一次日全食。

《春秋经》一共记载日食36次，其中33次都可以通过现代的天文学手段进行推算并确认，剩下的3次中有2次怀疑是传播的过程中，因为错简导致的错误。这样的记录在古人来说，是没有办法伪造的，肯定是当时有人看到了日食，然后把日食记录汇总下来，由此也就奠定了《春秋经》信史的地位。虽然这本书写得非常简练，虽然这本书很久远，虽然这本书到现在关于它的作者、关于它的成书时间都有很多争论，但它是信史，是可信的，这是毋庸置疑的。

《春秋经》记录日食，也是一个很漫长的过程。大概来说，前100多年间，平均每8年记录1次，而且记录的时候不会书朔。所谓朔，就是每个月的初一，日食一定是发生在初一的，可是古人不知道，有时候历法出错也就不会指明这次日食是在初一。可是后 100 多年间就发生了变化，平均每 4 年记录 1 次日食，且大多数时候都会在干支后面书朔，这就说明古人发现了日食会在初一发生的规律，并且通过观测进行了验证，由此，后面的那些历法很可能通过日食重新校验，因此记录就更精确了。

● "脑洞"时间 ●

这里我们要开一个"脑洞"，我们前面说过关于历法的夏正、商正、周正，《春秋》的记录都是以周正来记录的。每当我们听到三月，就要先换算成农历一月，农历与现在的公历又有相差，算来算去也算不清到底是什么日子。

现在既然有了日食，这些日食又是可以通过天文计算去推算出时间的，我们是不是可以以这些已确认的 33 次日食为基点，将现在《春秋经》里所有的日期转换成公历呢？如果这样的话，现代人看起来是不是会更容易和今天的时令日期关联起来呢？

这点其实有个非常大的障碍，就是古人的历法有错误，很多时候《春秋经》记录的比如甲子或者甲申，出了错不知道是因为由上面传下来的时候记错的，还是一开始历法就错了。我们现在当然可以通过这 33 次日食把某几个时间定位下来，可是去推算每一个具体时间时还是会遇到很多具体的问题，所以我们也只能想想而已。

三月庚戌，天王崩。

三月二十四，东周第一任天王姬宜臼去世。《春秋经》记为「三月庚戌」，庚戌是十二日。这是因为王室送来的讣告（讣音赴）说是三月十二。

两年前，就是这位天王给还没有去世的鲁国夫人仲子预先送上助丧用的物品，他对别人的事情糊里糊涂，没想到死了发个讣告也是糊里糊涂。

姬宜臼就是我们在自序里讲到的那位背负着弑父嫌疑东迁洛邑的原太子。他虽然直接导致王室的衰落，但是，在位 51 年后终于稳固了王室的地位。所以周人依照谥法「布纲治纪曰平」（《逸周书·谥法解》）为他定谥号为平，后世称他为周平王。

夏，四月辛卯，君氏卒。

四月二十四，鲁息姑的生母也就是第十二任国君鲁弗湟的妾室声子去世。

> ● **春秋笔法** ●
>
> 《春秋经》记录某人去世有一定的规则。
> ● 天王去世，称为崩，后来的皇帝也延续了这个习惯，皇帝去世就称作驾崩。
> ● 诸侯、诸侯的正室、诸侯的生母去世，称为薨。
> ● 本国大夫和他国诸侯去世，称为卒。
> ● 士去世，称为不禄。因为士没有封地，只有禄田，去世就不再领取禄田的收益。

按照这一套规则，国君的夫人或者国君的生母去世，《春秋经》往往记作「夫人某氏薨」。当时国君称君，国君夫人称小君，所以下葬的时候《春秋经》则会记「葬我小君某氏」。反过来说，《春秋经》记某位夫人「薨」也就表示治丧使用的是国君夫人的规格。

> ● **春秋葬仪** ●
>
> 按照春秋时代葬仪的习惯，以国君夫人规格治丧要符合三条规矩。
> ● 去世时，就要讣告同盟的诸侯，以便各国派人吊唁。
> ● 下葬后，要回到祖庙痛哭，并为死者做招魂之祭。
> ● 招魂后三月，仍要在特定场合为死者痛哭，并将牌位放入祖庙，放在死者丈夫母亲或祖母的牌位旁边。

声子是鲁息姑的生母，但不是鲁弗湟的正室，而鲁息姑又低调谨慎不愿意出头，所以声子并没有按照国君夫人的规格治丧。没有按照夫人的规格治丧，《春秋经》就只能记「卒」，声子姓子，惯例应该记录为「子氏卒」。但声子毕竟是鲁姑息的生母，而鲁姑息又摄政称公，是国君的身份，记「卒」就完全成了大夫的规格，显得不够尊重。所以《春秋经》折中，称声子为君夫人氏，简称君氏，最终记录为「君氏卒」。

由这么一圈转下来，我们反观鲁息姑的尴尬身份，连写《春秋经》的史官都要为他煞费苦心。

声子姓子，只是妾侍出身，身份低下，但由于鲁息姑的缘故，母以子贵，声名远播，所以鲁人为她定谥号为「声」，后世则以声子来称呼她。

秋，武氏子来求赙。

西周第一任天王姬宜臼在春天去世。所谓天子七月而葬，到了秋天，姬宜臼还没有下葬。这时候王室派大夫武氏的儿子来到鲁国，请求鲁国提供姬宜臼助丧用的财物。

按照春秋葬仪的习惯，吊唁的时候送死者衣物和口中所含珠玉，下葬的时候则送车、马、束帛，这是正常的礼数。在吊唁、下葬之间赠送助丧的财物，这是加礼，也就是正常礼数外特别增加的财礼，是可送可不送的东西。

鲁国是一个比较讲究礼仪的国家，该送的都已经送了，而这次王室主动要求的实际上是加礼。

说起来这事王室做得很不地道。治丧的时候，万事讲究由己而发。别人愿意多给，是情义；别人不愿意多给，是本分；别人不愿意给，是别人失礼。毕竟，治丧是活着的人去悼念死去的人，如果什么事都要求别人来赠送，那到底是你治丧还是别人治丧呢？古人讲究「丧事无求」（《公羊传·隐公三年》），就是这个道理。

（郑祭足帅师取成周之禾。）

当年，东周第一任天王姬宜臼东迁到洛邑的时候，主要依靠三个国家，即郑国、晋国、秦国。晋国和秦国放在以后再说，先来说说郑国。郑国，最大的功劳是安定王室。姬宜臼刚到洛邑的时候，背着弑父的罪名，名不正，言不顺。周边的诸侯，反对他的不少，支持他的不多。他唯一能依靠的就是身边的郑国。

郑国本来是在现在的陕西省，郑国第一任国君姬友非常有远见，早在姬宜臼东迁之前很多年就已经发现周王室有问题了。所以姬友就把郑国从陕西一点一点地迁到了今天的河南。等到姬宜臼东迁的时候，郑国在河南已经有相当的势力了。

郑国第二任国君郑掘突极力地迎合姬宜臼，支持王室，挟天子以令诸侯。他利用王室的权威来打击异己，扩张了自己的地盘。像我们之前讲到的在制邑的虢叔，很可能就是因为反对王室，被郑国找借口灭掉了。

王室依赖郑国，郑国需要王室的权威，所以王室和郑国的关系非常好。郑国两任国君郑掘突、郑寤生都是王室的卿士。

● 卿士制度 ●

所谓卿士，是周初制定的一项政策，就是将王室的行政机构分为卿事寮和太史寮两大官署，其中卿事寮负责国家政策的制定以及实施，主要是对人对民的部分，由太师或太保执掌；而太史寮则负责祭祀、占卜、礼法、礼制、记录历史这些对天对神的部分，由太史执掌。两寮以下再设三司及六官等负责具体的事务。卿事寮的长官称卿士，所以这项制度也被称为卿士制度。卿士类似于现在的国务总理，权力是很大的。

到姬宜臼执政的后期，王室和郑国之间的关系发生了变化。因为王室的地位逐步稳定，不再需要有一个打手在身边敲敲打打了，更重要的是，王室不太希望介入诸侯之间的纷争。

就如我们前面讲的，郑寤生为了讨伐郑滑，就曾调动王室的军队攻打卫国。这就使得本来是诸侯之间的纠纷变成了王室介入诸侯之间的纠纷，这对王室来说是很麻烦的事情。更重要的是，出兵就意味着得出人、出钱、出力。试想，王室多抠儿啊，为了省一趟车马费，人家仲子还没死，就把助丧用品给送过来了，这么抠儿的王室，让他没事就出点儿钱，帮着郑国去打仗，王室怎么可能愿意？

所以王室就希望能消减郑国在王室的权力。姬宜臼的办法就是把国政分了一部分，给了虢国国君虢公。

这一下郑寤生不干了，他跑到王室，跟姬宜臼当面对质："到底是什么情况？为什么要把国政分给别人？"

郑国从郑掘突到郑寤生，已经两代执掌卿士大位，这和后世的曹操啊、王莽啊之类的一样，权威非常大。即使以姬宜臼作为天王的身份，见到郑寤生这么气冲冲跑来，他想不怂也不行。

姬宜臼赶忙否认说："根本没这么回事，肯定是下面一群小人在中间嚼舌头，挑拨我们之间的关系，千万别信！"

可是郑寤生根本不信姬宜臼的空口白话，姬宜臼再三解释，郑寤生还是不依不饶。姬宜臼没办法了，于是他想到了互换人质为信。

姬宜臼把王子姬狐送到郑国作人质，而让郑寤生把公子郑忽送到王室作人质。这个事让王室信用大减，王室本来高高在上，怎么能和下面的一个诸侯互换人质来取信？关键问题是互换人质这个事还没完。等到姬宜臼去世，新上来的这位天王叫作姬林。姬林年少气盛，早就看不惯郑寤生在王室的做派了，所以一继位，就直接按着姬宜臼的想法，分了一半国政给虢公，等于王室本来只有郑寤生一人说了算，如今变成了郑寤生和虢公两人说了算，这下可捅了马蜂窝。

到了本年的四月，郑国派大夫祭足带兵到王畿里，把温邑的麦子全给割掉了。到了秋天，祭足又率兵跑到成周，把田里的谷物都给抢走了。于是，郑国和王室之间关系开始紧张。

要插一句的是，周历四月即今天农历二月，麦子应该还没熟，所以有人认为，祭足是带兵践踏新种的麦田；但也有说法是，郑国用的是夏正，四月即今农历四月，麦子已经成熟，所以祭足是去温地收割熟麦。两说各有所据，历法玄奥，不深究。

君子曰："言行不是由衷而发，互换人质就没什么意义。以明智、宽厚为准则，用礼数来约束，就算没有人质，谁又能够离间呢？只要有诚信，就算是生在涧、溪、沼、沚（音"止"）边的作物，苹、蘩（音"凡"）、蕰藻这样的野菜，筐、筥（音"举"）、锜（音"奇"）、釜（音"辅"）这样的器皿，潢、汙（同"污"）、行潦这样的积水，都可以进献给鬼神和王公贵戚，何况由君子缔结的国与国之间的信任呢？只要按照礼数做事，还用得到什么人质呢？《诗经·召南》有《采蘩》《采苹》，《诗经·大雅》有《行苇》《泂酌》，都是在宣扬诚信啊。"

春秋时代的人认为，「国之大事，在祀与戎」（《左传·成公十三年》，国家大事莫过于祭祀和战争），祭祀在古代生活中的重要性远超现代人的想象。可是不起眼地方生长的作物，普通人吃的野菜，一般的器皿，甚至路边积水，只要有诚信，就可以用来祭祀，可见君子对诚信的强调。

八月庚辰，宋公和卒。

八月十五，宋国第十四任国君宋和去世。说起来，今年去世的人还真多。首先是东周第一任天王姬宜臼，然后是鲁息姑的生母声子，现在宋国的国君也去世了，但是这也没办法，也是赶巧都在这一年。

值得一提的是，宋和去世前没有把国君的位置让给他的儿子，而是让给他哥哥的儿子。

这件事要从宋国第十三任国君宋力说起。宋力也就是宋和的哥哥。宋力病重，临死之前把宋和叫到跟前说："论赢得我的欢心、讨得我的宠爱，你不如我的儿子与夷。但说到管理国家、做社稷宗庙之主，与夷不如你。常言道，父死子继，兄终弟及，天下通义。你为什么不能做国君呢？"

父死子继，就是父亲死了儿子继承，后世大部分都是这样的；兄终弟及，则是哥哥死了由弟弟来继承，弟弟死了再由哥哥的儿子来继承，哥哥的儿子死了再由弟弟的儿子继承，以此类推。

宋和再三辞让，最后推辞不了，就任成为宋国第十四任国君。

如今，宋和病重，他把大司马孔父嘉叫到跟前，托付后事。

● 以字为谥 ●

要多说一句的是，孔父嘉并不叫孔父嘉，孔父是他的字，他的名字叫作嘉。他出身于宋国公族的一支，所以姓子，在血缘上和宋国大宗非常疏远，已经不能用宋作为他的氏了。称呼他孔父嘉，是先秦典籍称呼的习惯，即以字＋名来称呼。这种称呼大概是因为春秋早期的大夫没有特定的谥号，死后以他的字作为他的谥号，而他的后人就以他的谥号也就是他的字作为氏。所以孔父嘉实际上是孔父嘉死后的称呼，我们不知道他活着时的称呼，只好这么称呼他。

宋和把宋力的儿子宋与夷托付给孔父嘉。宋和说："当年先君舍弃自己的儿子与夷而立寡人为君，寡人一直不敢忘记。如果托您的福，寡人能得到善终，到了天上碰见先君，先君问起寡人，他的儿子怎么样了，寡人该怎么回答？所以请您多费心，奉立与夷为君，帮助他管理国家，这样寡人就算死，也没什么可遗憾的了。"

国君突然讲出来这种话，孔父嘉怎么敢直接答应，他怎么知道这是真心话还是试探他呢？所以他当即表态说："群臣都想着立您的儿子宋冯为君。您不用担心，就算您有什么不测，我们一定拥护宋冯为君。"

宋和一听就知道孔父嘉会错意了，他赶紧说："不能这样的。先君之所以立寡人为君，是因为寡人贤明。如果寡人不能主动谦让，这能叫作贤明吗？这不是有碍先君知人之明？发扬先君的德行，不正是当务之急吗？寡人不能因为是自己的儿子就荒废了先君的功德。"

接着，宋和又把他自己的儿子叫过来。宋和的儿子一个叫宋冯，就是孔父嘉说愿意拥立的那个；另一个叫宋勃。宋和对他们说，"你们都是我的儿子。但是从今往后恩断义绝，生不相见，死不相哭。"紧接着把两个儿子统统驱逐出国，宋冯就离开宋国，跑到郑国居住。

宋与夷听说宋和把宋冯、宋勃驱逐出境，赶紧跑来见宋和，他说："当年先君之所以立您为君，而不立与夷，就是因为您可以做社稷宗庙之主。如今您又要立与夷为君，这不是先君的意思。况且，如果儿子是可以驱逐的，先君当年就该把与夷驱逐。"

宋和劝宋与夷说："当年先君不驱逐你，意思已经非常明显，就是要让你做国君。寡人不过是暂代君位摄政而已。"

于是，这个事就定了。宋和去世后，宋与夷即位，成为宋国第十五任国君。

君子曰："宋力有知人之明啊，立宋和为君，最后，自己的儿了照样可以做国君，这是命令出于道义的缘故啊。《商颂》有云：「殷受命咸宜，百禄是荷」（《诗经·商颂·玄鸟》，商代以义，王位兄终弟及，多福多禄），大概说的就是这种情况吧。"宋国是殷商后裔，所以君子用《商颂》称赞宋力。

• 宋国 •

这里要插一句，宋力、宋和兄弟两个人为什么一定不立自己的儿子为君，这背后有一个非常重要的缘故。

这就要说到宋国的前身。当年西周第一任天王姬发灭商建立周王朝，商代最后一任帝王帝辛，也就是我们常说的殷纣王，在鹿台自焚。可是周王朝没有力量把商民统统消灭。所以姬发就把商王朝的京畿一分为三，两份交给他的弟弟来管理，一份交给帝辛的儿子武庚来管理，并且还派了他的另外一个弟弟作为武庚的宰相。姬发的这三个弟弟被后世称为三监，也就是三个监视武庚的人。

后来，因为鲁国的始祖周公姬旦摄政称王，这三个弟弟蠢蠢欲动，勾结武庚作乱，史称三监之乱。最终，三监之乱被姬旦平定。于是姬旦就找到帝辛的哥哥微子，把他封在商丘，由他来管理商王朝的遗民，这就是宋国的由来。

宋国实际上和其他诸侯国有非常大的区别，它有着更悠久的历史和更辉煌的祖先。所以它们有自己的荣耀，有自己的骄傲。我们以后会经常看到，宋国每隔几代就会出来一批人，想重现祖先的荣光。当然时过境迁，这些人没有一个有好下场的。

在继承法上，殷商主要采用的是兄终弟及，宋力、宋和之所以坚持不让自己的儿子即位，坚守兄终弟及，恐怕就是想通过这种形式，恢复当年殷商的荣耀。而接着继位的第十五任国君宋与夷继承两代国君的期望，也的确努力恢复祖先的光荣，展示宋国的骄傲。可惜，最后没得到什么好下场。

冬，十有二月，齐侯，郑伯盟于石门。

十二月，齐国第十三任国君齐禄父和郑国第三任国君郑寤生在石门会盟，重温旧好。

我们前面提过，齐国是姜尚姜子牙的国家。当年，姜子牙辅助西周第一任天王姬发克商有功，被封在营丘，也就是现在山东省的北部，这就是最早的齐国。春秋时代的齐国被称为姜齐，战国时代的齐国被称为田齐。两个齐国虽然都叫齐，但其实不是一回事。关于田齐怎么出现的，我们以后会讲。

石门这个地方在齐国，郑寤生这么大老远从郑国来到齐国，可不仅仅为了和齐禄父重温旧好，背后还隐藏着郑寤生对当时内政外交形势的判断。

郑寤生现在面临几大问题。

第一，郑寤生的侄子郑滑还在郑国外围搅事，想办法打回郑国。

第二，郑寤生和新任天王姬林闹翻了，现在郑国和王室关系很差，如果郑国出什么事，王室也不会帮助郑国。

第三，宋国第十四任国君宋和的儿子宋冯现在来到郑国。宋冯是一个烫手的山芋。他是宋国当前国君位置最有利的竞争者，就和当年的郑段一样。郑寤生认为宋冯奇货可居，也希望能通过宋冯扶植一个亲郑的宋国国君。

对于郑寤生来说，几大问题随时都有可能爆发。所以郑寤生未雨绸缪，要找一个帮手。石门之会，看起来平平常常，但是它却直接导致春秋初年两大政治集团的形成。现在是第一个，也就是郑齐集团，另外一个集团明年才会形成。

作为《春秋》撰写者的国家——鲁国，恰恰是夹在两个政治集团之间。何去何从，就要看鲁息姑的选择了。

或许是因为石门之会太过顺利，郑寤生在回程的路上哼着小曲，信马由缰，没注意地上有这么一块大石头，车咔嚓压过去，郑寤生发生了车祸。他发生车祸的地方是在今天山东长清县和平阴县交界的地方，旁边有一条重要的水道，叫作济水。

济水在古代被称为天下四渎之一。所谓天下四渎，指的就是长江、黄河、淮河、济水。古人在祭祀天地日月之后，就会接着祭祀五岳和四渎，可以想象四渎的重要性。

渎本意是水沟。说起来有趣，这么重要的水道，竟然以水沟来称呼，但是古人认为，只有这四条水沟是可以流到大海的，所有其他河流都是它们的支流。

济水发源自王屋山，今天河南有一个地方叫作济源，顾名思义，就是济水的源头。但是对我们来说，长江、黄河、淮河人们都耳熟能详，而济水似乎没有那么大的名气。原因是济水相对于黄河来说太过温柔，黄河一暴怒起来，就把济水的水道兼并了。所以今天黄河下游的水道大部分都是当年济水的水道。

我们再说郑寤生，郑寤生翻车这么一件事居然还被记录下来。也许古人认为，他的这次翻车是个重要的预兆，预示着郑国将要在明年面临巨大的危机。

癸未，葬宋穆公。

十二月二十，宋国第十四任国君宋和下葬。宋和就是那位没有把位置传给儿子而传给侄子的宋国国君。他死在八月十五，下葬在十二月二十，恰好5个月，所谓诸侯五月而葬，算是中规中矩。

不过《春秋经》对于他的去世和下葬称呼不同。他去世时称他为「宋公和」，下葬的时候则称他为「宋穆公」，这是春秋时代称呼人的习惯。

● 谥号 ●

春秋时代称呼人的方法总结来说，就是生前尊称以爵，死后讣之以名，葬后讳之以谥。

● 生前尊称以爵，是指活着的时候用爵位来称呼他。比如宋和称呼为宋公，鲁息姑就称呼为鲁侯，郑寤生称呼为郑伯。其实现在的称呼方式也类似，只是现在我们没有爵位，尊称的时候就以职务来称呼，比如刘经理、王秘书、张队、陈董等。

● 死后讣之以名，是指死后要在讣告里把名字标识出来。所以《春秋经》把宋和就记作「宋公和」。为什么要把名字标识出来呢？我们可以想象一下，每一任国君死后，都会往外发出讣告，这些讣告很可能会被存在各个国家的档案室里。以鲁国为例，宋国至少过世十几个国君了，那么鲁国档案室应该有大量的宋国的讣告，如果每一任国君都写的是「宋公卒」，比如「五月二十宋公卒」「七月十五宋公卒」「八月初三宋公卒」，而且还可能发生一年内两位「宋公卒」的情况，那么哪个讣告说的哪个国君就混淆了。所以一定要标识以名来分清楚，这样派人去吊唁的时候，至少知道吊唁的是谁，否则就乱套了。

● 葬后讳之以谥，是指安葬以后要用谥号来称呼。

谥号是天子、诸侯、大夫死后的讳称。值得注意的是，士没有谥号，因为士没有封地，没有封地就不是贵族，只是为贵族服务的人。早期的时候，大夫也没有谥号。后来大夫的权力逐渐变大，也学得有谥号了。

谥号是用几个字来提炼一个人的一生，然后用这几个字来称呼他。大部分是歌功颂德，也有少部分是批判过失的。

谥号的取得有个过程。

首先，当某一贵族、某个国君去世以后，负责治丧的人会派人向相关人员，比如死者的上级，关系比较友好的同级等，发出讣告。另外会请求死者的上级赐予谥号。大夫会要求诸侯赐予谥号，诸侯会要求天子赐予谥号，天子最大，只能要求上天赐予他谥号。这个被称为请谥，就是请求谥号的意思。

上级收到谥号的请求之后，一方面会派人下去吊唁；另一方面会组织相关人等评议死者的一生，大家一起一起讨论他的谥号。天子驾崩的时候，因为他没有上级，所以就由大臣们在南郊祭天。实际上就是一圈大臣聚到一起商量一下，老大死了给什么谥号呢？于是大伙儿头脑风暴，提出不同的三五个谥号来，然后祭天由上天来决定。上天怎么决定呢？就跟我们现在一样，找各种预兆，比如扔一个硬币。正面朝上用哪个，背面朝上用哪个，最后定出来一个谥号，就是天子的谥号。这个过程叫作议谥，就是讨论商议谥号的意思。

> 议谥之后，等到下葬的时候，上级就会派人过来，当庭宣布谥号，作为盖棺定论。
>
> 这一套是很早期的规则，大概在春秋早期还在用。后来诸侯的权力越来越大，王室的权力不停地衰退，大家觉得无所谓了何必还要麻烦王室呢，自己讨论讨论、商量商量就行了，于是诸侯就开始自己定谥。再后来，诸侯的权力逐渐衰弱，大夫的权力膨胀，所以大夫也开始自己定谥号。谥号自然也就越来越流于形式。
>
> 不过总的来说，春秋时代的人还是比较在意谥号的。比如说有的人被定了坏的谥号，甚至死不瞑目，这样的故事以后我们会讲。

春秋时代的谥号相对能够表示死者一生的功过。虽然大部分时候都是表功而不说过。可是到了战国时代，谥号就开始乱了。

春秋时代毕竟还有一层一层向上的请求。有些诸侯和大夫虽然不向上请求，但心里还没有觉得好的谥号理所当然，所以谥号都用一个字。但是战国都是自己议谥，高兴用两个字就用两个字，高兴用三个字就用三个字，开始随便了。

到了秦代，秦始皇就说，谥号这个东西不能有，这是儿子议论老子，臣子议论天子，这种事情怎么能允许呢？所以秦始皇大笔一挥把谥号完全禁了，改用二世、三世……直到万万世来标注历代帝王。秦始皇说老子是第一个，于是自称始皇帝。

秦始皇虽然看到了问题的本质，但是秦朝太短了，两代就完了。对于后世的学者来说，谥号是一个非常重要的工具，主要是可以用来吓皇帝。

经过战国秦代不停地中央集权之后，皇帝的权力到汉朝已经非常大了。没有人可以制衡他。那怎么办呢？学者们就认为可以通过谥号来制衡他。他们常会说："你这个皇帝要小心啊，如果不好好干，死了之后就给你定个恶谥，背负万世骂名。"皇帝为了死后能有一个好的谥号，只得好好干，这一招在早期也的确有一些用处。

但是到后来，正如秦始皇说的那样，由子辈来议论父辈，由臣子来议论天子，怎么可能给出恶谥呢？尤其是子辈议论父辈，子辈的合法性来自父辈，如果父辈有问题，那子辈的合法性从哪里来呢？所以，中国自秦汉以下，只有末代君王才会被定恶谥。一般情况下都是怎么好怎么来。谥号的长度也越来越长。

到了清代甚至还规定，子辈给父辈定谥号的时候只可以定 20 个字，留下两个字让孙辈给祖辈定谥号，结果清朝的谥号大多数是 22 个字。

到了清代末年，我们熟知的慈禧太后，大概是中国历史上最后一个定谥号的人。她甚至等不到孙辈来给她定谥号，就直接为自己定了 22 个字的谥号：孝钦 慈禧 端佑 康颐 昭豫 庄诚 寿恭 钦献 崇熙 配天兴圣 显皇后。把所有好的字全都用光啦，甚至都用重了。

由此，谥号从最开始公正地评价一个人的一生，到最后变成一个完全溜须拍马的东西。

四年

公元前719年，壬戌，周王姬林元年，鲁侯息姑四年，晋侯郄五年，曲沃伯鳝十四年，卫侯完十六年，蔡侯考父三十一年，郑伯寤生二十五年，曹伯终生三十八年，齐侯禄父十二年，宋公与夷元年，秦文公四十七年，楚王熊彻二十二年，杞武公三十二年，陈侯鲍二十六年，许男弗十三年。

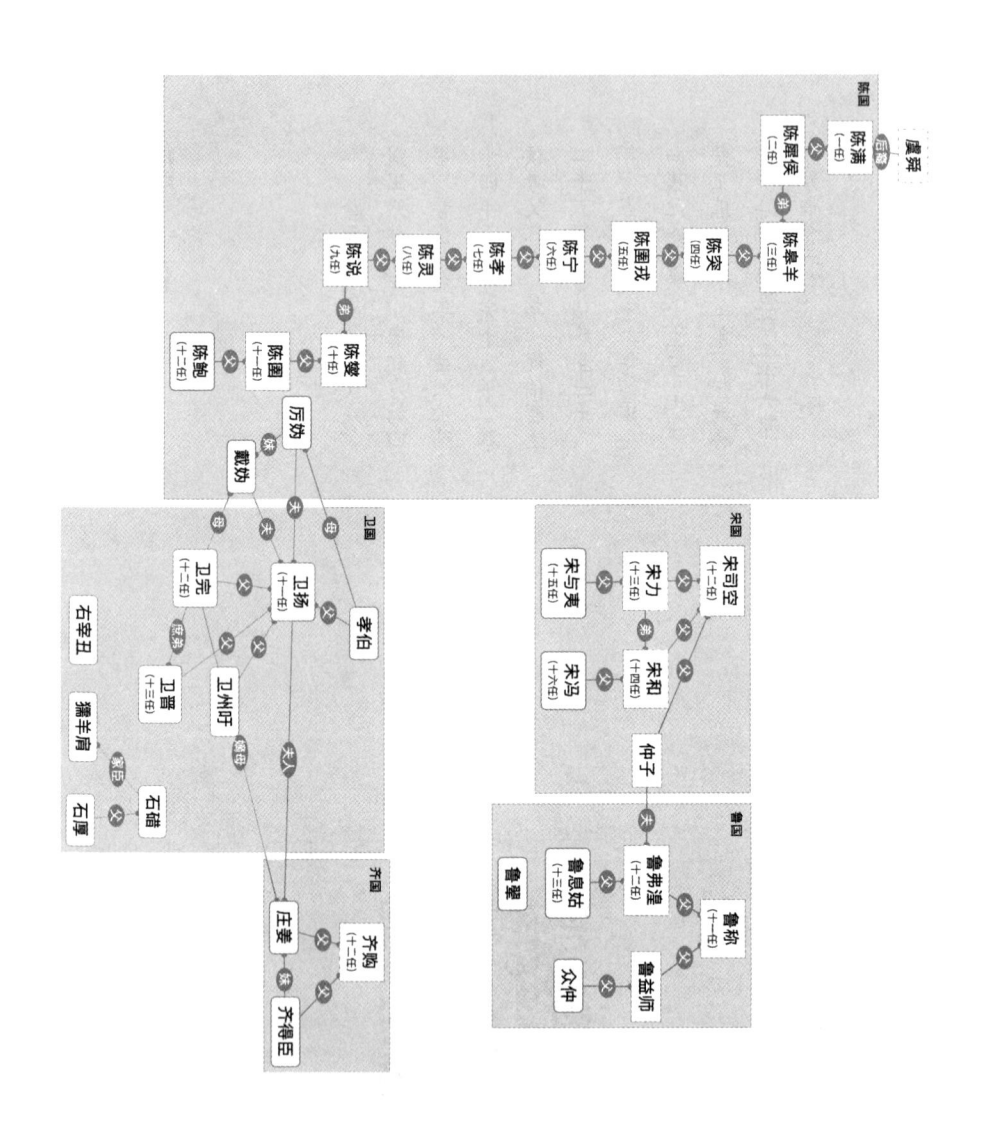

图4 鲁息姑四年人物关系图

四年春，王二月，莒人伐杞，取牟娄。

周历二月，莒国讨伐杞国，攻占牟娄。

戊申，卫州吁弑其君完。

最近几年，卫国因为收留郑国国君郑寤生的侄子郑滑，和郑国纠纷不断。结果没把郑国压服，自己内部却出现内乱。当然，这次内乱和郑国之间的纠纷没有直接关系，而是与上任卫国国君，也就是卫国第十二任国君卫扬有关。

最初，卫扬娶了齐国世子齐得臣的妹妹庄姜为妻。庄姜非常貌美，卫国人特别作了一首诗来称赞她。这首诗叫作《硕人》，收录在今天的《诗经·卫风》之中。所谓硕人，指的是身材修长健壮的人，当时以健壮为美，所以硕人用现在话说，就是"魔鬼身材"的庄姜。

庄姜虽然美貌，但是她没有子嗣，于是卫扬又从陈国娶厉妫（音"归"）、戴妫两姐妹。厉妫为卫扬生了一个儿子叫孝伯，但孝伯早死。戴妫则为卫扬生下了当代卫国国君卫完。庄姜非常喜欢卫完，把他当成自己的孩子看待。除了卫完之外，卫扬还有另外一个儿子，是他和妾室所生，叫作卫州吁。

卫州吁就是这次动乱的主角。卫州吁的母亲没名没姓，可见地位不高。但是卫州吁从小就受到卫扬的宠爱，他喜欢军事，卫扬也没有特别限制他。庄姜特别讨厌卫州吁，因为卫州吁可能会影响卫完的地位。

就在这种情况下，卫国的大夫石碏（音"鹊"）出来劝谏卫扬，他说："臣听说宠爱孩子要教之以方。如果宠爱太过，小孩就会骄奢，而骄奢会引导他走入邪路。如果您有意将世子的位置交给卫州吁，请您早下命令，早做定夺。如果您没有这样的意思，请你不要再这样宠信他。今天的宠信就是明天的灾难。做国君的人要未雨绸缪，避免灾难的发生。可是您现在却是在加速灾难的形成，这怎么能行呢？"

石碏有一个儿子叫作石厚，石厚和卫州吁交往甚密，石碏想让石厚和卫州吁划清关系，也没能成功。等到卫完即位以后，石碏就告老还乡了。

我们看石碏劝卫扬的这套话，和当年祭足、郑吕劝郑寤生的话如出一辙，都是说，您如果宠信他，就让他继承国家，否则，您就不要宠信他，就要疏远他。这些话实在很不近人情，血脉和亲情能说疏远就疏远的了吗？何况石碏都劝不了自己的儿子和卫州吁划清关系，怎么能够要求卫扬和卫州吁划清关系呢？这就叫看人挑担不吃力，自己挑担压弯肩。后世屡屡有这样的劝告之词，要求做国君的、上位的人，不要亲近他的子嗣、不要亲近他的家人、不要亲近他的亲戚，每次都说，这样做会为他们带来灾难，会为国家带来灾难等，可是，真能说服对方的却是寥寥可数。

但石碏的确有先见之明，他所预测的灾难最终还是发生了。本年的三月十六，卫州吁杀掉卫完，自立成为卫国的国君。

夏，公及宋公遇于清。

去年，宋国的第十四任国君宋和去世，第十五任国君宋与夷即位。依照鲁息姑睦邻友好的外交政策，自然要和这位新任的宋国国君重温旧好。

鲁、宋两边约定了会议的时间，还没有见面，卫国内乱的消息就传来了，两位国君都忧心卫国的问题，匆匆在清邑会面，导致这次会面非常仓促。

《春秋经》把这次会面记作「遇」，意思是说，两个国君会面就好像在路上碰到的一样，形容它的仓促和简略。

宋公、陈侯、蔡人、卫人伐郑。

三月，卫州吁政变成功，坐上国君的宝座，但是他的地位并不稳固，他想对外挑起争端，以转移公众的视线，如果能在诸侯之间立威，民心自然也就容易安定了。这时候，卫国最大的敌人就是郑国。可是，卫国在和郑国最近几年的争斗中，并没有占上风。卫州吁觉得单独发动，未必能够成功，所以他就邀请宋国出面。

我们前面讲了，宋国的第十四任国君宋和临死的时候，没有把位置让给他的儿子宋冯，而是让给了他的侄子宋与夷，所以宋冯就离开宋国，跑到了郑国居住。如今，郑国有心拥立宋冯做宋国的国君，对宋与夷的威胁非常大。自然，宋郑之间是有嫌隙的。

卫州吁找人向宋国传话："如果宋国希望讨伐郑国消灭宋冯这个祸害，敝国愿意提供钱粮，也愿意联络陈国和蔡国一同出军。"这样的提议宋国自然不会拒绝。

本年夏天，宋国、陈国、蔡国、卫国四国组成联军，由宋国国君宋与夷、陈国第十二任国君陈鲍牵头，四国联军攻打郑国，包围郑国的东门，五天后撤退。史称东门之战。

东门之战看似偶然，似乎没有卫国的内乱，没有卫州吁的提议，就不会有这次四国伐郑。但是我们看看，伐郑的四个国家中，宋国，卫国和郑国之间早有嫌隙，所以有发动战争的意愿，但是陈国和蔡国为什么要参加这场战争呢？尤其是陈国。卫州吁杀死的那位卫完是戴妫的儿子，而戴妫是陈国人，也就是说卫州吁杀了陈国的血脉，自立为君，陈国为什么要帮助卫州吁呢？

四国伐郑的背后，实际上是河南一带老牌诸侯国对新兴郑国的忌惮。宋国是殷商最后一代帝王帝辛的哥哥微子创建的国家。卫国、蔡国都是西周第一任天王姬发的弟弟创建的国家。陈国则是舜的后裔创立的国家，一直到周初，周王把舜的后代找来，封在陈，于是就有了陈国。所以这四个国家，实际上都是在河南这块地方已经数百年的诸侯国。

但是相对来说，郑国是西周第十一任天王姬静的弟弟姬友创建的国家，而且郑国最初被封在今天的陕西省，是在东周第一任天王姬宜臼东迁前后才逐步迁到河南的，而且恰好在宋、卫、陈、蔡四国中间。郑国刚迁过来的时候，曾挟天子以令诸侯。所以我们可以想象，郑国借用王室的权威打天下，对于四国来说，威胁是非常大的。

这就好像，一个菜市场里本来有一大堆卖东西的小贩，这些小贩相互之间也有矛盾，可是突然之间来了一个新的小贩，而且生意做得非常红火，这时候，原来的小贩当中有一个人提议，我们一起去教训教训这个新来的家伙，然后他们就联合起来殴打新小贩。这就是四国伐郑的道理。

四国伐郑是《春秋》记录诸侯联合出击的第一次，也是两大集团第一次的对抗。去年，郑国国君郑寤生和齐国国君齐禄父的石门之盟是郑齐集团的形成，那么今年的四国伐郑则是宋卫集团的形成。这两大集团在后面的几年将不断的交锋，东门之战只是第一次。

这里还要插一句题外话，东门之战据说打得非常激烈，卫国为了此战还作了一首诗，叫作《击鼓》，被收录在《诗经·邶风》之中。

两大集团相互对抗，这时候的鲁国是一个旁观者的角色。鲁息姑在一边旁看着卫国发生内乱，看着四国伐郑，看着东门之战。他问身边的一位叫作众仲的大夫："卫州吁这个人能成气候吗？"

众仲也就是我们之前讲到的鲁国公子鲁益师的儿子。因为鲁益师字众父，所以他的后代就把"众父"中的"众"字取出来作为他们的氏，称众氏。仲是排行第二，按古代「五十以伯仲」（《礼记·檀弓上》）的习惯，众仲这个名字应该后世对他的称呼，或者起码是他50岁以后的称呼，只是因为我们不知道他真正的名字，只能这么称呼他。

众仲回答道："臣听说安定民心要施以德行，没听说安定民心可以施以战争的。使用战争团结民心，就好像想把丝线理顺却把它弄得更乱一样。卫州吁这个人行事残忍，而且喜欢倚仗武力，所以人心不容易归附。如今他不施以德行，又妄图发动战争来达到目的，不会有什么好下场。"

众仲认为不能使用战争来安定民心。可是我们看到，后世大量人使用战争来安定民心，美其名曰转移视线，也就是把本来关注于国内的事情转成关注国外，如果在国外能取得好的结果，就有可能提高支持度，比如希特勒就是这样。当然，这些人到最后都没有什么好下场。

秋，翬帅师会宋公、陈侯、蔡人、卫人伐郑。

本年秋天，宋、陈、蔡、卫四国准备再次联兵讨伐郑国。

宋国国君宋与夷向鲁国请求援兵，鲁息姑一口拒绝，因为这不符合他和平外交的政策。这时候，鲁国的一位公子鲁翬（音"挥"）请求出兵，鲁息姑不批准，鲁翬再三请求也没有得到批准，于是鲁翬就自行带兵出征。《春秋经》记此事为「翬帅师」，而不是「公子翬帅师」，不标识鲁翬公子的身份就是在强调他的出兵不是鲁息姑的命令。

我们从这件事反观鲁国的立场。之前郑国发兵攻打卫国的时候，曾经请求邾国援助，邾国不敢自行出兵，于是就请求鲁国同时出兵，当时是鲁国的一位公子鲁豫违令随邾国出兵。如今，宋、卫这边请求鲁国出兵，变成另外一位公子鲁翬违令出兵。

这就说明，在鲁国，有两种意见：支持宋、卫的人有；支持郑国的人也有。对于鲁息姑来说，鲁息姑谁也不批准，你们愿意去，你们可以自己偷偷去。

鲁翬和四国联军会合，组成五国联军。五国联军击败了郑国的步兵，收割了郑国田里的谷物，然后撤军。

我们前面讲四国伐郑，紧接着又讲五国伐郑。四国伐郑的时候，只是围住郑国的东门几天就撤退了。五国伐郑的时候，甚至连郑国的城门都没看见，只是偷了点儿田地里的谷物，就撤退了，有些雷声大雨点小的意思。

需要注意的是，春秋，尤其是春秋初年的战争规模都是非常小的。最主要的是因为它动员的人只有诸侯、大夫、士这些人，说是五国联军，有几千人就已经很不错了。这和战国时期把所有的民众动员起来，动辄十万二十万、杀人动辄几万人的战争不可同日而语。所以有时候一仗打下来，与其说是要攻城克寨，不如说是争个面子，显显荣耀。

九月，卫人杀州吁于濮。

卫州吁从三月政变以来，发动了两次战争，可是国内的民心还是没有安定，他和他的党羽石厚非常着急。石厚跑回家，找他的父亲石碏商议。

石碏回答说："觐见天王可以解决这个问题。"石碏的这个招数，不是无的放矢。

● 赐命 ●

春秋之前，周王室的诸侯国，新君即位的时候，都会由王室赐命。

所谓赐命，就是新君即位的时候，周王室会派一个人到国家里参与他的即位大典，表示王室对他即位的承认。但是实际上，诸侯国是世袭继承的，不管王室赐不赐命，这些国君都是这个国家的正式国君，所以久了之后，赐命这种事情就慢慢变得淡漠了，不是说每个新君即位都会赐命的。

到了春秋时代，由于王室的权威降低，所以赐命就变得更少了。但是偶尔王室会做赐命这件事情，以表示他对某个政权、某个国君的依仗，所以赐命在某种程度上变成了一种荣誉。

石碏建议石厚去王室觐见天王，请求王室来赐命，也就是让王室认可卫州吁作为卫国国君的合法性，那么卫州吁就可以借用王室的权威来平定国内反对的声音。

但是觐见天王却不是一件容易的事情，尤其现在卫州吁身份不定，有可能会被王室拒绝。所以石厚就问："怎么才能觐见天王呢？"

石碏又出主意说："现在陈国国君陈鲍正受天王的宠信，而我们卫国和陈国的关系又好。如果能去陈国，请陈鲍出面，在天王面前为卫州吁说项，那么觐见什么的，都不是问题。"

于是，石厚就听信了父亲的话，带着卫州吁一同去访问陈国。

可谁能想到，石碏暗地里写了一封信，派人送去陈国。信上说："卫国地处偏僻，国力弱小，我年纪又大，没能力做什么事情。卫州吁和石厚两个人杀害国君，敢请陈国帮忙，代为处置。"这实际上就是让陈国把这两个人干掉。

陈国收到信以后，马上依言将卫州吁、石厚两个人控制起来，请卫国派人来处理。我们前面说了，卫州吁杀掉了陈国的血脉，所以陈国不管怎么对付他，都是合情合理的。

九月，卫国派右宰丑在濮邑杀掉卫州吁，而石碏则派家臣獳（音"乳"）羊肩在陈国杀了石厚。

君子曰："石碏真是忠心不二，痛恨卫州吁，连自己的儿子也不放过，'大义灭亲'说的就是这回事吧。"

"大义灭亲"的典故就是出自石碏的故事。石碏的大义灭亲，虽然说的好听，但是石碏一是没能阻止卫扬宠信卫州吁；二是没能阻止石厚和卫州吁交好；三是没能保护卫完不受政变的侵害。他唯一能做的，就是杀死自己的儿子，作为一个父亲，这是何其地痛心疾首。

冬十有二月，卫人立晋。

卫国的政变者卫州吁被干掉了，卫国从邢国请回来另外一位卫国的公子，叫作卫晋。十二月，卫国拥立卫晋为国君。《春秋经》记为「卫人立晋」，意思是说，立卫晋为君是大多数卫人的意愿。

这里的大多数卫人指的是大多数的卫国国人，而不是大多数的卫国人。卫国国人和卫国人虽然差一个字，但是区别非常大。

这要说起来，还是跟鲁国的始祖姬旦有关。想当年，姬旦摄政称王引起他三个弟弟的不满，他们借势起兵造乱，也就是我们前面讲过的三监之乱。姬旦在平定三监之乱之后，深感周人太少、商人太多。他一方面分封了宋国这个国家，由宋国来管理一部分的商人；另外一方面，他将商人按照家族为单位，分给周的诸侯来管理。

周诸侯本身的族人、他们的家臣以及分给周诸侯的殷商贵族住在城市里面，被称为国人。商人以及其他一些异族的族人在田中劳作，受到周诸侯的管理，这些人被称为野人，这就是国野之别。

国人在很长的时间里垄断了所有的政治权力，比如「卫人立晋」这种事情，野人是完全没有权力参与的。但国人除政治权力之外，还有一个重要的义务，就是要从军作战。春秋时代，尤其是早期主要的军事力量都是从国人征召来的，这个时候的战争可以说贵族间的战斗。

但是到了春秋中后期，战争越来越频密，而且规模越来越大，仅靠国人已经无法支撑，尤其是齐国管夷吾变法之后，各个诸侯国对国内不断进行人口普查，结果是大量的野人参与战争，所以国野之别逐步消失。

到了战国时代，战争规模更大，贵族战争完全蜕变成了全民战争，也就不再有国人和野人的区别了。

番外：何以诗经

使用微信扫描以上二维码收听本章音频

我们前面讲卫国国君卫扬娶了齐国的庄姜为妻，卫国人为了称赞庄姜，作了一首诗叫作《硕人》。我们又讲四国伐郑，攻打郑国的东门，卫国也为此作了一首诗，叫作《击鼓》。这两首诗都收录在今天的《诗经》里，所以我们做这一篇番外，来讲一讲《春秋》以外的话题——《诗经》。

《诗经》也称作诗，唐宋之前，只要称诗，指的就是《诗经》。据说在上古，各国都有下去采风、收集诗歌的习惯。流传下来的诗大概三千首，后来落到孔子的手里，孔子对它们进行了汇编并整理成册，一共保留了305首，这也就是我们今天看到的《诗经》。《诗经》里面有300多首诗，所以它也被称为诗三百。

关于诗的创作，像《硕人》《击鼓》这两首诗都是有历史背景的，所以一般认为，《诗经》里面的300多首诗都是作者为了陶冶情操、抒发情怀，展示当时的生产生活状况所作出来的。但也有人认为，《诗经》所载的300多首诗都是祭诗，也就是人死了之后，在坟前哭丧的时候所吟唱的东西。当然我们平头老百姓哭丧只是"我的儿啊"之类的，但一些哭丧水平比较高的，人家哭起来就像吟唱出来的诗一样。证据就是《诗经》多数是四个字，而且中间有很多转音词，这样在抽泣的时候，能够方便地把它吟唱出来。

当然，两种说法各有支持。但《诗经》除了极少数的诗知道作者，一小部分诗知道明确的出处，还有一些诗通过后人的臆测附会关联某些历史事件，其他诗是怎么来的，作者是谁，都是没有记录的。可见，古人在收集诗的时候，并不关心每一首诗是为什么而创作或者是怎么创作出来的。

那么，古人专门搜集这么多的诗，还有像孔子这样的大人物对它们进行专门的整理，又是为了什么呢？我们要看一看《春秋》是怎么讲《诗经》的。

这儿有个故事，说是晋国的公子晋重耳，因为晋国内乱被赶了出来，这个事情以后在正篇里会详细讲解。

晋重耳被赶出来之后在各国之间流浪，流浪了19年最终到了秦国，秦国当时的国君叫作秦任好，秦任好就宴请晋重耳，而晋重耳则希望秦任好能够收留他，并且帮助他回国即位。

宴会上，晋重耳拍秦任好的马屁，放到我们今天，拍马屁怎么拍？我们肯定说"秦伯仙福永享，寿与天齐，秦国千秋万代，一统天下"，类似这样的话，可是这些话放到春秋时代，大家会觉得你说得太白、太俗、层次太低。

那晋重耳怎么拍马屁呢？晋重耳吟了一首诗，这首诗叫作《河水》。《河水》里面有一句话叫作「沔彼流水，朝宗于海」（《诗经·小雅·沔水》），这是晋重耳把自己比成沔水，把秦任好比成大海，自己投奔秦任好就像百流奔海一样。这个马屁拍得不声不响，但是拍得暗爽。

当时的秦任好对晋重耳也是有想法的，因为之前秦晋之间一直龃龉不断，如果晋重耳上台，秦国能够得到一个亲秦的晋国，那么对秦国的利益来说是非常有益的，所以暗地里秦任好已经准备送晋重耳回国即位。

那秦任好怎么回呢？秦任好也吟了一首诗，这首诗叫作《六月》。《六月》里面有一句话叫作「王于出征，以佐天子」（《诗经·小雅》），就是说，周天子出征，我在一旁辅佐。

试想，当时的晋重耳，流浪在外19年，到处不受人待见，他有什么资格辅佐天子出征呢？秦任好吟《六月》的言下之意：寡人会支持你做晋国的国君，这样你就有机会辅佐天子，征伐四方。这个话说得不显山不露水，高！

当时陪伴晋重耳一块儿参加宴会的人叫作赵衰，赵衰就是后来战国时代赵国的祖先，他一听这话知道有门儿啊，赶快示意晋重耳磕头谢恩，结果晋重耳一个头磕下去，第二年秦国出兵送晋重耳回晋国。晋重耳被后世列入春秋五霸之一，也就是我们常说的晋文公。

听完这个故事能够感觉到，似乎古人用诗有点儿外交辞令或者套话的味道，就是有话不直说，而要用诗这种形式含蓄地表达。如果以完全不明白诗的局外人来看，诗甚至可以说是一种黑话，就像我们经常听的评书，里面有"点子扎手，风紧，扯呼"一样。

有人可能会说，不是有诗以言志的说法吗？就算古人把诗当作套话来用，但作诗的人也应该是为了抒发情怀啊。

我们要说抱歉，诗以言志言的并不是作者的志向，因为这个词也是出自

《春秋》。

话说郑国大夫良宵和晋国大夫赵武（赵武也是后世赵国的祖先）两个人同时参加弭兵之约。所谓弭兵之约，就是当时晋国和楚国打得非常厉害，其他诸侯国受不了了，就由宋国出面主动调和两国所作的一个停战协议。

良宵和赵武两个人参加完弭兵之约，回国的路上经过郑国，郑国的国君就请两个人吃饭，当时陪伴的还有郑国的六个大夫。

赵武就说："你们都是当代贤士，不如大家吟个诗，抒发一下志向。"

良宵当场就吟了一首诗，叫作《鹑之奔奔》（《诗经·鄘风》）。

鹑之奔奔，鹊之彊彊。人之无良，我以为兄。
鹊之彊彊，鹑之奔奔。人之无良，我以为君。

赵武听完没有做什么特别的表示，他只说这个诗不太适合当面吟唱。可是事后赵武跟别人说："良宵这个人恐怕要死于非命，诗以言志，他的诗表达出来他看不起国君，国君必然会怨恨他，他的死期已经不远了。"

诗以言志这个典故就是从这儿来的。

我们如果单把诗以言志这个词拿出来，以我们现在人的理解，我们首先会认为作诗的人用诗来言志，来抒发自己的情怀、阐述自己的心意。可是我们把它放在《春秋》原来的典故里面就会发现，其实是吟诗的人用诗来言志。

我们今天看一首诗，要了解它的创作背景，了解作者当时的心境，了解上下文的关联。但我们观察先秦典籍对《诗经》的引用，大多是随随便便的，作者背景本就糊里糊涂，上下文的含义没人关心，甚至很多地方根本就是断章取义。

因为诗对于古人来说，就是套话，只要字面的意思能够表达吟唱者的心意就足够了。

春秋时代的贵族把诗作为套话，那么孔子这么一个大宗师、大教育家，为什么要治诗呢？他费了好多的功夫，把原来的3000首变成了305首，而且编辑成册，传给弟子，后世还把它奉为经典，作为四书五经之一，为什么要做这个事情呢？

这儿我们再讲一个故事。这个故事出自《论语》。

有一天孔子在院子里站着，不知道想什么，这时候他的儿子孔鲤想从院子里过去，看见他不敢打扰他，就想溜过去。

结果孔子说："给我站住。"孔鲤就站住了。

孔子问："学诗了没有？"孔鲤说没学。

孔子说：「不学诗，无以言」（《论语·季氏》）。

「不学诗，无以言」，这个话直译过来就是说，你如果不学习诗的话，你就没有办法说话了。可是明摆着，孔鲤没有学诗，但和孔子之间对答不是没有任何问题吗？

所以「无以言」，不是说不能说话，而是说无以与谁言。诗是贵族之间的套话，「无以言」就是无以与贵族言。

跟贵族交流，贵族吟一段诗出来，不知道是什么意思还怎么回话？在贵族的宴会上，一张口都是大白话，必然被贵族们认为层次太低，没修养，那还怎么交流？

没办法交流还怎么混到上层社会去？又怎么能成为人上人呢？所以孔子治诗，就跟他培养君子是一个道理，就是帮助下层的人顺利地进入当时的上层社会。

我们前面说了唐宋之前，凡提诗都是指《诗经》。到了唐代，诗大发展，全唐诗五万首，为了标识唐诗和原来《诗经》的诗，所以有了《诗经》这个名字。

唐代会有诗五万首这么多，但唐之后诗就变得非常少了。像现在，基本上没什么人去作诗，即使作出来的诗能够出名，但能够脍炙人口的就更少了。不要说我们，就是明、清两代，作诗的人其实也很多，但是真正能够留下来的诗，能够让大家耳熟能详的又有几首呢？

唐诗，我们随便就可以吟唱几句，但唐代以后的诗却少有人知道，难道诗的基因在唐代都用完了？

出现这种情况，恐怕是因为唐代和我们讲的春秋时代非常地接近。

唐代首先实行的是门阀政治，什么是门阀政治？这就要说到东汉了，早在汉代，当时录用人才采取的办法是取孝廉，孝廉也就是孝子廉吏。

当时的人认为一个人想要做官做得好，首先他应该是个孝顺的儿子，或者是个廉洁的小官吏，所以录用要取孝廉。

孝廉依赖的是地方上的推荐，最初因为刚经过战乱，民众流离失所，孝子廉吏并不多，所以地方上推荐起来，还是有鼻子有眼的。

后来，民众安居久了，可选择的就多了，但位子却还是那么多，要想上位，就需要造势。比如故意请附近各色人等来夸自己。所以我们看东汉，尤其是东汉末年的记录，有时候会莫名其妙地蹦出来一个人，每个人都说他是大牛人，水平太高了，品行太厉害了，似乎他不出来天下就不正常了一样。然后呢，然后就没有了。这个人消失了，似乎根本就不存在一样，这就是造势，一切都为了能当官。

这种事情在东汉还不算严重。到了三国时代，魏国的曹丕为了选取人才，搞了一套制度，叫作九品中正制度。

九品中正制度把全国划分成若干个片区，每个片区设置一个中正，这个中正一般都是这个区里最有威望、最有权威的一个人，由他来负责点评这个区里的人才，他会把人才分为上中下三等，每一等再分为上中下三等，一共是九等。一个人只要想出来做官，先要通过中正来评价。

如果是上上等，做官就非常容易，如果是下下等，就非常难。这种制度其实是乱世里的一个临时制度，可是它很长时间没有被修订，一直慢慢地传下来，结果就出现了问题。中正毕竟是个人，他很难公正地评判所有的人，不自然地就会评判身边的人或者熟悉的人为上等，不熟悉的人就都是下等。长此以往，世家就形成了。

到了唐代，有人作了一个世族志，就是把当时有名的世家汇编成一个册子，并做了排名，结果第一名竟然不是皇族的李氏，所以唐太宗李世民看到后非常的愤怒，强令整改，硬把李氏改成世族志里面的第一名。由此我们就可以看出来，在李世民的时代，世家有何其大的影响力，而且是多么骄傲，他们大概是觉得："李氏算什么，不就是做了皇帝吗？有什么了不起的？往前翻，你家才有几代人啊？我们这些世家，动辄就是几百年，根本不是你能比拟的。"

初唐的世家很厉害。春秋时代也都是世家啦，像我们前面讲到的鲁、宋、卫、陈、蔡，所有的诸侯拿出来随便一翻，哪个不是十几代甚至几十代，如果以存在的时间来算，甚至都是近千年的世家。

所以我们说，从世家这点来看，唐代和春秋时代是非常像的。

另外，要说的就是唐代所用的制度。

当年北魏统一北方，后来分裂成西魏和东魏两部分，西魏又改名叫北周，东魏改名叫北齐。其中北周就是用《周礼》来治国,所谓《周礼》,就是描述周代制度的典籍。后来北周吞并了北齐,杨坚又篡了北周,变成了隋,再之后李氏又篡了隋朝,变成了唐。可以说,唐代的制度基础直接来源于周代的制度。

一方面,世家组成的门阀政治和春秋时代非常像;另一方面,用的也是周代的制度,初唐也就造就了和春秋时代极其相似的诗的土壤。

但是,之所以唐代能有唐诗五万首,最关键的决定性人物是李世民。因为李世民干了一件重要的事情,就是开了科举。①

科举和诗似乎是完全没有关联的事情,但是我们要注意,唐代的科举主要是明经、进士两科。其中进士科的考核内容就包括诗,也就是说赋诗是可以算分的,如果赋得一手好诗,就可以做官。

不要小看科举的力量,在古代,八九层的人都是文盲,剩下的一二层读书人九成九都有志于科举,也就是说,能够作诗的人基本都在这项政策的影响下。

其实就算是放在我们今天,公务员考试开始开个口,只要作诗作得好,全国公务员岗位随便挑。恐怕几年之内,中国也是诗的国家了。

所以我们说,唐诗的大发展是由它的背景和现实的政策决定的。

那么,唐诗之后,为什么就没有诗了?

因为宋朝出现了新学术,其中一个代表人物叫作王安石。王安石认为吟诗作赋,跟治理国家有什么关系?什么关系都没有。所以王安石执掌朝政的时候,就把吟诗作赋从考试里面淘掉了。

当然,王安石的政策是有争议的,他死了以后,有的时候吟诗作赋可以作为考试项目,有的时候吟诗作赋就不能作为考试项目。明清以后,诗就被彻底赶出了科举。所以在宋代,还有宋词可以支撑,明清两代的诗词就都是非常泛泛的,顶多是个兴趣而已。

王安石的政策弱化了诗词,但也衍生了一个副作用,就是论策替代了吟诗作赋。所谓论策,也就是通过文字来评点国家大政方针,这就需要长篇大论地写文章。

从宋以下到明清,因为论策的需要,培养出大量写文章的人才,这些人才

---

① 有说法认为科举始于隋朝,但没有证据证明隋朝已经有进士科,所以不取。

不是都能当官的，不能当官的就在民间写一些志怪故事、民间传说混口饭吃。这也就是我们熟知的明清小说的由来。所谓四大名著，《西游记》《水浒传》《三国演义》《红楼梦》，哪一个作者能说清楚自己的身世，都是当时的落魄文人为了混饭吃写出来的东西。

可以说，国家政策的调整影响文学，影响我们最后能够看到的东西。当然了，这些都是题外话。

我们再回到《诗经》上，《诗经》是春秋时代贵族的套话，孔子治诗就是为了让普通人通过学习，能够融入贵族阶层，能够做人上人。放到今天，贵族已经不存在了，或者新贵族现在还没有产生到需要诗的阶段，那么《诗经》这本书对我们来说有什么意义呢？我们可以回归到读诗陶冶情操，或者通过诗去挖掘史实，聊以慰藉，仅此而已。

当然，我就这么一说，您就那么一听。

五年

公元前718年，癸亥，周王姬林二年，鲁侯息姑五年，晋侯郄六年，曲沃伯鳝十五年，卫侯晋元年，蔡侯考父三十二年，郑伯寤生二十六年，曹伯终生三十九年，齐侯禄父十三年，宋公与夷二年，秦文公四十八年，楚王熊彻二十三年，杞武公三十三年，陈侯鲍二十七年，许男弗十四年。

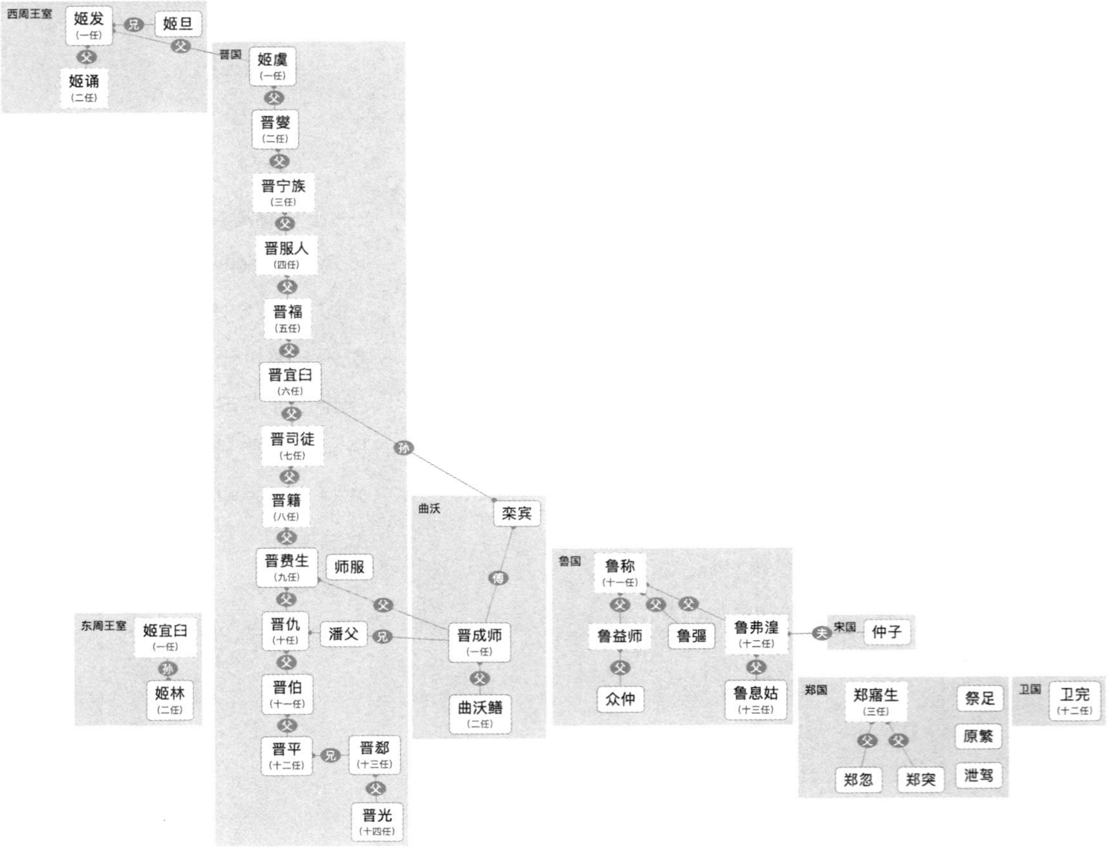

图5 鲁息姑五年人物关系图

鲁息姑·五年

五年春，公矢鱼于棠。

鲁息姑进入执政的第五年，仍然是低调、谨慎，不过相对于前几年来说已经轻松很多。本年春天，他为自己组织了一次春游，就是到棠邑观鱼。

● 观鱼 ●

观鱼在春秋时代是一种娱乐项目，和狩猎类似，由捕鱼人放置好取鱼的装备，然后一帮人就围在旁边观看渔夫怎么来捕鱼。《春秋经》记作「矢鱼」，「矢」在这里是陈设的意思，并非要用弓箭来射鱼。

棠邑观鱼对鲁息姑来说，本是一件轻松惬意的事情，可是临行之前，有人跑出来劝他不要去。这个人叫作鲁彄（音"抠"）。

鲁彄是鲁息姑的叔父，也是鲁国的公子。之前说过的，国君之子称为公子，不要觉得年轻人才叫公子，叔叔辈的就不是公子了。鲁彄，字子臧，他的后代把臧字取出来作为他们的氏，这就是臧姓的由来，像我们熟知的臧天朔有可能就是这位鲁彄的后人。

鲁彄劝鲁息姑说："国君做任何事情，只有两个目的，一个是端正法度，一个是敬奉神灵。所以每年春天蒐猎、夏天苗猎、秋天狝猎、冬天狩猎，一年四次田猎都是在农闲的时候演习军事。每隔三年还要举行一次大演习，回国要整顿军队、祭告家庙、犒赏臣下，清点俘获的物品。车辆、服装、旌旗、纹饰都要贵贱分明，等级清楚，长幼有序。所有这一切，都是为了把民众纳入法度。

国君亲自处理鸟兽的肉是为了将它们敬奉给神灵，亲自处理鸟兽的皮革、牙齿、骨角、羽毛是为了制作供奉神灵的礼器。至于收集鸟兽以供应饮食或储备粮食这些事情，都是下级官员，甚至普通人负责的事情，不是君王的工作。您这次兴师动众跑到棠邑，不合常规就没办法端正法度；在棠邑观鱼，捕获到鱼又不用来敬奉神灵。您的举动既没有端正法度，也没有敬奉神灵，这就是乱政，屡次乱政，鲁国是会衰败的。"

鲁息姑多谨慎多低调，一听这话马上矢口否认，他说："寡人真的不是去观鱼，而是到棠邑巡查边境，视察军事。"

鲁彄没有再说其他的，自称有病，没有跟随。

鲁息姑按计划去了棠邑，一到地方，他就陈设各种观鱼用具，坐到那儿开始观鱼。

要说鲁息姑执政只有五年，算下来他的年纪也就二三十岁而已。年纪轻轻当然好新鲜，喜欢玩，要是一意不让他去，也不合人情。

但是，国君出行有两个麻烦事。

一是安全问题。古人常说，「千金之子，坐不垂堂」(《史记·袁盎晁错列传》)。意思就是说，富人家的孩子，坐的时候不会在房檐下面，就是怕房檐上一块瓦掉下来，啪，砸到脑袋，砸坏了怎么办？千金之子都这样，何况国君呢？

春秋时代可不像我们现在，从这个省到那个省，除非飞机掉下来，或者火车出轨，正常情况下不会遇到什么危险。春秋时代车匪路霸到处都是，一个诸侯走在路上突然被劫的事情也时常发生。所以，安全问题是大臣们首先要考虑的事儿。

二是费用问题。因为安全问题，国君出行必然是成群结队，国君还要显示威严，需要摆各种非必要的排场。一大批人出去，又带着各种排场，这些都是费用，地方上接待起来自然也就更加困难。像后世的皇帝，动辄几万人，浩浩荡荡出门，就像蝗虫一样，到一个地方吃穷一个地方。

所以后世的官员、学者，总是希望皇帝、国君、居上位的人老老实实在家待着，除非有必要，否则最好哪儿也别去。

但是我们要注意，所有的有道明君都是历练出来的。像我们常说的那些明君。

● 秦始皇从出生就在赵国做人质，那时候秦赵之间还在交战，搞不好什么时候就被人拉出去砍掉了。可是正因为有这些历练，后来才能「奋六世之余烈，振长策而御宇内」（《过秦论》），最终一统九合。

● 汉武帝倒是少年天子，很早就做了皇帝。可是汉武帝喜欢没事就带一群小混混儿出去打家劫舍，在长安附近经常闹得鸡飞狗跳。可是正因为有这样的经历，才能北抗匈奴、南吞百越，奠定中国的基本版图。

● 唐太宗年轻的时候就带兵打仗、身先士卒，弄不好一支冷箭就给射死了。可是正是这样才能对外开疆拓土，对内开启贞观之治。

● 宋高祖就更不用说了，他本来就是武将出身，后来黄袍加身，才成为皇帝。

● 一代天骄成吉思汗，从小父亲被人毒害，流离失所，正是这样才使他最终成就横跨欧亚的超级大帝国。

不让皇帝出门，不让他们历练，能成就这些有道明君吗？所以后世的官员，学者，他们都面临两难的局面：如果不让国君历练，国君可能会变成一个窝囊废，甚至是一个无道昏君；可是要让他出去，就得承担国君在外面被干掉的风险，还有一大堆花销。

（晋侯奔随。）

《春秋》作为鲁国的国史，首先要记的自然是鲁国的事情，其次也会记一些周边国家的事情，基本范围就在今天山东、河南一带。可是到春秋的中后期，出现一个强大的国家，它在今天山西一带。

最初，这个国家并不怎么强大，也没有影响鲁国，所以鲁国没有留意它的存在，自然《春秋》中也就少有它的身影。但是在这个国家强大之后，一举一动就直接关乎鲁国的利益，所以鲁国的史官重新收集了关于它的史料，并将这些史料传承下来。

这个国家就是晋国。如果您要是对春秋时代的历史不是很了解，请您一定要记住这个国家，因为晋国是一个非常重要的国家。

晋国的始祖是西周第一任天王姬发的儿子，叫作姬虞。关于姬虞，有很多传说，据说姬发遇到姬虞生母的时候，在晚上做了一个梦，梦到上天对他说："我打算赐给你一个儿子，你一定为他起名虞，我会把唐这个地方送给他。"

不久，姬发真就有了一个儿子，手掌纹上面是一个虞字。所以就给他取名叫作虞。手掌纹上有虞字，就跟我们前面讲的宋司空的女儿仲子手掌纹上有个鲁字一样，古人就好这一套。

姬发死了以后，第二任天王姬诵即位。当时姬诵年纪还小，就由鲁国的始祖姬旦摄政称王。唐这个地方叛乱，姬旦就是把唐给平定了。

有一天，姬诵跟姬虞两个人在一起玩。姬诵就拿了一片桐树的叶子，用刀把它刻成一个玉圭的形状，交给姬虞，说："我要分封你做诸侯。"

这个举动在我们今天看来，不过是小孩子过家家，只不过我们的小朋友学着大人做做饭，照顾布娃娃什么的，而天王级别的小朋友，就是学着大人怎么去分封诸侯。

可是没想到，当时旁边正好有一个史官，这个史官就马上去问姬诵："您说的这个分封，什么时候进行呢？我们马上安排仪式。"

姬诵一听傻了，本来在过家家嘛，哪能想到突然有人把这事当真了，他就说："我只是开玩笑。"

可是史官很严肃地说："君无戏言。您这金口一开，这个事就没办法再反悔了。"

姬诵想了想，这不，唐地被平定了，就把唐地赐给了姬虞。这就是"桐叶封唐"的故事。

● 桐叶封唐 ●

桐叶封唐源出《吕氏春秋·审应览·重言》，后被司马迁收入《史记·晋世家》。有人认为，《吕氏春秋》多是战国游士宣扬理念的说辞，其故事未必可信。如果依《国语·晋语·叔向谏杀竖襄》，则姬虞被封在唐实是因为他骁勇善战。也有人认为，桐古字似唐，「剪桐」或许是封唐字误附会出的故事。我们把它记在这里，权备一说。

姬虞成了唐地的国君，因此后人也称他为唐叔虞。唐叔虞就是以唐为氏，叔是姬虞的排行。

姬虞的儿子晋燮（音"谢"）后来迁居到晋水边，因晋水改称唐为晋，这也就是我们所说的晋国了。

晋燮一代一代传承下来，一直到晋国第九任国君，叫作晋费生。

晋费生娶姜氏为妻。姜氏为他生了两个儿子。大儿子出生的时候，刚好是晋费生在攻打条戎，结果这一仗没打赢，晋费生回来看到生了个儿子，给他取名叫作仇；二儿子出生的时候，晋费生又在外面打千亩之战，打赢了，他回来之后，就给二儿子取名成师。

当时，晋国有一个人叫作师服，师服评论这件事情说："国君为儿子取名字好奇怪。命名要合于道义，基于道义产生礼仪，以礼仪作为政令的基础，用政令来端正民众。这样政令通行民众服从，否则就会产生混乱。大家都说，美好的姻缘叫作妃，不好的姻缘才叫作仇，国君给大儿子取了一个这么不好的名字，岂不是说弟弟要取代哥哥？这是国家要发生动乱的征兆吗？"

到了晋国第十二任国君，也就是晋仇的儿子晋伯即位以后，晋伯把他的叔叔晋成师分封到曲沃，并让晋国第六任国君晋宜臼的孙子栾宾做晋成师的副手。当年，晋成师58岁，素有德行，晋国有很多人都依附于他。

这里要插一句的是，晋国当时的国都在翼，而曲沃是比翼还要大的一个城市。我们前面讲过，一般城市的城墙超过百雉是国家的灾难，也就是说，一般的城市不能超过国都的1/3。可是现在，晋国出现了一个比国都还大的城市，而且还被分封给了晋成师，于是，晋国有了内乱的迹象。

师服又出来评论这件事情，他说："对于国家来说，本家强大，旁支弱小，国家就可以巩固。天子由嫡子继承王位，将庶子分封为诸侯；诸侯由嫡子继承封国，将庶子立为卿大夫；卿大夫由嫡子继承卿位，为庶子设置侧室；大夫由嫡子继承爵位，将庶子列为贰宗；士由嫡子继承职务，由庶子为仆为隶。庶人、工、商的嫡子庶子虽然没有等级高下，但也会各按亲疏区别对待。正因为这样，民众才会服从上位的人，身在下位也不会有觊觎之心。可是现在晋国刚好反过来，不过是一个侯爵国家，竟然要另外分封诸侯，如此，本家弱小，旁支强大，岂能持久？"

● 大宗小宗 ●

师服所说的也就是周代所谓大宗、小宗，或者叫本家、分家。

天下最大的大宗莫过于天子，天子生下的嫡子继承这一支大宗，而嫡子的兄弟被分封为诸侯，是为小宗。也就是说，天子是大宗，诸侯是小宗。

诸侯如果生下嫡子，就继承诸侯这一支的大宗，诸侯嫡子的兄弟又被分封为大夫。这时候诸侯是大宗，大夫相对于诸侯来说，就是诸侯的小宗。

大夫的嫡子继承大夫这一支的大宗，而大夫嫡子的兄弟被任命为士。这时候大夫是大宗，士相对于大夫来说，就是大夫的小宗。

从天子到诸侯，到大夫，到士，实际上都是一家。主家就是大宗，分出来的这些旁支都是小宗。

对于晋国的情况来说，从晋燮生到晋仇，到晋伯，这是晋国的大宗。晋伯把晋成师分封到曲沃，那曲沃相对晋国来说，就是小宗。师服所说的本家也就是晋国的大宗，说的旁支就是曲沃的小宗。

可是现在小宗比大宗强大，所以替代大宗已经是箭在弦上。实际上，整个春秋数百年所有的问题都是这个问题，只不过晋国发生得比较早，所以晋国强大得也比较早。

再说晋成师，晋成师被分封到曲沃，没多久，晋国大宗翼都这边就出现了内乱。晋国大夫潘父杀掉晋伯，要迎接晋成师继承大宗，这一举动受到晋国国人的强烈反对。晋成师打算进入翼都的时候，被晋国国人击败。潘父也在这次动乱中被杀。晋国国人又立晋伯的儿子晋平继承大宗。

晋成师死后，他的儿子曲沃鳝执掌曲沃。曲沃鳝攻打翼都，杀了晋国大宗的晋平，但还是被晋国国人赶出来，仍然没有能继承晋国大宗。晋国国人再立晋平的弟弟晋郄继承大宗。

到了本年，曲沃鳝再次联合郑国、邢国一同攻打翼都。天王姬林听说之后，也派出大夫尹氏、大夫武氏援助曲沃鳝，晋郄没办法在翼都立足，只好流亡去了随地。

夏，四月，葬卫桓公。

四月，卫国第十三任国君卫完下葬。因为有卫州吁内乱的缘故，卫完从去世到下葬，花了一年多的时间。

卫完在位16年，多数执政时间都在《春秋》记录之前，《春秋》记录他的事情并不多。不过从他趁郑国内乱果断出击攻取廪延、在郑国压力下主动拉拢鲁国的举动来看，他应该是个进取有为的国君。卫人则依谥法「辟土远服曰桓」（《逸周书·谥法解》），为他定谥号为桓，后世则称卫完为卫桓公。

卫完下葬对于卫国来说，意味着卫州吁的叛乱终于尘埃落定。可是对于因卫州吁之乱遭受打击的郑国来说，一切才刚刚开始。

（六月，郑人败燕师于北制。）

四月，郑国入侵卫国郊外，以报复东门之战。卫国马上作出反应，联合南燕国进行反击，讨伐郑国。

郑国派三名大夫祭足、原繁、泄驾指挥三支军队正面对抗南燕军的军队，同时，郑寤生的两个儿子郑忽、郑突率领制邑的部队从背后偷袭。

南燕国由于畏惧正面的三支部队，就没有防范郑忽、郑突的偷袭。到了本年的六月，郑军在制邑附近击败了南燕国的军队。

君子曰："不防备意外，就不可以统兵作战。"

秋，卫师入郕。

去年卫国发生卫州吁之乱，国内躁动不安，郕国趁机入侵卫国。本年，卫国报复，攻入郕国。

（虢公伐曲沃，立晋侯光。）

本年春天，晋国小宗的曲沃鳝在王室的帮助下，赶走了大宗的晋郄，可是在如何安定晋国局面的问题上，曲沃鳝又和王室发生了冲突，双方闹僵，王室认为曲沃鳝有意背叛王室。

到了木年秋天，天王姬林派虢公讨伐曲沃。最终，虢公压制住曲沃鳝，接着在翼都立晋郄的儿子晋光做晋国的国君。

虢公对晋国大宗的处置颇为奇怪，那位被曲沃鳝攻击、流亡到随地的晋郄明明还没有死，按道理说，王室既然安定了翼都，就应该把晋郄重新召回来，让他继续做国君，但王室却选择拥立晋郄的儿子，这种明显图省事的行为是王室东迁之后一直的做派。

九月，考仲子之宫。初献六羽。

九月，鲁国第十二任国君鲁弗湟的夫人仲子的祭庙落成。鲁国为此举行了大型的祭祀仪式，将仲子的灵位送入祭庙，并按照当时的习惯进献万舞。

● **万舞** ●

所谓万舞，是春秋时代舞蹈的总称。一般来说，万舞又分文舞和武舞。文舞手持管乐或者雉羽，又称龠（音"悦"）舞或羽舞；武舞则手持盾牌和大斧，也称干舞。所谓干就是指盾牌，我们说舞干戚，就是舞盾牌和大斧。

万舞都是按方阵来跳，但是不同的级别，方阵所用的人数也不同。

进献万舞的时候，鲁息姑就问身边的众仲："我们应该以多少人的规格来跳这个舞蹈呢？"

众仲回答说："舞蹈这种东西，受8种声音的节制，步法进退都在8个方向上，所以舞蹈方阵的行列不会超过八。"所谓8种声音指的是制作乐器的8种材料，也就是金（钟）、石（磬）、丝（琴瑟）、竹（管箫）、匏（音"袍"，笙竽）、土（埙缶）、革（鼓）、木（柷敔）。

众仲接着说："天子用八佾（音"逸"），也就是八行八列，八八六十四人；诸侯用六佾，六行六列，六六三十六人；大夫用四佾，四行四列，四四一十六人；士用二佾，两行两列，二二得四人。"

众仲虽然这么说，但作为诸侯的鲁国一直以来用的都是八佾，即八行八列的天子规格。这件事说起来还是源于鲁国的始祖姬旦。当年姬旦摄政称王，是享受天王待遇的。王室特别允许鲁国祭祀的时候，可以使用天王规格的乐器，所以鲁国进献万舞，一向都用八佾的天王规格。

鲁息姑多低调、多谨慎，听众仲这么说，心想，这么出格的事能干吗？

他说:"那不如我们还是退一步,回到诸侯的规格,以六佾来进献万舞吧。"

由此,鲁国开始使用六佾进献万舞。

邾人、郑人伐宋。

去年的四国伐郑、五国伐郑,让宋国狠狠地压了郑国一头,所以今年宋国再接再厉,开始清理和郑国友善的国家,首先攻占了邾国的土地。

我们前面说过,郑国在攻打卫国的时候,邾国是非常热心的,如今邾国被宋国打了,自然要向郑国求援。邾国没有提自己被宋国强夺土地的窝囊事,而是通告郑国说:"如果贵国打算攻打宋国泄愤,邾国愿为先导。"

郑国立即反应,联合王室的军队,攻打宋国。

这里我们要插一句,虽说郑寤生还保有半个卿士的职务,但他和天王姬林两边互掐,关系搞得非常紧张。即使这样,要攻打宋国的时候,仍可以调动王室的军队,我们就可以想象郑寤生这个人的外交手腕有多强。

郑国这次进攻,打得宋国溃不成军,宋国的外城都被攻破了。我们前面讲四国伐郑,五国伐郑仅仅也就是包围郑国的东门,而且几天就撤退了。

可是现在宋国竟然被郑国打得这么惨,以至于宋国不得不向鲁国求援。鲁息姑在国内听说宋国外城都被攻破了,正打算起兵救援。正好,宋国的使者来了,鲁息姑就问:"现在郑国的军队已经攻打到哪里了?"

宋国使者回答:"郑国的军队还没攻入国境呢,您现在去正好能赶上。"这位使者估计是怕把情况说得太严重,鲁国可能就不会发兵了,所以故意把情况说轻了,可也别说得太离谱。盟国之间有大事相互通告的义务,注意是义务,像这么瞎通告,是会引起大麻烦的。

果然,鲁息姑一听火就上来了,这不是瞪着眼在蒙我吗?他当即大怒,让这位使者回去告诉宋国国君宋与夷:"我们两个国家之间有盟约在前,贵国让寡人共担国难,寡人不敢推辞。但是现在询问使者,他竟然告诉寡人:'郑国的军队还未入境',寡人就不知道该怎么救援了。"

最终，鲁国没出兵，这就使鲁、宋之间出现了嫌隙。

螟。

鲁国螟虫成灾。

螟虫，蛾属，昆虫类鳞翅目，幼虫称为螟，以吸食稻茎的髓部为生，幼虫成熟后，多躲在稻株下部化蛹。螟虫至今仍然是侵害水稻的主要害虫。

冬，十有二月辛巳，公子彄卒。

十二月二十九，鲁国公子鲁彄去世。

鲁彄就是鲁息姑要去棠邑观鱼的时候劝阻他的那位叔叔。鲁息姑听说鲁彄去世，说："叔父对寡人的谏言，寡人不敢忘记。"于是，就提高一个等级安葬鲁彄。

鲁益师、鲁彄的先后去世，代表鲁息姑父亲一代的人已经成为过去，而新一代的如众仲等人逐渐成为鲁息姑倚仗的对象，鲁国进入新旧换血的时期。

宋人伐郑，围长葛。

本年秋天，宋国被郑国激烈攻击，到冬天，宋国缓过神来，又反攻郑国，包围郑国的长葛，以报复郑国攻入宋都外城。

宋、郑之间的斗争，今年又到达一个新阶段，但是离结束还很远很远。

六年

公元前717年，甲子，周王姬林三年，鲁侯息姑六年，晋侯光元年，曲沃伯鳝十六年，卫侯晋二年，蔡侯考父三十三年，郑伯寤生二十七年，曹伯终生四十年，齐侯禄父十四年，宋公与夷三年，秦文公四十九年，楚王熊彻二十四年，杞武公三十四年，陈侯鲍二十八年，许男弗十五年。

晋国 晋郄（十三任）

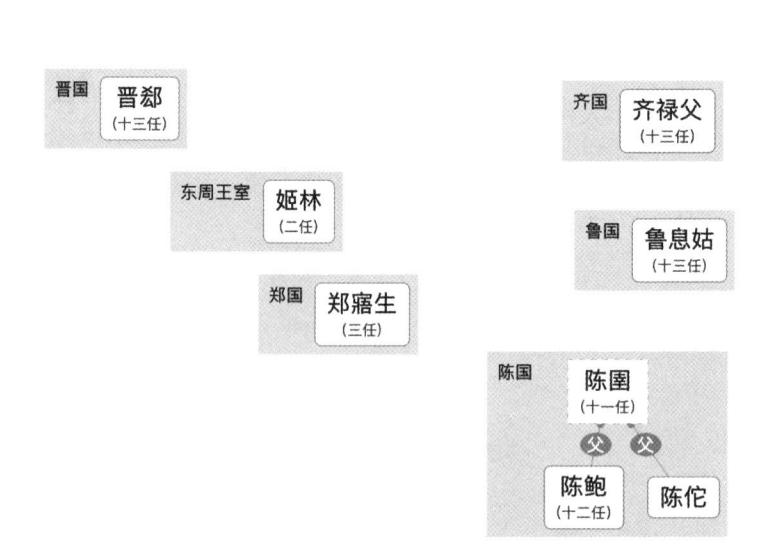

东周王室 姬林（二任）

郑国 郑寤生（三任）

齐国 齐禄父（十三任）

鲁国 鲁息姑（十三任）

陈国 陈鲍（十一任）
　　　父　父
陈鲍（十二任）　陈佗

图6　鲁息姑六年人物关系图

六年春，郑人来渝平。

我们前面讲了很多关于郑国的事情，比如郑寤生和郑段兄弟之争、郑寤生和王室之间的互换人质、郑寤生和宋卫之间的纠结、四国伐郑、五国伐郑等。郑国似乎处处是敌，但是，它和鲁国之间很少有纠葛。

说起来也就是前几年，郑国要讨伐卫国，通过郑国拉拢鲁国的公子鲁豫会盟。还有就是，四国伐郑的时候，宋国拉了鲁国另外一位公子鲁翚联合伐郑。

但是这些行为都是公子们的擅自行动，不是鲁息姑的政策。所以鲁国和郑国之间似乎是一种不结盟、不对抗的状态。原因主要是鲁国离郑国比较远，不是直接的邻国。

不过，鲁、郑之间传统关系并不好。仅以鲁息姑来说，鲁息姑没有做国君的时候，就曾经和郑国在一个叫狐壤的地方作战，还被郑人俘虏，如果不是有贵人相助，他恐怕也不会轻易逃过此劫。再加上鲁、宋之间是盟国，宋、郑之间是敌国，之前鲁翚又参加了五国伐郑，所以说鲁国和郑国是敌国也不算过分。

可是去年郑国攻入宋国的外城，宋国派去鲁国求援的使者出言不实，引发鲁息姑的不满，最终鲁国没有派兵支援，所以鲁、宋之间有了嫌隙。

郑寤生一得到消息，马上赶着开春派使者前来，要和鲁国和解。鲁息姑本来就是和平外交的政策，郑国主动前来，自然不会反对，双方一拍即合。两个国家过去的恩怨完全弥平，重开新篇。

这里我们要夸一夸郑寤生，反应真不是一般的快。郑、鲁的和解，至少是分化了宋国的力量，以后郑宋之间再发生战争的话，鲁国鉴于两边关系，至少会保持中立的立场，这对于郑寤生来说，有利无弊。

（晋人纳晋侯郄于鄂。）

去年，晋国小宗的曲沃鳝赶走了晋国大宗的晋郄，但因为得罪王室，随即被压制，给了晋国大宗喘息的机会。

到了本年，晋国大宗重新安定，于是晋国九宗之长、五正之长以及顷父的儿子嘉父到随地，迎回晋郄。

想当年，晋国始祖姬虞被封在唐，周王室将唐地遗民怀姓的九个家族以及殷商五官（司徒、司马、司空、司士、司寇）的族人交给姬虞管理。所谓九宗之长就是怀姓九族的九个族长，五正之长就是殷商五官五个家族的族长，都是晋国有头有脸的人物。至于顷父是什么人，史书没有记载，但想必也是当时晋国的显赫人物，他的儿子嘉父则只是个新晋大夫，声名不彰，所以借用父亲的名号彰显身份。《春秋》所记录的某人之子，大概都是同样的情况。

有意思的是，如此声势浩大的一群人并没有将晋郄带回翼都，而是将他安置在一个叫作鄂的地方，晋人也因此称晋郄为鄂侯。

这个事情说起来很尴尬，去年王室参与了曲沃鳝赶走晋郄的行动，事后即使和曲沃鳝闹翻，也只是拥立晋郄的儿子做国君，并没有召晋郄回国。这已经非常明确地表明王室对晋郄完全排斥的态度。

对于如今的晋国大宗来说，不断地受到曲沃小宗的挑战，而且不断地受挫。一方面，晋国大宗非常需要王室的支持，如果这时候强行迎回晋郄，不管是不是让晋郄做国君，都可能影响和王室的关系；另一方面，支持晋郄的晋国国人并不认为一切都是晋郄的错，即使不让晋郄回翼都，也不应该任由晋郄流亡在外。

所以在迎回晋郄的行动上，官方民间出现了冰火两重天的景象。一方面是民间各大豪族的族长大张旗鼓地行动；另一方面是官方不但没有派出公子、公孙级别的宗亲人物，甚至连个重量级的卿大夫都吝啬。

鄂侯的称呼也颇有玄机。晋国的国君按国名称晋侯，按国都也称翼侯。对于在意王室态度的人，鄂侯可以解释为晋郄被另外分封在鄂，等于被开除出晋国公族；而对于支持晋郄的人来说，鄂侯就是定都在鄂的晋侯。

需要注意的是，《史记·十二诸侯年表》称呼晋郄为「晋鄂侯郄」，但鄂并非谥号，「晋鄂侯郄」应该是"晋国鄂侯郄"的意思，直接称晋郄为晋鄂侯，稍显不妥。

此外，晋郄为何没有谥号，原因不明。可能是史料缺失，也可能是晋郄已经自立门户，不再隶属于晋国公族，所以晋国也就不再按晋国国君的规格为他定谥、下葬了。

（五月庚申，郑伯侵陈，大获。）

早在去年郑国国君郑寤生就发动外交攻势主动向陈国示好，要求和解。郑寤生大概是出于几个层面的考量。

首先，伐郑的主要是宋国、卫国、陈国和蔡国四个国家。其中宋、卫都是跟郑国本就有冲突的，陈国则只是因为和卫国的关系好才参与的，并非和郑国有解不开的仇恨。

其次，四国之所以伐郑是因为卫州吁的叛乱，而卫州吁杀掉的卫国国君卫完是陈国的血脉。所以陈国虽然在伐郑上支持卫国，但是跟卫国未必没有嫌隙。

最后，陈国国君陈鲍目前受到天王姬林宠信，郑寤生虽然和姬林关系不好，但毕竟挂着卿士的职务，和陈鲍同殿为臣，多少有些露水情面。

所以郑寤生满以为主动求和会得到陈鲍的响应，可是，陈鲍收到郑国求和的请求后完全不屑一顾。他认为郑国是被打怕了，所以打算直接打发郑国的使者。

这时候，陈国的公子陈佗出来劝阻陈鲍。陈佗说："亲近仁义的人和善待邻国，是治国的两大法宝。如今郑国主动来求和，您应该答应他们的请求。"

陈鲍说："郑国算什么，我关心的国家只有宋国和卫国，其他国家不值一提。"最终还是拒绝了郑国求和的请求。

郑国对此马上有所反应。本年的五月十一，郑国奇袭陈国，大有斩获。陈国因为轻视郑国，并没有戒备，所以损失惨重。

君子曰："善不可失，恶不可长，说的就是陈鲍吧。长期为恶又不知悔改，跟着就会祸害自身，再想挽救，又怎么能做到？《商书》有云：『恶之易也，如火之燎于原，不可乡迩，其犹可扑灭』（《尚书·盘庚上》，恶的滋长就如同燎原之火，连靠近都难，更何况要扑灭），周任也说：'治理国家的人，见到恶就好像农夫见到杂草一样，不只是要锄掉它们，把它们堆积起来作为肥料，还要清理它们的根，使它们不能繁殖，这样，善才能成长起来。'"君子所引的周任，据说是上古的良史，也有人怀疑他是盘庚篇的作者迟任。

我们要说，陈鲍何德何能？你把别人打了，别人主动向你示好，你不同意，竟然也不担心别人来讨伐，这不是自取其祸吗？至于「善不可失，恶不可长」，这个成语就是典出这里，说的就是陈国的第十二任国君陈鲍。

夏，五月辛酉，公会齐侯盟于艾。

就在陈国被郑国奇袭的第二天，五月十二，鲁息姑和齐国国君齐禄父在艾邑结盟。

我们现在把山东称为齐鲁大地，原因就是山东的北部是以前的齐国，山东的南部是以前的鲁国。

齐鲁互为邻国，它们的恩恩怨怨可以一直向上追溯到姬旦和姜子牙的时代，向下直到姜齐和鲁国的灭亡。可是在艾之盟以前，齐鲁之间有个比较平淡的时期，既没有太过交恶，也没有很亲善。艾之盟以后，在很长一段时间里，齐鲁都在蜜月期，直到齐国越来越强大，最终变成鲁国最大的威胁。

为什么本来关系冷淡的国家，突然之间就在今年结盟了呢？这恐怕还是和郑国国君郑寤生有关。

两年前，郑寤生和齐禄父在石门盟誓，结成了郑齐集团。

今年年初，郑寤生刚和鲁国和解，年中齐国和鲁国就结盟，怎么看都是郑寤生背后运作的结果。郑寤生是想彻底把鲁国从原来的宋卫集团拉到郑齐集团，而且这个目的似乎也达到了。

由此，本来是以宋、卫、陈、蔡组成的宋卫集团群殴郑国的局面，变成了以郑、齐、鲁组成的郑齐集团和宋卫集团的对抗。

我们在这里要拍一拍郑寤生的"马屁"——名副其实的战略专家，太厉害了。

秋，七月。

《春秋经》有记录四时的习惯，即使本年的秋季无事可记，也会照记「秋，七月」。

冬，宋人取长葛。

去年，郑国攻入宋国的外城，宋国为了报复郑国，开始包围长葛，到现在花了整整一年的时间终于攻克，但整个大形势已经发生变化。

本来以宋国为首的宋卫集团群殴郑国的局面不见了，取而代之的是郑齐集团和宋卫集团的对抗，局势不再是一面倒地对宋国有利了。

我们来盘点一下郑国和宋国这几年来的动态。

两年前，四国伐郑、五国伐郑让郑国吃了大亏。可是对手人多，郑国没办法一下全部报复，所以郑寤生选择分批处理。

首先，郑寤生要对付卫国，因为卫国是伐郑的始作俑者。当时要不是卫州吁出来号召大家伐郑，可能也不会有四国伐郑、五国伐郑这些事。所以要先惩戒首恶，郑国攻打了卫国，并击溃了援助卫国的南燕国军队。

其次，郑寤生攻打了宋国，因为宋国是伐郑的领导者。攻打领导者才可以立威，尤其是郑国攻入宋国的外城，这让局面开始对郑国有利。但是战争并没有结束，因为宋国马上进行反击，包围了郑国的长葛。

所以转过年来，郑寤生把原来以军事为主改成以外交为主。先借宋、鲁发生嫌隙的机会拉拢鲁国，得手后又借齐国将鲁国打包到郑齐集团中。同时，郑寤生也设法拉拢陈国，可是陈国不上套，于是郑寤生奇袭陈国，把陈国打压下去。

由此，郑寤生不仅重挫了宋、卫、陈三位对手，还将齐、鲁和自己凝为一体，为自己打造最有利的反攻局面。

反观宋国。宋国通过四国伐郑、五国伐郑压制郑国以后，就对郑国掉以轻心，即使郑国讨伐卫国也没能让宋国警醒，结果宋国被郑国趁隙攻入外城，此后宋国就一心一意地围攻长葛。

一边是郑国明里暗里军事、外交多种手段并进；一边是宋国斤斤计较在一城一池的得失。可见，不管是战略还是战术上，宋国相对于郑国来说，已经不是逊了一筹两筹。

（京师来告饥。）

王室派人到鲁国来通告，王室失收，请鲁国代为购买粮食。于是，鲁息姑出面向他的盟国宋国、卫国、齐国、郑国购买粮食，这是符合礼数的。

王室地位高高在上，直接跟诸侯购买粮食，有失身份，所以这种事一般都由同姓的诸侯国代理，这次是请鲁国来帮忙。鲁国代理购买粮食，就是诸侯之间的交易，由鲁国把粮食送到王室，也就保全了王室的脸面。类似的情况不仅仅限于粮食购买，包括王室的婚丧嫁娶，也都是以这种中介模式进行的。

鲁息姑跑到郑国购买粮食，郑寤生也就趁这个机会到王室朝见。

虽然郑寤生和天王姬林闹得很僵，但这却是他第一次正式朝见姬林。这次朝见的背景，一方面是因为早些时候郑国奇袭了陈国，让陈国损失惨重，而陈国国君陈鲍深受姬林的宠信，所谓打狗还要看主人，郑寤生有必要面见天王，至少跟王室之间对陈国这件事情达成一定程度的谅解；另一方面，郑国目前的首要敌人是宋国，如果能借机和王室和解，那么对于打击宋国来说，又增加一大助益。

郑寤生这次朝见把姿态放得很低，可是没想到，姬林年少气盛，根本不待见郑寤生，对郑寤生完全没有礼遇。

这时候，王室有人出来劝姬林，这个人就是王室的周公周黑肩。

周黑肩是谁呢？我们又要说起鲁国的始祖姬旦。想当年，姬旦摄政称王，他的大儿子伯禽被分封在鲁，也就是现在鲁国这支；二儿子则继承了他的爵位——周公。所以二儿子的后人世代皆为周公，传到本年就是这位周黑肩了。当然姬旦可不是只有这两个儿子，其他儿子被分封在京畿里，作为京畿的小国。这些小国我们后面会再碰到。

再说周黑肩，他看姬林不待见郑寤生，觉得不太合适，就出来劝姬林，他说："想当年，上任天王（姬宜臼）东迁洛邑的时候，依靠的就是晋国和郑国的力量，郑国对王室是有功的。如果我们能够善待郑寤生，也许其他诸侯看到，会效仿郑寤生，多来王室朝见，这样有利于提高王室的地位。可是，您这样对待他，不要说其他诸侯不敢来，以后连郑寤生都不会来了。"

周黑肩苦口婆心的劝说依然挡不住年少气盛，姬林就是不听。王室的衰落由此以下，已经没办法阻止了。

七年

公元前716年,甲子,周王姬林四年,鲁侯息姑七年,晋侯光二年,曲沃伯鳝十七年,卫侯晋三年,蔡侯考父三十四年,郑伯寤生二十八年,曹伯终生四十一年,齐侯禄父十五年,宋公与夷四年,秦文公五十年,楚王熊彻二十五年,杞武公三十五年,陈侯鲍二十九年,许男弗十六年。

使用微信扫描以上二维码收听本章音频

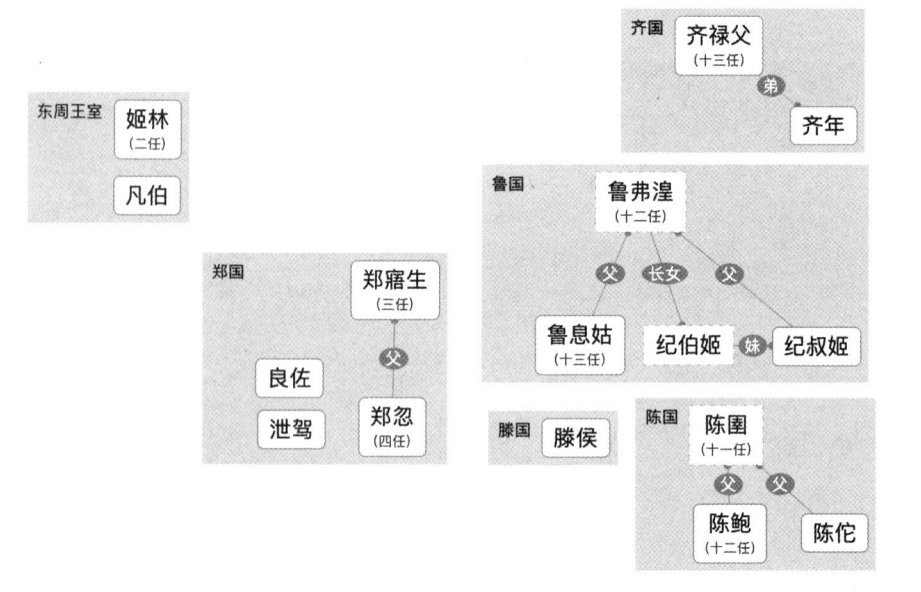

图7　鲁息姑七年人物关系图

七年春，王三月，叔姬归于纪。

三月，鲁国将叔姬嫁去纪国。

五年前，鲁国和纪国联姻，约定将伯姬、叔姬两姐妹嫁给纪国国君。但伯姬出嫁的时候，叔姬年纪还小，没有跟随伯姬一块儿出嫁。到了本年，叔姬已是适婚年龄，这才按照当时的约定，把叔姬送到了纪国。

● 媵妾 ●

春秋时代的诸侯嫁女，往往是把姐姐嫁给对方作正室夫人，把妹妹一块儿嫁出去作为媵（音"应"）妾。如果诸侯只有一个女儿，则会请求邻近的关系比较好的国家，由它们送出女儿作为媵妾。

所谓媵妾，就是附送的妾侍，相对于正室夫人来说，媵妾是没有经过三书六礼的，自然地位也会比较低。

这个事情在我们今天看来稍稍有些奇怪。古代一夫多妻，两姐妹共侍一夫，这还可以理解。可是，姐姐嫁去做了正室夫人，妹妹嫁去却做媵妾，一对姐妹同时嫁过去，地位却差得非常大。为什么一定要姐妹同嫁呢？为什么不能各自出嫁，另外找人做媵妾呢？

这恐怕是春秋时代的特殊情况，当时的人寿命比较短，尤其是这些远嫁到异国他乡的女性，搞不好水土不服，几年时间就香消玉殒。所以出嫁的时候，一次嫁两个过去。如果作为正室夫人的姐姐不小心病故了，作为媵妾的妹妹就可以顶上来，继续保持两国之间的关系。

> 伯姬、叔姬两姐妹就是这样，在伯姬过世之后，叔姬就作为正室，继续维持纪国和鲁国的关系。这说起来感觉有些可悲，但是政治婚姻就是这么现实。

要"剧透"的是，这对姐妹，真的是红颜薄命，命途多舛。因为纪国马上要面临的是一个无论用什么办法都没有解决的大问题。当然，这是后话，我们留在后面说。

滕侯卒。

滕国国君去世。

滕国，姬姓国，侯爵，始祖是西周第一任天王姬发的弟弟姬绣，算起来也是鲁国的兄弟之国。

滕国和鲁国并不是同盟国。所以滕国国君去世，滕国送来的讣告里就没有标明国君的名字，而《春秋经》也就没有记录这位滕国国君的名字。

● 五十凡 ●

> 凡是诸侯举行盟誓，会各自用名字祭告神灵，去世的时候也会将名字记入讣告，告诉同盟的国家死的是谁，即位的是谁，以便能够继续友好关系，并安抚两国的民众，这是礼法的基础。

夏，城中丘。

本年夏天，鲁国在中丘筑城。

我们前面说过筑城的三种情况，即日常修筑、联合修筑、为战争而修筑。这次中丘筑城，三种情况都不是，而且又正逢农忙时节。所以《春秋经》特意记录这件事情，以指责这种不合时令的行为。

齐侯使其弟年来聘。

齐国国君齐禄父，派他的同母弟弟齐年到鲁国聘问，巩固齐国和鲁国的关系。由此，齐鲁之间的关系越来越密切。

当然，齐禄父派人到鲁国聘问这件事背后也有自己的野心，这是后话。

秋，公伐邾。

去年，宋国攻克了郑国的长葛，转过头来一看，国际形势已经发生巨大的变化。

本来攻打郑国的五个国家中鲁国已经被郑国拉拢过去，而卫国、陈国都被郑国打得抬不起来头，蔡国当时参加战争，是因为跟卫国关系很好，并不是因为跟宋国关系好，所以宋国本来一大群的盟友现在变成自己一个。

可是郑国还有齐国这张牌没有打过，局面对宋国来说非常不利，所以宋国不得不和郑国和解。到了本年的七月十七，两个国家在宿邑举行盟誓，正式达成和解。

明眼人一看就知道，这次和解不过是中场休息。毕竟，宋、郑之间有个解不开的结，就是宋国第十四任国君宋和的儿子宋冯还在郑国待着。宋冯是宋国国君地位最有利的竞争者，即使郑寤生不想利用他来搞乱宋国，宋冯还有可能鼓动郑寤生帮他夺宋国的国君宝座。

宋与夷不能善罢甘休，郑寤生则盘算着如何彻底压倒宋国。所以，这次和解只是给两国机会再拉队伍，准备下一次的决战。

宋、郑两个国家耍花枪，最尴尬的莫过于鲁国。鲁国之前没有救援宋国，跟宋国有了嫌隙，后来又和宋国的敌国郑国达成和解。原本鲁国可以倚仗宋、郑之间的矛盾，坐山观虎斗，等着两边来拉拢，可是现在人家两国和解了，鲁、宋之间的矛盾就凸显出来了。

鲁息姑怎么办呢？鲁息姑想了一个招，就是攻打邾国。

我们前面说了，因为宋国攻打邾国，所以邾国引导郑国攻入宋国的外城。从宋国的角度来说，外城被人攻破，是奇耻大辱，怎能不报仇？引发这件事的两个国家，一个是郑国，一个是邾国。之前宋国攻下了郑国的长葛，算是把郑国的这口气给出了。可是邾国这个仇还没有报，所以鲁国攻打邾国，就是替宋国报仇，以讨好宋国。

这么说起来邾国真是倒霉，当时是因为宋国打它，所以它才做郑国的先导去打宋国，可是现在呢，又是因为它做郑国的先导打宋国，所以鲁国又来打它。

小国就是这样，猪八戒照镜子，怎么做都不是人。

冬，天王使凡伯来聘。戎伐凡伯于楚丘以归。

天王姬林派出大夫凡伯去鲁国聘问，凡伯走到卫国楚丘这个地方，被戎人袭击，戎人将他俘虏带回自己的国家。

这个事儿要说起来，错在凡伯。

之前，戎人到王室去朝见天王。按照当时的习惯，朝见完天王，要和王室的公卿大夫见面。公卿大夫首先会在祖庙里面接见以示重视，其次会私下里接见以示亲近。

这两次接见，来访的人应该赠给公卿大夫礼物，包括玉、马、皮、圭、璧、帛等在当时比较有价值的东西，而公卿大夫收到礼物以后，会设宴款待客人并且回礼。

戎人朝见完天王，紧接着就见王室的公卿大夫，而凡伯就是公卿大夫中的一位。自然，戎人向凡伯递送了礼物，可是凡伯没有回礼。不回礼就意味着凡伯没有把戎人当客人看，这下激怒了戎人，才有这次绑架事件。

凡伯好歹也是王室的大夫，地位可以比肩诸侯，为什么会做出如此失礼的事情呢？

我们前面提到过，戎人在整个周代朋友圈里面属于最外围，说得不好听一点儿就是周代的野蛮人。在凡伯看来，戎人把礼物送给他，这是理所当然的事情，只能说明这批戎人相对其他戎人来说比较有教养。可是他回礼给戎人，就是把自己降到跟野蛮人一个层次上，这不是有失身份吗？

可是凡伯不回礼，不把戎人当客人看，甚至不把戎人当人看，反过来戎人也不会把凡伯当人看，最后就用武力把凡伯扣押了。

从我们今天的视角来看，人生而平等，无论国家、民族、文化、信仰，无论先进还是落后，只有我们以公正、平等的视角去看待对方，才有可能得到对方的尊重，我们也才有可能自重。凡伯就是最好的反例。

（十二月壬申，陈公子佗如郑莅盟，辛巳，郑良佐如陈莅盟。）

去年，陈国因为轻视郑国，被郑国重挫，接着郑国和宋国讲和，所以陈国也就因势利导，与郑国讲和。

陈国国君陈鲍派当初劝他和郑国和解的陈国公子陈佗到郑国来参与盟誓。十二月初二，陈佗和郑寤生举行盟誓。在歃血的时候，陈佗不知道怎么回事，有点儿心不在焉。

当时，郑国大夫泄驾说："陈佗连盟誓都不专心，恐怕要大祸临头了。"泄驾就是郑国和南燕国对抗的时候带军抵抗南燕国军队的郑国三大夫之一。

陈佗到郑国来举行盟会，郑国也派出郑国大夫良佐到陈国参加盟誓。十二月十一，良佐和陈鲍举行盟誓。良佐回来之后就唠叨说，感觉陈国有内乱的迹象。

郑国的两位大夫泄驾、良佐都觉得陈国要出事。可是，陈鲍不这么认为，他正忙着选女婿呢，因为他在王室碰见了郑国的世子郑忽。

我们之前讲过，郑国和王室之间互换人质，郑忽就是郑国的人质。郑忽在王室做人质，终日在京师晃荡，而陈鲍因为受天王姬林的宠信，也三天两头往京师跑，结果陈鲍相中了郑忽。于是，陈鲍就跟郑寤生提出来，要招郑忽做他的女婿。

郑寤生一听，既然两国结盟了，下面可能要对宋国行动，当然把宋国的羽翼全部翦除掉最好，所以当即拍板同意，很快郑忽和陈鲍的女儿就定亲了。

这一次在王室的定亲放到我们之前说的三书六礼里，就是六礼的纳征，也叫作纳币。就是说，聘礼已经送去陈国，紧接着就是明年的亲迎了。

一边说陈国要内乱，一边陈国要办喜事。到底是喜事先来，还是叛乱先来呢？

八年

公元前715年,丙寅,周王姬林五年,鲁侯息姑八年,晋侯光三年,曲沃伯称元年,卫侯晋四年,蔡侯考父三十五年,郑伯寤生二十九年,曹伯终生四十二年,齐侯禄父十六年,宋公与夷五年,秦伯立元年,楚王熊彻二十六年,杞武公三十六年,陈侯鲍三十年,许男弗十七年。

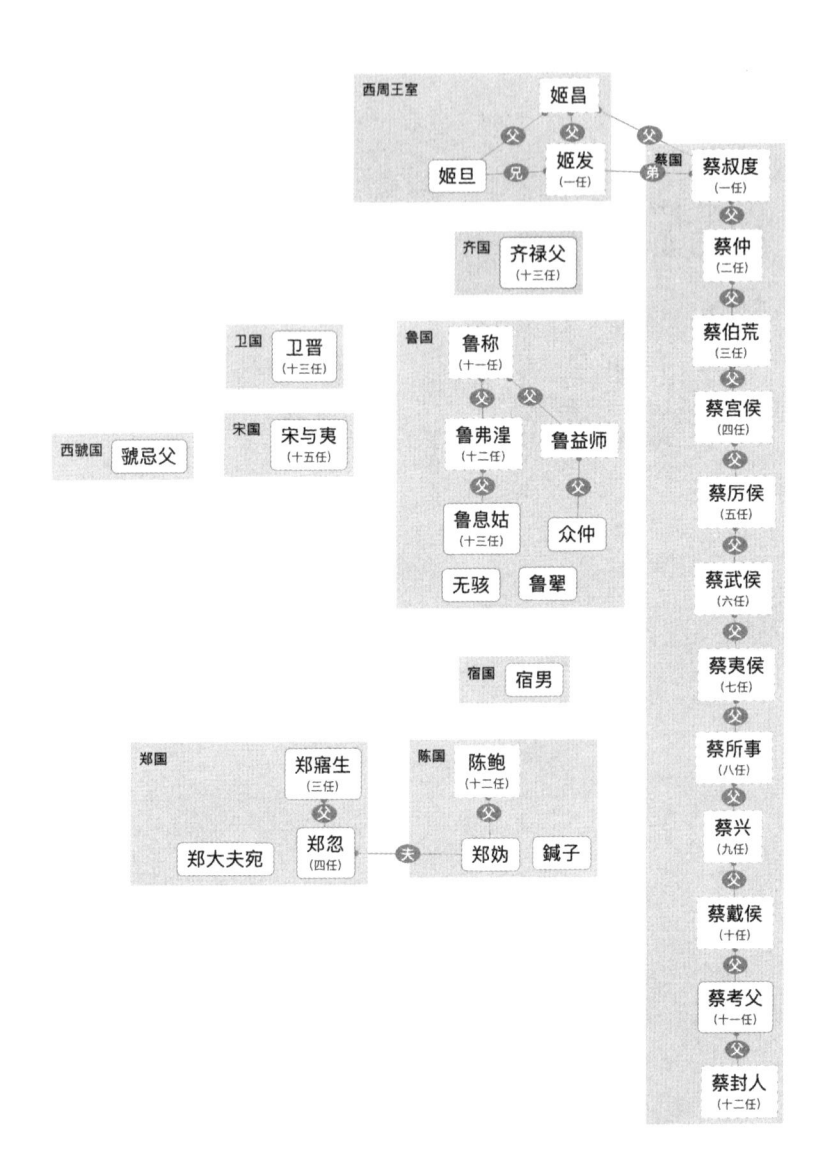

图8　鲁息姑八年人物关系图

八年春，宋公、卫侯遇于垂。

　　五年前郑、齐之间有石门之盟，两年前齐、鲁之间有艾之盟，而鲁国和宋国又是盟国，这让齐国有了立场出面来做和事佬。

　　本年，齐国终于有所动作，齐国国君齐禄父约见宋国国君宋与夷和卫国国君卫晋，要调停宋国、卫国和郑国的关系。

　　有意思的是，去年郑国和宋国已经达成和解，并且举行了宿之盟。齐禄父为什么还要大张旗鼓地调停三国之间的关系呢？

　　这就是齐国的野心。齐禄父是想通过调停，让齐国能够介入宋、卫、郑、鲁之间的事务，实际上也就是介入中原争霸。

　　当然，宋国也有自己的小算盘。宋与夷在三国定好会面的时间之后，致送礼物给卫晋，要求在三国会面之前，两个人先行会面，卫晋同意了。宋与夷这招其实就是大会之前先开小会，要统一宋、卫的立场。

　　到了本年春天，宋与夷和卫晋在垂会面。因为这次会面是临时安排的，又在三国会面之前，所以比较仓促。《春秋经》记作「遇」，意思是说，两个国君见面，就好像在路上遇见一样。

三月，郑伯使宛来归祊。庚寅，我入祊。

　　郑国国君郑寤生向鲁国提出用祊（音"崩"）邑交换许田的建议。

要说祊邑，就不得不提到郑国的始祖，也就是西周第十一任天王姬静的弟弟姬友。当年，周王室经常在泰山举行祭祀，姬静希望郑国为泰山祭祀助祭，于是就把泰山附近的祊邑封给了姬友。可是泰山祭祀已经很多年不举行了，而且祊邑距离郑国本土非常远。

许田则更悠久，它和当年西周第二任天王姬诵营造成周有关。当时，姬诵有心从镐京迁到成周，也就是从今天陕西西安附近迁到今天河南洛阳附近，所以他将洛阳附近的许田赐给鲁国的始祖姬旦，用作姬旦朝见时暂住的地方。虽然后来迁都没有成功，但许田作为鲁国的封地一直被继承下来。

也就是说，许田距离郑国比较近，但是鲁国的地方；而祊邑距离鲁国也比较近，但是郑国的地方。郑寤生就希望把离自己比较远的祊邑换成离自己比较近的许田，可是他又担心唐突地提出这样的要求，鲁国可能会拒绝。

许田有姬旦的祭庙，所以郑寤生就以这个为借口说，我们郑国希望能够祭祀周公，借许田这个地方来祭祀，所以希望用祊邑来换许田。

为表诚意，郑寤生在本年的三月派大夫宛到鲁国来归还祊邑。三月二十一，鲁国正式接受了祊邑。郑寤生毫无顾虑地先把祊邑交给鲁国，可是鲁国对于这件事表现得很谨慎，虽然顺利地接收了祊邑，但许田直到数年后才交归郑国所有。当然这是后话。

● 换地 ●

郑寤生用祊邑来交换许田这件事，从某种角度上来说是王室衰落的一个副作用。

王室强大的时候，每一个诸侯受封的土地，收益和继承都受王室和整个周代制度的保护，所以大家都在受封的时候尽量挑富庶的地方。可是富庶的地方往往不会连在一起，总是离得很远。所以，早期诸侯的封地除核心封地以外，还有很多和核心地带不相连的飞地，就像郑国的祊邑、鲁国的许田。但是在当时，因为有王室在，周代的制度是比较完整的，所以即使是飞地，这块儿地方的权益还是可以保证的。

可是现在，王室衰落了。飞地只能由诸侯自己来保护。这样，距离核心很远的飞地就变成了维护成本很高的资产。如果有人侵害它，就会浪费很多资源；如果不出兵，利益就会受到损失。这时候，诸侯希望把这些飞地换成自己周边的地盘，以便保护和防守，就很容易理解了。

同样的例子，战国初年的三家分晋，本来赵、魏、韩三家都是晋国的大夫，它们的封地也是犬牙交错，可是三家把晋国分了之后的第一件事就是先把飞地交换成自己周边的土地。

（虢公忌父始作卿士于周。）

虢国国君虢忌父终于被正式任命为周王室的右卿士。

郑国从郑掘突到郑寤生，两代为王室的卿士，可是现在，郑国和王室之间的关系非常紧张。去年年底，郑寤生特地去朝见天王姬林，希望能缓和关系，但是没有受到姬林的待见，所以王室和郑国的关系至今也没有达成谅解。

姬林虽然已经避免让郑寤生干涉王室内部的事务，但是郑寤生依然是王室的卿士，而姬林又没有力量把郑寤生卿士的位置拿掉，所以他就退而求其次，把卿士一分为二，即左卿士和右卿士，这样他就可以任命虢忌父做右卿士，制衡郑寤生。虢忌父因为得了右卿士的位置，就可以名正言顺地管理王室的事务。

郑国和王室的事情还没完，王室还会进一步把郑国从王室的整个体系中驱逐出去，王室为此也要付出相当的代价，不过这是后话。

（四月甲辰，郑世子忽如陈逆妇妫。）

四月初六，郑国世子郑忽到陈国亲迎，迎娶他的夫人妫氏。四月十三，郑忽和妫氏回郑国。四月十六，一对新人进入郑国都城。

按照三书六礼的规矩，亲迎之后应该一同到祖庙里面告知祖先，说明自己结婚的事情，才算是礼成，然后才有入洞房这些事情。

可是郑忽太着急了，还没有到祖庙里祭告祖先，就先和妫氏同居了。放在今天就叫作郑忽进行了婚前性行为。

郑忽去亲迎的时候，陈国派出大夫鍼子送妫氏到郑国，鍼子知道了这件事，非常不满。他说："还没有成礼，两个人就在一起了，这能叫夫妻吗？这是苟合，这是欺骗自己的祖先，完全不合礼数。作为郑国的世子竟然如此失礼，怎么能够善育后代呢？"

在今天看来，鍼子似乎有点儿老封建。但是在春秋时代，礼成之后才入洞房，这是规矩。

当年，鲁国公子鲁彄劝谏鲁息姑不要去棠邑观鱼的时候，提出了一个观点：国君所有的行为只有两个目的，一个是端正法度，一个是敬奉神明。

郑忽虽然还不是国君，但是他是郑国的世子，是郑国的储君。他做的事情首先没有符合规矩，这就不是端正法度。本来应该先祭告祖先再同房，可是现在先同房再祭告祖先，这是欺骗祖先，也就是没有敬奉神灵。

一不能端正法度，二不能敬奉神灵，那么，郑忽以此治理国家，就是乱政，多次乱政，郑国就要衰落。所以这不是私德的问题，而是一个很大的问题。郑忽这么一个英雄男儿，他后面的很多磨难都跟他这种轻浮的行为有关。当然，这些都是后话。

夏，六月已亥，蔡侯考父卒。

六月初二，蔡国国君蔡考父去世。

辛亥，宿男卒。

六月十四，宿国国君去世。

宿国和鲁国并非盟国，所以宿国发来的讣告里并未标注国君的名字，《春秋经》也就仅以爵位称宿国国君为「宿男」。

秋，七月庚午，宋公、齐侯、卫侯盟于瓦屋。

齐国国君齐禄父有心和解宋、卫和郑国，在本年七月初三，和宋国国君宋与夷、卫国国君卫晋在温邑会面，并且在瓦屋举行盟誓，这是合乎礼数的。

有意思的是，瓦屋之盟郑国并没有参与，也就是说这次盟会只能算是达成意向。齐国代表郑国向宋、卫转达了郑国有心和解的意愿，而宋、卫则回以积极的态度。

理论上，这次会后齐国应该用瓦屋之盟再拉郑国入局，然后四国进行新的盟会才算真正的和解。

不管怎么说，齐禄父起码让东门之战的各方表达了积极的态度，以后大家要再打，就得再找别的借口了。

八月，葬蔡宣公。

八月，蔡国国君蔡考父下葬。

蔡人依照谥法「圣善周闻曰宣」(《逸周书·谥法解》)，为他定谥号为宣，后世称他为蔡宣公。

八月丙戌，郑伯以齐人朝王

七月，齐国国君齐禄父出面为郑国国君郑寤生搞了瓦房之盟，八月丙戌（八月无丙戌），郑寤生就引导齐禄父去朝见天王，这是投桃报李。

现在王室虽然虚弱，但排场还在，天王不是想见就能见到的。就如同之前在卫国作乱的卫州吁，想要朝见，还需要通过陈国国君陈鲍的引导。虽然如今郑国和王室的关系非常差，但是郑国依然是王室的左卿士，虽然比卿士差了一档，但在天王面前还是说得上话的。姬林虽然不待见郑寤生，但对来朝见的齐禄父还是欢迎的。

九月辛卯，公及莒人盟于浮来。

早在六年前，纪国就派卿大夫裂繻到鲁国来迎娶伯姬，鲁息姑趁机拉住裂繻，请求他调停鲁国和莒国的关系。

于是，裂繻和莒国国君举行了盟誓。也就是说，纪国先和莒国结成盟国。

鲁国和纪国本来就是盟国，又是婚姻之国，于是鲁国和莒国的关系就变成了盟国的盟国。这之后，纪国又通过六年的后台运作，终于在本年的九月二十五，鲁息姑和莒人在浮来举行了盟誓。

整整六年，纪国也真算是尽心尽力了。

螟。

鲁国螟虫成灾。

（齐侯使来告成三国。）

齐国国君齐禄父把调和宋、卫、郑三国的消息通告给鲁国。

鲁息姑一听，也很高兴，毕竟从四国伐郑、五国伐郑以来，所有的事情都算告一段落，鲁国也不需要在宋、郑的问题上左右为难了。

鲁息姑派众仲回复齐禄父，说："您解除了三个国家相互攻伐的图谋，安定了它们的人民，这是您对它们的恩惠。寡人听说这件事情之后，不敢不接受您的美德。"

本来，齐禄父特意告知鲁国就是为了彰显自己的功业，而鲁息姑趁势拍了齐禄父的马屁，大家皆大欢喜。

冬，十有二月，无骇卒。

鲁国的公子鲁翚请求鲁息姑为无骇赐氏。鲁息姑询问众仲相关氏的问题。

众仲回答说："天子为诸侯建立国家，以他们的出身为他们赐姓；分封给诸侯土地，以封地为他们赐氏。诸侯用大夫的字作为他们的谥号，并以此为大夫的后人赐氏。如果大夫生前执掌显赫的官位，诸侯也可以用官名赐氏；此外，用大夫的封地赐氏的情况，也是有的。"

众仲所言多有例证，比如舜生于妫汭，其后胡公满有德，周王室赐姓为妫，封在陈，以陈为氏；姜姓源出姜水，赐姓为姜，被封在齐，以齐为氏；司马氏，司空氏，司徒氏，皆以官为氏；卫氏、赵氏、齐氏，田氏则以封地为氏。

众仲把几种情况跟鲁息姑一说，鲁息姑就明白了，他就用无骇的字为他定谥号为展，赐无骇的后代为展氏。

● 谥号 ●

这要多插几句，说说字和谥号。

谥号也就是死后的称呼[①]，最早是用特定字，如武、成、穆等，来称呼死去的天王，诸侯用谥号比天王略晚几代。最早使用谥号的诸侯为王室的同姓国，比如鲁、晋等；其次是中原的异姓国，比如宋国；最晚则是使用本地风俗的异姓国，比如齐国。

诸侯使用谥号最晚也不过西周中晚期。大夫使用谥号则比诸侯要晚很多。众仲所说的大夫用字的谥号，并非严格意义上的谥号。

所谓「幼名，冠字，五十以伯仲」（《礼记·檀弓上》），也就是说

[①] 一种说法认为，谥号起源于西周六七任天王时代，这种说法源于王国维的《遹敦跋》，王在研究金文时发现传世铜器上有穆王的称呼，由此认为穆王为生号，并推断西周前五任天王用的都是生号，而不是死号，但此说无法解释诸侯广泛使用谥号的情况，故本书不取。

春秋时代的人未成年称呼名，行冠礼成年以后称呼字，50岁以上称呼排行。大夫用字做谥号就是说，50岁之前去世的就用字做谥号，50岁以后去世的则用排行做谥号。这种谥号完全不同于天王、诸侯级别用特定字的做法，只是从生前的称呼中确定一种作为去世后的称呼，并没有其他特别的意义。

随着大夫权力日重，春秋中期之后，大夫用特定字作为谥号日益普遍，到了春秋晚期，除宋国大夫情况特殊外，其他各国大夫基本人人都使用特定的字来做谥号了。

九年

公元前714年，丁卯，周王姬林六年，鲁侯息姑九年，晋侯光四年，曲沃伯称二年，卫侯晋五年，蔡侯封人元年，郑伯寤生三十年，曹伯终生四十三年，齐侯禄父十七年，宋公与夷六年，秦伯立二年，楚王熊彻二十七年，杞武公三十七年，陈侯鲍三十一年，许男弗十八年。

使用微信扫描以上二维码收听本章音频

图9　鲁息姑九年人物关系图

九年春，天王使南季来聘。

本年春天，天王姬林派大夫南季到鲁国聘问。

三月癸酉，大雨，震电。庚辰，大雨雪。

三月初十，鲁国连降暴雨，并且伴有雷暴。三月十七，竟然又下起大雪。

《春秋经》经常记录天象，比如我们前面提过的日食，以后还会提到流星雨，但是一般情况下不记录天气。记录天气，一定都是因为天气有反常，比如这次暴雨后居然又降雪。

对于反常的天气，古人会认为这是上天降下的预兆，提醒上面的君主、下面民众要自省，是不是哪里失德，得罪了上天，所以《春秋经》才会特地记录。

《春秋经》记「大雨雪」，这个「雨」为动词，是下的意思，并非我们今天所说的雨夹雪。如果今天下雪，我们打开窗户一看雪花挺大，就会说今天下大雪了。但古人对于「大雪」这个词描述要精确得多，平地积雪要超过一尺，才叫作大雪。

这次降雨连续数日，所以《左传》解释为「大雨霖」。我们现在经常说，大旱之后普降甘霖。试问，旱天之后下了一场雨，地表有了点水，但旱情并没有缓解，怎么能叫普降甘霖呢？当然是连续下了好几场雨，把旱的土地浇透，这才叫甘霖嘛，所以雨连续下三天称为霖。霖这个字，我们现在解释为久下不停的雨，就是从《左传》记录延续下来的字。这也就是所谓的"春秋笔法"。

比较起来，似乎古人的记录字字珠玑，比我们更为精确。原因是春秋时代是中国文字发展的一个重要阶段，当时的字非常有限，要表达某种含义却不够用的时候，就必须造一些字和词，因为目的明确所造出的字和词自然有非常明确的含义。但到了后世，每个字经过不断的演绎、进化，都拥有太多历史阶段形成的不同解读，而每个人又是在不同的场景接触每个字的不同阶段，结果反而是大家都在混用，而不去追究其本义。所以就出现今天我们的语言反而不如几千年前精确的状况。

挟卒。

鲁国大夫挟去世。《春秋经》记作「挟卒」，不称呼挟的氏，应该是挟生前没有氏，去世后是否如之前的无骇那样被赐氏，史文无载，我们也不清楚。

夏，城郎。

本年的夏天，鲁国修筑郎邑的城墙。

秋七月。

无事可记，《春秋经》照记「秋七月」。

（郑人以王命来告伐宋。）

去年，齐国国君齐禄父牵头搞了瓦屋之盟，国际间大和解。对于郑国来说，瓦屋之盟只是限制郑国以东门之战为借口攻打宋国而已，真要对付宋国，只要另找一个借口就可以。于是郑寤生将主意打在王室身上。

郑国两代国君都是王室的卿士，虽然郑寤生因为和王室的关系搞得非常差，从卿士变成了左卿士，但是，郑寤生仍然可以用左卿士的名头执行他的计划。他指责宋国国君宋与夷不来王室朝见，所以从王室以天王的名义下达命令，说要讨伐宋国。

这件事说起来确实有些无中生有。自从西周第一任天王姬宜臼东迁到洛邑以来，王室的权威就逐渐衰落，各个诸侯国不去王室朝见属于常态；去朝见，才是偶然。要拿不朝见这个事来套的话，基本上所有国家都有罪，这是个"口袋罪"，就是要套宋与夷的。

从四国伐郑、五国伐郑受了那么多气，后来一路打来也不过略占上风，现在郑国以大义的名义来讨伐宋国，这是郑国反击的开始，也是一次大反击，要一下把宋国打得再也抬不起头来。

面对郑国携王命的讨伐，宋国泰然处之，甚至都没有向鲁国通告。

之前，郑国攻入宋国外城，宋国向鲁国求援，但因为宋国的使者得罪了鲁息姑，鲁国没有提供援助，结果导致两国之间有嫌隙。所以这次郑国再攻打宋国，宋与夷大概是觉得反正告诉鲁国也没用，索性就省了这一趟。

说起来，宋与夷气量未免太小。更重要的是，宋、鲁是盟国，而盟国之间有大事相互通告的义务，注意，这是义务不是权利。不通告，就是不把对方当盟国。现在，宋国这么大的事情竟然没有通告给鲁国，这也就是不把鲁国当盟国，所以鲁息姑大怒，决定从此以后再也不接见宋国的使者，管你宋国是求援还是要干什么，统统不见。

这一下，宋、鲁之间彻底决裂，而这正中郑寤生下怀。本年秋天，郑国将讨伐宋国的王室命令送到了鲁国。

郑寤生多会做人：宋国和鲁国刚完全决裂，郑寤生就来拉鲁国一块儿打宋国。宋、鲁本是同盟国，而且还是婚姻国，可是经过这么几年，宋与夷一通乱搞，郑寤生又各种手段的拉拢，现在，鲁国完全由宋国倒向了郑国。

冬，公会齐侯于防。

去年的瓦屋之盟，是齐禄父一手组织的，只为调解宋、卫、郑之间的关系，让国家间皆大欢喜，宋国已经认为不会有任何问题。可是转过年，就来了王室讨伐的命令，作为当时的和事佬儿，齐禄父至少在面儿上也应该出来说句话，做一次调停，看看大家能不能先政治解决，实在不行再考虑军事行动。

如果说宋与夷愿意出面低个头认个错，马上动身去朝见一下王室，没准儿这个战争就不用打了。

可是齐禄父却没有这么做，齐禄父一收到王室讨伐的命令，就马上跑到鲁国，和鲁息姑在东防会面，讨论如何攻打宋国。

由此我们重新检视这几年齐禄父的行为，从最开始跟郑国石门之盟，之后跟鲁国艾之盟，再之后开始调停宋国、卫国和郑国之间的关系，组织瓦屋之盟，让国家间弥平纷争，看着一派和事佬的做派。实际上，齐禄父想要的并不是国家间的和平，他希望介入国家间的事务。像如今这样当王室的命令下来的时候，能够名正言顺地从攻伐宋国中讨取一杯羹。

这就是齐禄父的野心。所以说，国与国之间没有永远的朋友，也没有永远的敌人，只有永远的利益。

（十有一月甲寅，郑人大败戎人。）

郑国织了一张"大网"，开始捕捞宋国这条"大鱼"。然而，这时候出了个小插曲，戎人冒出来攻打郑国。

戎人在周代朋友圈里属于最外圈，在周代诸侯国面前就是蛮族国家。这次到底为什么攻打郑国，史文无载，我们也不知道。但我们知道的是，郑寤生对这件事情非常头疼，因为戎人军队以步兵为主。

车兵步兵

这里我们需要说说当时的战争形态。

诸侯之间的主要战争方式是车战，也就是以战车为单位进行战斗。春秋时代的战车一般由四匹马拉，车上常规配置三人。

一人称为车御，也就是司机，他坐在正中，负责驾车。

一人称为车右，他站在车的右边，执一根长戟，当两车靠近冲撞的时候他就拿着长戟拼杀。车右一般都会找孔武有力的人充当，除了负责近距离拼杀以外，还负责一些日常杂务，比如找水，车陷入泥泞的时候下去推车等。

还有一人在后面，一般持有弓箭，属于远距离攻击。如果这辆战车是指挥车的话，车上会设置令鼓，第三个人则站在正中负责击鼓，车御改坐左边。

除常规配置外，一辆战车也会加载第四人或者第五人，战车之外有时候还会带上几个步兵。这个战法有点像现在的坦克战，前面是坦克，后面步兵跟随。

开战的时候，很多辆战车排成不同的阵势进行冲杀，攻击可远可近，攻击力强，突袭能力强，但缺点就是转向不易。

试想，那么大一个战车，往前冲的时候是很快，但是敌人从侧面或者后面攻击的时候，想转向掉头，马要先转回来，车才能接着转回来，这需要转好大一个圈才行，如果在疾驰中突然转弯，搞不好会翻车，所以转向是一个非常大的问题。这也就是从战国以下车战逐步消失的原因。取而代之的是骑兵。因为骑兵相对于战车来说更灵活。

相对地，步兵远不如车兵突击能力强，防御能力也差，速度更是不够快，但是步兵的长处在于作战灵活，便于分抄包围。步兵灭车兵是有经典战役案例的，比如战国初年三晋攻打齐国的时候，就是利用步兵的优势，大破齐国的车兵。

郑寤生忧虑戎人，他说："对方是步兵，我们是车兵，真怕他们突然从后面包抄我们。"

郑寤生的儿子郑突说："戎人的特点是轻率而没有秩序，贪婪而不团结，一旦遇到胜利，大家就会一拥而上，互不相让。可是遇到失败，就一击而溃，互不相救。所以，我们可以派勇猛而不耻于后退的战士，先去试探敌人。然后国君您准备三支伏兵，埋伏在后面，等待敌人。如果敌人攻打我们派去试探的部队，他们就立即撤退，以引诱戎人进入我们的埋伏圈。到时候，我们伏兵四起攻击戎人的前军，他们后面的部队看到前面的部队被围攻，处境不利，肯定不会救援。这样，我们就可以取得胜利。"

郑寤生觉得有道理，就接受了郑突的建议。

十一月，两军对垒，戎人前军遇到伏兵马上逃跑，郑国大夫祝聃率军追击，将前军分割包围，与伏兵前后夹击。戎人的后队并没有赶过来救援，于是，戎人的前军被歼灭，紧跟着戎人大军彻底崩溃，最终，郑国取得了胜利。

这里，我们要多说两句。

组织学里有一个原则：组织的强弱不在于组织的大小，而在于组织内的紧密程度。也就是说，一支军队和另一支军队对抗的时候，哪一支军队分工协作得更好，那么这个军队就更可能战胜，至于它的人数多少并不是绝对因素。

所以我们经常会看到，正规军击败民兵、地方武装的时候，往往是非常容易的。

比如，三国时代曹操攻打黄巾军，黄巾军动辄几十万，可是曹操手下最多也就上万人，屡战屡胜，最后，将几十万黄巾军彻底消灭。

西方也有类似的案例。比如罗马兵团，经常派一两个兵团一下就可以征服千里之地，沿路各种蛮族多得是，人数加起来也比兵团人数多得多，罗马能战胜就是因为它的兵团方阵组织有方，进攻、撤退都是协作的。

郑突所说的戎人轻率而没有秩序，贪婪而不团结，进攻的时候一拥而上、互不相让，失败的时候一溃而散、互不相救，实际上就是历代乌合之众失败的原因。

十年

公元前713年,戊辰,周王姬林七年,鲁侯息姑十年,晋侯光五年,曲沃伯称三年,卫侯晋六年,蔡侯封人二年,郑伯寤生三十一年,曹伯终生四十四年,齐侯禄父十八年,宋公与夷七年,秦伯立三年,楚王熊彻二十八年,杞武公三十八年,陈侯鲍三十二年,许男弗十九年。

使用微信扫描以上二维码收听本章音频

齐国 齐禄父（十三任）

鲁国 鲁息姑（十三任）
鲁翚

郑国 郑寤生（三任）

图10 鲁息姑十年人物关系图

十年春，王二月，公会齐侯、郑伯于中丘。

周历二月，鲁息姑和齐国国君齐禄父、郑国国君郑寤生在中丘会面。二月二十五，鲁息姑、齐禄父、郑寤生在邓邑举行盟誓，确定了讨伐宋国的时间。

《春秋经》仅记录「会于中丘」，而没有提「盟于邓」，是因为鲁息姑盟会后向祖庙通告的时候，只提到会，而没有提到盟。

去年，郑寤生假借王室天王的命令，借口宋国不朝见天王，要讨伐宋国。如今再看，明显是郑齐集团对宋卫集团一次预谋已久的大规模的反击。

对比当年宋卫集团攻打郑国，四国伐郑、五国伐郑，声势很大，但是究其根源不过是因为卫国发生内乱，而宋、卫和郑国有嫌隙，再拉上打酱油的陈、蔡，四个国家组织起来，打击一下郑国的嚣张气焰。不管怎么看，都像是几个国家之间有纠纷，相互之间打个群架。

可是这次郑齐集团攻打宋国，有王室天王的命令，是以大义为先，是站在道德制高点上来压制宋国的。不管从哪个角度上来说，都理直气壮。

对于鲁国来说，宋国之前要求鲁国出兵参加四国伐郑，鲁息姑予以拒绝。但是这次，郑齐集团要攻打宋国，正因为有大义在身，即使以鲁息姑和平外交、睦邻友好的外交政策，他也不能置身事外，也得商量怎么攻打宋国。

鲁息姑从即位开始，摄政称公就对他的压力非常大，低调、谨慎是他主要的行事作风，对外友好是他主要的对外政策。可是经过这十年一步一步地走过来，国际形势不断地转变，再加上郑寤生在中间不断搅和，鲁息姑在今年终于要雄起一把，开始进行大的军事行动了。

夏，翚帅师会齐人、郑人伐宋。

大战在即，最兴奋的是鲁国的公子鲁翚。我们之前也提到过鲁翚这个人，他喜欢暴力，极其好战。四国伐郑后，鲁息姑已经明确拒绝宋国出兵的请求，但鲁翚还要私自出兵。更何况这次上面有天王的命令，中间有三个国君的盟誓，下面有鲁息姑的默许，鲁翚巴不得马上就开入战场。

到了本年夏天，鲁翚先于鲁息姑出兵，和齐人、郑人会师，一块儿讨伐宋国。

六月壬戌，公败宋师于菅。辛未，取郜。辛巳，取防。

六月初三，鲁息姑率领鲁国大军，在宋国老桃和齐禄父、郑寤生会师。六月初七，鲁息姑在菅邑击败宋国军队。六月十五，郑国军队攻克郜邑。六月十六，郑国把郜邑送给鲁国。六月二十五，郑国攻克西防。六月二十六，郑国又把西防划归鲁国。

这个事非常有意思，郑、齐、鲁三个国家一块儿攻打宋国，郑国得到地方就送给鲁国，好处都让鲁国占了，而且鲁息姑还是最后才跑过来跟郑、齐会师的。

君子曰："郑寤生这种做法才叫作治政有道。奉王室的命令，讨伐不觐见的诸侯，不贪图得到的土地，而将它们都犒赏给出力的诸侯，这才是治政的根本。"

郑寤生这次讨伐宋国，明面上是为了完成王室的命令，是"公干"。如果获得土地自己私吞，那他就成了借公事谋私利，那还得了？郑寤生把得到的土地都犒赏给出力的鲁国，以彰显自己不谋私利，所以君子称赞他治政有道。

从我们今天的角度来看这个事情。首先要注意到，郜邑和西防都距离鲁国比较近。自从西周第一任天王姬宜臼东迁洛邑之后，王室的权威下降，导致诸侯所拥有的在他们核心势力范围以外的飞地，对他们来说维护成本非常高，这些土地既不容易保护，也不容易管理，收益更不容易集中，所以有略胜于无。

之前郑国特意用祊邑换鲁国的许田，就是因为祊邑对他来说是飞地，离他的核心势力圈太远。如今，又得了这么两块儿飞地，郑国难道把这两块儿地据为己有之后再找鲁国去换吗？完全没有必要。所以郑寤生将这两块儿地送给鲁国，是非常合情合理的选择。

但是有一个问题，参战的一共有三个国家，即郑国、齐国、鲁国，这两块儿地郑国不能要，可是齐国和鲁国本来是邻国，这两块地方既然离鲁国近，离齐国也不会太远，为什么把这两块儿地都给了鲁国，没有都给齐国，或者两个国家一国一块儿呢？这就是郑寤生的私心了，因为郑寤生还有一个非常大的计划，需要鲁国的配合。这件事情不用太远，到明年，大家就会看到。两块儿地既然靠近鲁国，郑寤生就都划给鲁国，顺便讨好鲁国而已。

那齐国怎么办？三国一起参战，一国得了名，一国得了利，齐国就白干吗？当然不是这样，齐国是郑国非常重要的盟友，郑国当然不会亏待它，只不过不是在这次战役而已。

秋，宋人、卫人入郑。宋人、蔡人、卫人伐戴，郑伯伐取之。

郑、齐、鲁三个国家顺应王命讨伐宋国，可是王命不仅仅下给三个国家，还下给蔡国和卫国。

蔡国、卫国本都属于宋卫集团，怎么可能跟着郑齐集团打自己人？反正王室早已权威扫地，根本不值一提了，他的命令又何必在乎呢？王室爱发令就发令呗，蔡、卫就假装没看见。它们统统没有出兵，充分体现了跟宋国是一条心。

到了本年的七月初五，郑国的军队在讨伐宋国之后，撤军回到了郑都。军队还在郑都郊外，宋国和卫国组成联军紧跟其后，进入了郑国。

宋、卫的反击本就是应激反应，真到进入郑国，又开始担心郑国此时声势正盛，凭两国的实力能撼动郑国吗？

于是两国一盘算，就没有直接攻击郑国的国都，转而攻击戴邑。等两国军队到了戴邑，又开始盘算，当年四国伐郑也没有得到什么好，何况如今变成两国伐郑呢？既然蔡国就在附近，不如也叫上蔡国吧，三国总比两国强。

当然，四国也比三国强，但如今陈国和郑国之间关系正好，已经从宋卫集团里面被郑国拉走了。而蔡国毕竟和卫国关系还好，一打招呼就来会师，结果三国一块儿攻打戴邑，将戴邑攻克。

到了本年的八月初八，郑寤生调动军队开始反击，把戴邑包围，只花一天的时间就攻克了戴邑，俘获了宋、卫、蔡三国联军。

如果真的只是宋、卫两个国家一块儿据守戴邑，即使郑寤生反击，也不至于一天之内就把它们击败。可是加了蔡国之后，三个国家之间反而互相掣肘。

试想，宋卫组成联军先攻进郑国，才想起来拉上蔡国。盟国之间有大事相通告的义务，注意，这是义务。军事行动这么大的事情，居然打到一半的时候才想起蔡国，这对于蔡国来说无形中是非常大的侮辱，让蔡国觉得非常不爽。

三个国家一块儿攻打戴邑的时候还好，毕竟是一致对外同心协力，可是一旦将戴邑攻克，三个国家就开始勾心斗角，尤其是蔡国，面和心不和。到郑寤生反击的时候，它们还在窝里斗，以郑寤生的军事手腕来说，肯定是一击即溃。

九月，郑寤生对宋国组织卫国、蔡国攻打郑国的行动进行报复，再次攻入宋国。

冬，十月壬午，齐人、郑人入郕。

讨伐宋国的王命除了下给郑、齐、鲁、蔡、卫五国之外，还下给了一个小国，即郕国。郕国万万没想到王命会特别递送给它，它只是一个小国，就是一个打酱油的角色，哪里敢主动去讨伐宋国？所以郕国就装看不到，没有出兵。

可是如今，郑、齐、鲁遵从王命讨伐了宋国，蔡、卫不遵王命，结果两国军队在戴邑被俘获，算是小有惩戒；就剩下郕国，自然不能放过。

十月二十九，齐国、郑国一同攻入郕国，讨伐郕国不执行王室的命令。

这里我们要注意，郑齐集团是郑、齐、鲁三个国家，现在要讨伐郕国不遵守王室命令，为什么是齐国和郑国两个国家，而没有叫上鲁国呢？

这是郑国在趁机讨好齐国，齐国之前参加攻打宋国的战役，但是没得到什么实质性的好处。郕国距离齐国近，由齐国带头出兵攻打郕国，郑国协助，就是卖齐国一个人情。郕国一旦被攻克，无论是贿赂还是割地，自然都装到齐国的腰包里了。

所以我们看，郑寤生这么一整套的分赃，真是做得滴水不漏。

十一年

公元前712年，己巳，周王姬林八年，鲁侯息姑十一年，晋侯光六年，曲沃伯称四年，卫侯晋七年，蔡侯封人三年，郑伯寤生三十二年，曹伯终生四十五年，齐侯禄父十九年，宋公与夷八年，秦伯立四年，楚王熊彻二十九年，杞武公三十九年，陈侯鲍三十三年，许男弗二十年。

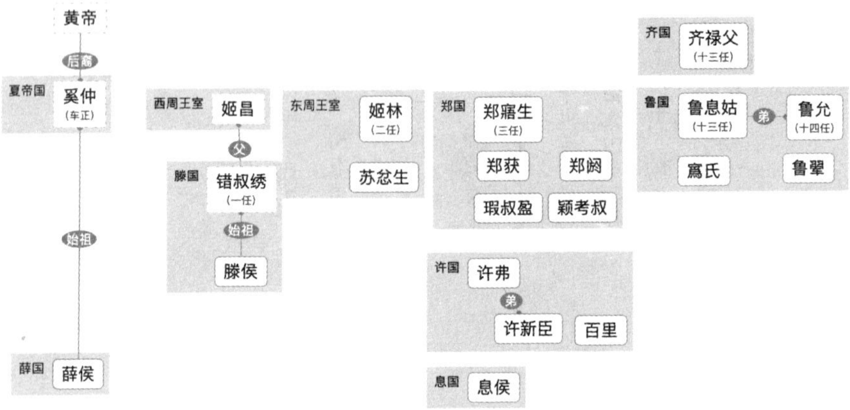

图11　鲁息姑十一年人物关系图

十有一年春，滕侯、薛侯来朝。

本年春天，滕国国君、薛国国君到鲁国来朝见。滕、薛都是小国，它们的国君世系并没有流传下来，我们不知道这次来的滕国国君或薛国国君到底是哪位，所以我们依照《春秋经》称呼他们为滕侯、薛侯。

● 朝见 ●

《春秋经》记此事为「来朝」，「朝」就是朝见。朝见原本指的是诸侯的国君到王室访问。根据聘问的季节不同，春夏秋冬都有不同的名字。春天去称作朝，夏天去称作宗，秋天去称作觐，冬天去称作遇。我们说，觐见陛下，如果放在春秋时代，指的是秋天去访问天王。

春秋时代交通不便，诸侯根据和王室关系的远近，有的一年一访问，有的几年一访问。诸侯们往往选择在春天访问王室，所以春天去访问的朝见就变成诸侯访问王室的统称。

诸侯之间也有相互的聘问。如果是国君出面，也称为朝见；如果是大夫出面，则称作聘问。所以说，朝见这个词，在春秋早期是指国君间的平等访问、平等会面。

可是到了春秋中后期，大国小国之间的实力越拉越大，而王室又没有力量居中调节、保持公正，所以小国必须去大国朝见，否则就可能会受到讨伐。朝见这个词就慢慢地变成地位低的人去访问地位高的人，下级求见上级的意思。时至今日，说起朝见，大家一定会认为是臣下觐见皇帝或者附属国觐见宗主国的意思。

这次，滕侯、薛侯来鲁国朝见，还是普通的友好访问，只不过是因为国君来了，所以《春秋经》称为「朝」。

可是偏偏这两个人来朝见的时间"撞车"了，两人为了谁先去见鲁息姑争起来。

薛侯说："我们薛国历史悠久，分封在前，是老牌国家，所以我应该先去朝见。"

● 薛国滕国 ●

这里我们要补充介绍一下薛国和滕国。

薛国，任姓，据说是黄帝的后裔，他们的祖先叫作奚仲，奚仲当年居住在薛地，在夏朝就官居车正，是夏代就被分封的诸侯。

滕国，姬姓，始祖是西周第一任天王姬发的弟弟，被封在滕而建立的国家，所以是周初分封的诸侯。

我们一摆历史，黄帝的后裔从黄帝开始算，后面是尧、舜、禹、夏、商、周，薛国至少在夏朝就已经是诸侯了，经过夏朝几百年，商朝几百年，到了周初，滕国才受封。所以薛国摆自己的老资格，黄帝的后裔，夏代的诸侯，历史悠久，分封比滕国早了好几百年，薛国自然应该在前面。

滕侯一听薛侯摆老资格，不服气，他说："我们滕国，论职位是王室的卜正（卜正也就是负责占卜的头头），论血脉是王室的亲戚。即使你们薛国是老资格，那有什么了不起？那都是老黄历了，现在是周王朝的天下，你有我们亲吗？所以我们滕国绝对不在薛国后面朝见。"

这一下，两边各有所据，闹僵了。

本来，两个小国的国君过来朝见，是好事，显得鲁息姑很有面子。结果他们拧巴了半天，在门口就要打起来，谁也没进来。鲁息姑只好出面调停。他派鲁国的公子鲁翚去跟薛侯商量。

鲁息姑说："您和滕侯两个人，不辞劳苦，跑来看望寡人，这是给寡人莫大的光荣。但是，周人有句谚语：『山有木，工则度之；宾有礼，主则择之。』（《左传·隐公十一年》，山上有树木，木工才会去度量，宾客有礼节，主人才会去邀请。）周人的盟会都会把异姓的诸侯排在后面，这并不是说看不起异姓的诸侯，而是亲戚血缘摆在那儿呢。如果寡人要到薛国去朝见，也绝对不敢跟任姓的国君争先后。所以，如果您愿意给寡人这个脸面，请让滕侯先行朝见。"

鲁息姑言下之意是告诉薛侯，薛国是任姓的国家，而我们鲁国和滕国都是姬姓的国家。如果说，您开大会时我跑到您的国家去，碰到其他任姓的国家，我当然让其他任姓的国家先朝见，因为你们都姓任嘛，你们是亲戚，你们更亲近。我的国家再大、历史再悠久，也比不上你们的血缘近。同样地，薛侯您跑到我们姬姓的国家来朝见，您当然得让我们姬姓的亲戚先朝见。

这段说辞、这番道理往那一摆，薛侯也没话说，疏不间亲嘛。最终滕侯先朝见，薛侯后朝见。

我们从这件小事上可以看出，周代就已经是家天下的概念了。老资格，历史悠久都没用，先讲血缘，然后才讲资格。

夏，公会郑伯于时来。

鲁息姑在郑国的时来与郑寤生会面，一起图谋攻打许国。

去年，郑齐集团攻打宋国，郑国将攻占的郜邑和西防都送给鲁国，一方面，因为这两个地方距离鲁国比较近；另一方面，因为郑国正打算图谋许国。

可是郑国图谋许国，跟鲁国有什么关系呢？这个事又要追溯到鲁国的始祖姬旦。

春秋时代的鲁国在今天的山东曲阜一带，但其实最初它并不在山东，而是在今天河南一个叫作鲁山县的地方。现在的鲁山县好像还是一个小有名气的风景区，不过我们并不太清楚鲁国的鲁是来自鲁山的鲁，还是鲁山因为鲁国被封在那里才命名的。

想当年，姬旦摄政称王，引发三监之乱。作乱的三监为了增强自己的势力，勾结东夷的力量。东夷就是在今天山东一带的夷人。

姬旦为了平定内乱花了三年的时间，一年击垮三监，两年平定东夷。

可是，东夷并不是一个国家，东夷是商周文化圈以外一系列散居的部落。周王朝大军一到，大多数部落就会散掉，但大军一走，它们休养生息重新恢复人口，很快又开始暴乱。所以击败它们容易，但要征服它们却不是一朝一夕的事情。当年，商王朝最后一位国君帝辛，也就是我们俗称的殷纣王，就曾经两次攻伐东夷，将东夷平定，但没几年时间东夷又死灰复燃，反而把商王朝的国力拖垮了。

为了镇压东夷的力量，姬旦将鲁国从今天的河南鲁山一带迁到了山东曲阜一带。许国实际上是鲁国在鲁山的附庸国，也就是说，几百年前，许国是鲁国的"老下属"。

郑国自从跟随东周第一任天王姬宜臼东迁到河南，就和许国比邻，郑国无时无刻不在想着把许国吞并掉，可是，许国以前的"老上级"鲁国在那儿，如果郑国贸然行动，搞不好会得罪鲁国。如今，郑、鲁之间的关系正密切，而且，郑国又有意施惠于鲁国，郑寤生趁着鲁息姑吃人嘴短，就向鲁息姑提议，一块儿攻打许国。

郑寤生脑子里想的东西绝对不是几年内的事情。他想得非常远，他对郑国整体的战略和未来想得非常透彻，很早的时候这步棋就已经下好了。

对于鲁息姑来说，许国虽然是鲁国的"老下属"，可是已经好几百年了，关系早就生疏了，更关键的是，许国离鲁国太远了。许国被其他国消灭，对于鲁国来说并没有什么影响，许国的存在也不会给鲁国什么好处。更何况，鲁息姑得了郑寤生这么多的好处，包括郑寤生拿祊邑来换鲁国的许田，到现在鲁国还没把许田给郑国呢。

如今要拒绝讨伐许国，这话鲁息姑说不出口。所以，两个国家商量以后，决定讨伐许国。

讨伐许国对于郑国来说可是一件大事，比之前攻打宋国要大得多。因为攻打宋国还只说是为了地区争霸，是务虚的东西，可是攻打许国可是正儿八经的为了自己的地盘。所以，郑国积极备战。

到了本年的五月二十四，郑国在太庙向军队发放武器。战前发放武器不只是春秋战国的习惯，甚至秦汉也是如此。当时国家的军事装备一般都存放在武库里。战役开打前，军队集结在太庙门口，一方面是祭告祖先，求祖先保佑；另一方面就从武库里把武器取出，发放给军队。

这时候，郑国的公孙郑阏和颖考叔发生了争执。

颖考叔是我们前面提到过的大孝子，郑寤生和武姜之间闹别扭，就是颖考叔出面调停的。

郑阏也是一位非常有名的人物，他字子都，是春秋时代的第一大美男子。《诗经》就有提到他，「不见子都，乃见狂且」（《郑风·山有扶苏》，没有看到像子都这样的大帅哥，却看到像你这样的大傻瓜）。孟老夫子也说，「不知子都之姣者，无目者也」（《孟子·告子上》，如果你不认为子都这个人帅得要死，那是你没眼光，不懂得欣赏）。

郑阏、颖考叔在发放武器的时候，看中同一辆战车，于是两个人争抢起来。一个年少气盛，一个有功于郑国，各不相让。可是颖考叔人家是宿将，久经沙场，经验丰富，一看这种情况，把战车的车辕一抱，紧跟着就跑了。

郑阏因为年纪太轻，根本没料到还有这种事，一看人跑了，叫嚷着，拿起长戟就追，一直追到大路上，也没追上颖考叔，就因为这件事，郑阏对颖考叔记恨在心。

秋，七月壬午，公及齐侯、郑伯入许。

七月，鲁息姑与齐国国君齐禄父、郑国国君郑寤生汇合，三国开始联合讨伐许国。

论述起来，许国和郑齐集团、宋卫集团都没有关系，可是，现在郑齐集团只要一行动就是三个国家，无论打谁都一样。

七月初一，三国联军兵临许国都城。郑国大夫颍考叔奋勇当先，拿着郑寤生专属的旗帜蝥弧旗，直接就登上了许国的城墙。

在后面还没有上城的郑国公孙郑阏，非常不服气，心说："当时发放武器的时候，如果那辆车让我拿到，我也可以先登上许国的城墙。"当然，是不是真有关系，郑阏自己恐怕也不知道，可是人不服气的时候，就会为自己找理由。

郑阏越想越怒，盛怒之下在后面张弓放了一支冷箭。

颍考叔这时候刚上城，正全身心应对城上的敌人，哪成想后面还会有人放冷箭。结果一箭正中后心，当时就从城墙上摔下来，一命呜呼。

郑国大夫瑕叔盈一看颍考叔突然掉下来，他也没有想到是自己阵营里的人放冷箭，还以为是对方把他射下来的，他赶紧上前拿起蝥弧旗，沿着颍考叔上城的路径登上城墙。

下面郑国的战士们一看，国君的旗帜登城了，都在喊说："国君已经登城啦！"郑国士气大振，一下就攻破了许国的都城。

七月初三，三国联军进驻许都。许国国君许弗流亡去了卫国。

许国被三国联军攻下了，三国内部开始分赃。齐禄父最先提议说："许国应该交给鲁国来管。"

这个提议非常微妙，齐禄父难道不知道许国一直是郑国想要的土地吗？他难道不知道这一次三国联军出力最大的是郑国吗？可是他为什么一定要把许国交给鲁国呢？

首先是因为，许国离齐国太远了，对于齐国来说就是一块儿飞地。飞地不容易管理，也不容易防守，收益更不容易拿到自己手里。所以，飞地其实是很麻烦的事情，齐国自然对许国没有野心，他自己不会要。

其次，许国本来就是鲁国的附庸，鲁国伸张这块儿地方的权益无可厚非。

但是，鲁国会要吗？许国对于鲁国来说也是一块儿飞地，而且鲁息姑之前得了郑国那么多好处，他好意思抢郑国嘴里面的肉吗？鲁国肯定不会要。

所以，齐禄父故意把这个好处让给鲁国，这实际上是首先示好于鲁国，而鲁国因为不会要，自然就会推脱，这是示好郑国，最后，这块儿肥肉还是郑国拿了，所以对于郑国来说没有任何损失。

这么一推一让，三个国家都得了面子，这是多么会做人的人才有的举动啊。

果然，鲁息姑回答齐禄父说："这次讨伐许国，是您说许国不参加伐宋的战役，所以寡人才跟随您讨伐许国。现在，许国已经伏罪了，就算有您的命令，寡人也不敢接受许国。"

这话一说出口，齐国也不要，鲁国也不要，那不就是郑国的吗？于是许国就划分给了郑国。

可是郑寤生是什么人，他会随随便便就把许国装到自己口袋里落人口实吗？三个国家一块儿讨伐许国，而且是借用许国不听从王室的命令作为借口，结果，齐、鲁两个国家，许国一寸土地都没有要，它们表现得这么高尚，这么伟大，而郑寤生却把许国完全吃下了，岂不是显得他是以公事为借口图谋私利吗？

以郑寤生的为人，这种帽子他会戴吗？当然不会！所以郑寤生为许国做了特殊的安排。

首先，郑寤生将许都一分为二，西边的地区交给郑国的公子郑获来管理，东边的地区则交给许弗的弟弟许新臣来管理。

这位许新臣，应该是目前许国最合法的继承人。三国灭掉许国的时候，许弗跑到卫国去了，按道理说，国君没了应该是由许新臣继任国君。现在许国已经灭亡了，许新臣没办法做国君，但是许新臣在许国人的心目中，还是有相当影响力的。所以，郑寤生就借助他的影响力来安抚许国的民心。

其次，郑寤生还特别找了许国大夫百里，让百里辅佐许新臣，管理许都东部地区。

安排完之后，郑寤生把百里叫过来，郑寤生说："寡人在郑国连一两个父兄子弟都不能和睦相处。寡人的同母弟弟郑段现在流亡在共邑，寡人的侄子郑滑在卫国讨食吃。以寡人如此微薄的德行，寡人有能力把许国平灭掉吗？显然是不可能的。那为什么许国会被郑国灭掉了呢？这是因为上天要降灾难给许国，是许国的祖先、许国敬奉的神灵不满意你们原来的国君，所以借寡人的手，让许国亡国了。"郑寤生这么一解释，许国的灭亡就变成了自取灭亡，而郑国的讨伐是顺天应人，郑国、齐国、鲁国的军事行动是正义的、正当的。这么一套话，是给大夫百里先洗脑，让他接受这次灭国战役的正当性。

紧接着，郑寤生得给些实惠的，于是他又给百里开了一张空头支票。

郑寤生说："以寡人这么微薄的德行，寡人能贪图许国的土地、赖在许国不走吗？当然不会。寡人让您辅佐许新臣来管理许国东部地区，就是为了让你们安定许国的民心。寡人担心你们的力量不够，还派了郑获来帮助你们管理许都西部地区。这样的话，你们可以安心地修养德行。将来如果有一天寡人不在了，你们许国的祖先以及许国敬奉的神灵觉得许国的灾难已经足够了，要取消降临给你们的灾难，那时候，你们不就有机会复国以重新供奉许国的神灵了吗？"

郑寤生这话说得很动听。实际上，郑寤生让许新臣和百里来管理许国部分的民众，这在我们后世就叫"傀儡政权"。

这种傀儡政权说活就活、说死就死，什么将来还可以复国的话，都是忽悠人的说辞而已。

郑寤生解释完战争的合法性，开完空头支票，这是施恩，紧着要立威，郑寤生开始提要求了。

郑寤生说："如果将来郑国对许国有需要的话，请许国把自己当成郑国的旧亲戚，尽量予以满足。如果将来有别的国家觊觎许国这块儿土地，请许国辅助郑国一块儿防御；否则，郑国的子孙都自顾不暇，还怎么保护你们呢？"

这个话说得非常客气，但是实际上，许国现在是"傀儡政权"，生死都在郑国一念之间。郑寤生言下之意就是郑国不管有经济需要还是军事需要，你许国都要予以满足，如果不满足的话，许国一旦被入侵，我就不保护你，不保护你这个"傀儡政权"，你马上就得完蛋。

最后，郑寤生给百里再开一个定心丸。

郑寤生说："寡人把您请过来，让您辅佐许新臣管理许都的一部分。一方面，寡人是为了许国，为了让你们有机会修养德行，请求神灵的原谅，让神明将降临许国的灾难撤销，这是为了许国。另一方面，也是为了郑国的边疆安全。只要你们安定好许国的民心，郑、许一条心，那么我们就可以保护这块土地不受任何人的侵害。"

就这样，郑寤生恩威并用，完成对百里的洗脑。

郑寤生对百里"洗脑"完成，紧接着找管理许都西部地区的郑获。当然，跟郑获就是另外一套说辞了。

郑寤生对郑获说："你不要把器用物品放到许国。"器用物品指的是祭拜神灵、祭拜祖先用的物品。

郑寤生接着说："我们郑国的先君能够东征西战打出郑国这片土地，是因为王室的衰落。我们为了要扶持王室才到这儿建国立业的。郑国能够攻无不克，依靠的也是王室的权威。可是如今，王室的权威日益衰落，王室的子孙连自己的土地都保护不了，如果没有王室的权威，郑国不过是个历经三代的新兴国家，靠什么来压服许国的民众？许国是上古四岳的后裔，它有自己的骄傲和传统，寡人在世的时候还能够压制它，一旦寡人不在了，郑国的后世子孙是不是能够压制它，还是两可之间。"所谓四岳，是上古的诸侯，据说当年尧选择自己的接班人都要征求四岳的同意。

郑庄生接着说："如果你将祭祀的器物都移到许国来，万一寡人不在了，后世的国君又压制不住许国，许国必会生变。那时候，你若是顾惜这些器物，反而有可能失陷在许国，岂不是得不偿失？所以，你要做好准备，一旦许国有变，就即刻撤退。"

郑庄生这套话说得非常沉痛。我们前面讲过，鲁国曾经灭掉极国，鲁国从来没有觉得有什么大不了的，灭掉就灭掉了，可郑国灭掉许国，郑庄生为什么会这么担心呢？

许国这个国家，在当时来说是比较强大的。郑国虽然看起来无比强横，但是在春秋初年，即使是强国，实力也非常有限。现在等于是稍大点儿的鱼吃了稍小点儿的鱼，郑庄生担心不小心卡住自己喉咙，反而把郑国给堵死了，所以处处留有余地。

但是我们反过来说，郑庄生真的认为许国会复国吗？当然不是。这是在做最坏的打算，仅仅是预案而已。

郑庄生的几个儿子个个都是了不起的人才。郑庄生在当时不可能认为，我死了之后许国自然就复国了。但是，智者千虑，必有一失，以郑庄生这样的战略大师，他万万没有想到，他的儿子太"有才"了，竟将他铁桶一般的江山最后搞得千疮百孔，当然这是后话。

君子曰："郑庄生对许国的安排是合乎礼数的。礼是用来治理国家、安定社稷、调和民众、图利于后世的。许国不遵守王室的命令就讨伐它，屈服之后不贪图它的土地，度量德行和它相处，根据自己的力量对它有所安排，一切依照时机行动，不连累后人，这就是知礼啊。"

君子认为，许国不遵守王室的命令，所以郑国要讨伐它，这是合乎礼数的；许国屈服，郑国把许都一分为二，仍然留一半给许新臣管理，这是不贪图许国的土地，是合乎礼数的；郑寤生对于许国的安排，处处留有余地，量力而为，他让郑获相时而动，见机行事，不要强留许国在郑国的版图之内，这是不拖累后人，是合乎礼数的。所以，君子称赞郑寤生知礼。

我们要说的是，郑寤生处心积虑，借用王室的命令，依仗齐、鲁的力量，最后推平许国。如此灭亡一个国家，竟然还被君子所称颂，认为知礼。什么叫作战略大师？什么叫作战略专家？这就是大师，这就是专家。

许国的事告一段落，是时候处理攻打许都的那个小插曲了，也就是郑国的公孙郑阏暗杀颍考叔的事情。

为了这件事，郑寤生要求车兵每一百人出一头雄猪，步兵每行二十五人出一只狗或者一只鸡。当时大军出征，如此一条命令，该收集了多少头猪，多少只狗，多少只鸡啊。

这些猪、狗、鸡要做什么呢？

春秋时代，猪、狗、鸡是用来诅咒别人时使用的牺牲。郑寤生收集这些猪、狗、鸡，就是要作为牺牲，来诅咒杀害颍考叔的人。

试问，郑寤生知道射杀颍考叔是郑阏下的手吗？《春秋》是鲁国史官写的，《春秋》都知道是郑阏下的手，郑寤生何等人物，他能不知道吗？他当然知道。

从郑寤生的角度考量，颍考叔虽然是郑国的大孝子，是郑国的宿将，勇猛善战，但是毕竟已经过世。郑阏是郑寤生的血亲，又是出名的大帅哥，受到郑寤生的宠信，郑寤生怎么会为了一个死人来制裁他呢？

郑寤生正是不舍得下手，才用这种招数，让大家都觉得国君也很痛恨这个暗杀的人，只是因为不知道是谁而已，由此实际上保了郑阏一条性命。郑阏虽然是大帅哥一枚，可是心胸狭隘，终难逃一死，这是后话。

但郑寤生这种欲盖弥彰的做法，连鲁国的史官都知道，能不受人非议吗？

君子认为："郑寤生失去了政令和刑罚。政令是用来治理民众的，而刑罚是用来纠正不法的。既没有仁德的政令，又没有权威的刑罚，就会出现这种不法的事情。出现不法却用诅咒来解决，又有什么意义呢？"

我们之前讲过，鲁息姑去棠邑观鱼的时候，鲁国大夫鲁彄劝他说，国君做一切事情只有两个目的，一个是端正法度；一个是敬奉神灵。如果国君做事情既没有端正法度，也没有敬奉神灵，那就是乱政。乱政多了，国家就会衰落。

以郑寤生如此了不起的战略大师，可是在处理郑阏这件事情上没能端正法度，结果为后世郑国的内乱埋下了隐患。

（天王取田于郑。）

本年秋天，天王姬林向郑国提出换地交易，要用王畿中的温邑、原邑、絺（音"痴"）邑、阳樊、隰郕（音"习城"）、欑（音"钻"，一声）茅、向邑、盟邑、州邑、陉（音"形"）邑、隤（音"颓"）邑、怀邑共十二块地来换郑国的邬（音"乌"）邑、刘邑、蒍（音"伟"）邑、邘（音"于"）邑四块地。

这件事乍一听，似乎姬林的脑子有问题。现在王室和郑国的关系并不是很好，王室自己的力量也不强，还一直在衰落，怎么会做这种亏本的买卖，用十二块地换四块地？

这件事情有一个背景。

王畿中有一个相当有势力的家族叫作苏氏，苏氏最初是西周第一任天王姬发的司寇，受封在温邑，算是畿内小国。苏氏本来和王室关系密切，八年前，郑国和王室闹翻，郑国大夫祭足就是靠攻击苏氏的温邑向王室施加压力的。此后，不知道发生了什么事情，王室认为苏氏背叛王室，苏氏当代家主苏忿生也就和王室决裂了。

如今姬林提出交换的十二块地，就是已经跟王室决裂的苏忿生的地。问题是，王室有什么权力拿苏忿生的地换郑国的地呢？这明显是一张"空头支票"。

这大概是姬林看到郑国利用不朝见王室的借口，利用他的命令攻打宋国、戚国、许国，得到无数好处。

从姬林的角度来说，我下的命令，让你得了好处，你当然应该分给我一份。可是作为天王，这种话怎么能说得出口。

恰好苏忿生忤逆王室，姬林想要剥夺他十二块封地，但王室没有能力做到。于是姬林找来郑国说，你想要这十二块地吗？想要什么命令，我可以给你下，但是地需要你自己去争取。当然，我的命令也不能白下，你得先给我四块地，作为费用。

王室打的这种"小算盘",连这种事情都考虑到了,哪里还有王室的气度。

君子由此知道姬林要失去郑国的支持了。依照仁义行事,这是道德的准则,也是礼的根本。所谓交换,是用等价的物品进行的。自己都不拥有的东西,怎么可以拿来跟别人交换呢?这样与别人相处,别人因此不再理你,又有什么奇怪?

所谓「己所不欲,勿施于人」(《论语·卫灵公》)。如果把这件事情反过来,郑国要王室四块地,然后把宋国十二块地给王室,让王室自己出兵去取,王室会干吗?王室当然不会干。

可是王室就是如此对待郑国,王室失去郑国的支持,也就不奇怪了。

(息侯伐郑。)

郑国和同为姬姓的息国发生了口角,息侯决定要讨伐郑国。他和郑寤生在边界上交战,结果大败而归。

这个时候的郑国刚击败宋国、平灭许国,正是声威壮大的时候,息国一个莫名其妙的小国家竟然要讨伐郑国,这不是自讨苦吃吗?

君子由此知道息国要灭亡了。不能度量德行,不能量力而行,不能亲近同姓的国家,不能明辨是非,不能分清曲直,身犯五大过错还主动出兵讨伐别人,丧师辱国不是在预料之中吗?

(十月,郑伯以虢师伐宋。)

我们前面说过,天王姬林将卿士一分为二,郑寤生做左卿士,虢公做右卿士。之前,姬林用不属于自己的十二块地作为"空头支票",换了郑国实实在在的四块地，郑国在这个事情上吃了哑巴亏，可是郑寤生是什么人，能随便将四块地送出去连个响声都没有吗？

郑寤生利用这个机会换取调动虢国军队讨伐宋国。到了本年十月十四，郑寤生大败宋国，报复了去年联合卫国攻打郑国的宋国。宋国则照例没有把这件事情通告给鲁国，宋国不通告，《春秋经》也就没有记录这件事，宋、鲁之间的联盟已经名存实亡。

宋国对郑国的战役可谓是屡战屡败，完全被郑国压制，到了战略和战术的都在下风的地步。

冬，十有一月壬辰，公薨。

鲁国的公子鲁翚想做太宰，就去求见鲁息姑。他对鲁息姑说："想当年，大家都认为您做国君比较合适，所以您才能够摄政称公，可是如今，您的弟弟鲁允年纪渐长，不出几年，就可能威胁到您的地位。本人鲁翚不才，只要您一句话，就可以帮您除掉这个祸害。到时候，您做您真正的国君，鲁翚只要在您的朝廷上有一席之地，足矣。"

鲁翚一席话，让我们看到鲁息姑辛辛苦苦摄政这十一年的成果。从一开始大伙儿都不服到逐渐众望所归。鲁翚也曾经不服鲁息姑，当初鲁息姑不让他参加四国伐郑，他照样自行其是。可是最近两年，鲁息姑跟着郑国国君郑寤生打天下，突然雄起，不仅得了地盘，权威也日渐增长。

鲁翚开始忧惧当年不服从鲁息姑的管教，害怕鲁息姑将来会对他清算，所以主动前来献媚。鲁翚觉得，鲁息姑是摄政称公，虽然称公毕竟还是摄政，搞不好哪一天鲁允就把鲁息姑拿掉了。鲁息姑一定将鲁允看成绊脚石，欲除之而后快。鲁翚自告奋勇帮鲁息姑除掉鲁允，自以为这个马屁拍到了位置，鲁息姑肯定会原谅鲁翚以前的过错，给鲁翚以高官厚禄，让他混得更好。

没想到，鲁息姑回答说："寡人当年摄政称公，是因为有先君的遗命。先君希望鲁允即位，可是鲁允年纪太小，所以寡人才会摄政。如今，看着鲁允年纪日长，寡人已经在菟裘营造一个养老的所在，等到将来时机成熟，寡人就会把国君的位置还给鲁允。寡人能作为一介大夫在菟裘养老，已经心满意足了。"

鲁息姑并没有对鲁翚有什么责难的话，但是鲁翚听了这段话有如晴天霹雳，一大盆冰水从头冲到脚。因为这意味着，鲁息姑将来有可能退居二线，那么新领导鲁允上台以后，听说鲁翚你小子当年想把我干掉，那鲁翚能有好果子吃吗？

鲁翚回去之后辗转反侧，怎么都觉得忐忑不安，突然心生一计。他又赶快跑去觐见鲁允。

鲁允这位名义上的太子，这么多年从来没掌过实权，突然有宿将，尤其还是名声在外的有功之臣鲁翚来见他，他也觉得有点诚惶诚恐。

鲁翚一上来就说："哎呀，我听说大事不妙了。"

鲁允就问是什么事儿。

鲁翚说："我见到鲁息姑，他想做真正的国君，想把您除掉，所以您赶快想办法反制吧，晚了就来不及了。"

鲁允一直都是闲赋，没有管过实务，一听这话，完全不知道该怎么应对。

鲁翚又是那套话："本人鲁翚不才，只要您一句话，我就帮您除了鲁息姑这个祸害。到时候，鲁翚只要在您的朝廷上有一席之地，足矣。"

一样的话换了不同人说，结果鲁允当时就同意了。

于是，鲁翚开始寻找下手的机会，恰好鲁息姑要祭祀钟巫，这就给鲁翚可乘之机。

说起来，鲁息姑和钟巫还有一段特殊的因缘。当年，鲁息姑还没有即位的时候，曾经和郑国在狐壤作战，还被郑人俘虏过。

当时，郑国将鲁息姑囚禁在尹氏的家里。鲁息姑贿赂尹氏，要求尹氏把他放出来，并且还在尹氏所祭祀的神灵钟巫面前祈祷。结果祈祷真的灵验了，尹氏带着鲁息姑一起逃到鲁国。

回到鲁国之后，鲁息姑认为钟巫曾经保佑他从郑国逃回来，所以对钟巫一直都有祭祀。

到了本年十一月，鲁息姑祭祀钟巫，在社圃进行斋戒，晚上就住在大夫寪（音"韦"）氏的家里。十一月十五，鲁翚派出杀手，在寪氏家中杀死了鲁息姑，并且拥立鲁允做鲁国的国君。

鲁允一继位，马上将杀死鲁息姑的罪责推给了寪氏，并对寪氏进行讨伐，寪氏有族人死于这次政治迫害。

鲁息姑在位十一年，从最开始的低调、谨慎，到和平外交，到四国伐郑、五国伐郑意外的卷入到宋卫集团、郑齐集团的斗争之中，到本来以宋国盟国的身份作为宋卫集团中间的一员逐步倾向于郑齐集团，最终跟随郑齐集团讨伐宋国、攻克许国，鲁息姑在整个过程中，为鲁国争取了最大利益，以至于桀骜不驯如鲁翚这样的人都要侍奉他为君，可以说是从最开始的众心不服到最后众望所归。

难得的是鲁息姑不忘父亲的遗命，始终以摄政自居，始终想着把自己的国君位置交还给鲁允，这点我们从《春秋经》的记录里可见一斑。

鲁息姑在位的十一年，除了第一年，有标注「正月」之外，后面的十年统统没有标注正月。

大概第一年即位的时候，记录《春秋》的史官按照惯例，以国君的规格对鲁息姑进行记录。之后的十年，鲁息姑为了强调自己是摄政，特地要求不再记录正月。所谓「隐十年无正」（《谷梁传·隐公十一年》）指的就是这件事。

可是即使鲁息姑这样低调谨慎、众望所归，最终也没有逃脱夺嫡的血腥，令人唏嘘不已。

鲁允杀掉鲁息姑之后，不仅将罪名推给了寪氏，还没有按照国君的规格安葬鲁息姑。《春秋经》的记录是跟着国君走的，不按照国君的规格安葬，那么《春秋经》就不会记录鲁息姑下葬的时间。

从这里我们可以看出，鲁允多么希望以这种形式来强调鲁息姑不过是一个摄政的臣子，强调他有不该有的野心，而鲁允使用暗杀行为是正当的、合理的。

鲁允如此小肚鸡肠，以小人之心度君子之腹，他的下场也不会好到哪里去，当然这是后话。

鲁息姑去世之后，鲁人依照谥法"不显尸国曰隐"（《逸周书·谥法解》）为他定谥号为隐，后世称鲁息姑为鲁隐公。

回声：摄政称公是自找麻烦？

使用微信扫描以上二维码收听本章音频

有朋友向我提了一个问题：鲁息姑为什么要摄政称公？

鲁息姑是鲁国第十三任国君，也是《春秋》记录的第一位鲁国国君，而摄政称公恰恰是他纠结一生的问题。

我们前面讲过，鲁国第十二任国君鲁弗湟在世的时候，曾经立鲁允做世子，可是鲁弗湟去世的时候，鲁允年纪太小，所以由鲁息姑来摄政称公。

虽然鲁国的始祖姬旦曾经摄政称王，摄政称公在鲁国也算有先例可循，但是这毕竟是一个非常容易引起非议的事情。姬旦摄政称王就曾经引发三监之乱，鲁息姑的摄政称公给他压力非常大，鲁息姑在位执政十一年，大多数时间都是在战战兢兢中度过的。

叔叔鲁益师去世的时候，鲁息姑不敢以国君的身份参加小敛；父亲鲁弗湟改葬的时候，鲁息姑不敢以丧主的身份参加葬礼；母亲声子去世的时候，鲁息姑不敢以夫人的规格为她下葬；鲁国的公子鲁豫、鲁翚、大夫费庈父自行其是的时候，鲁息姑也不置一语；甚至鲁息姑自己遭到暗杀，也或多或少和他摄政称公的身份有关系。所以我们说，摄政称公的确给鲁息姑带来了非常大的麻烦。

我们知道，所谓摄政称公，就是"摄政"加上"称公"。摄政，即以臣子的身份代理国君行使职权；称公，则是以国君自居，享受国君的待遇，国君的规格。

鲁息姑做一个正式的国君，或者正式的国君做不了，就做一个摄政的臣子，不都挺好吗？为什么一定要摄政称公？

这个问题我们要先换一个角度来问，鲁息姑到底是为了称公，而不得不摄政，还是为了摄政而不得不称公呢？

如果以今天我们普通人的视角来看，是选做一个国君，还是做一个摄政的臣子，恐怕所有人都会毫不犹豫地选做国君了。自然，我们也就很容易认为，鲁息姑是为了称公而不得不摄政。

由此就有人设想出这样一个场景：鲁弗湟去世的时候，鲁国针对继承人开始争论,一派人就认为,应该由鲁息姑来继承,另一派人认为应该由鲁允来继承。

支持鲁允的人就说:"鲁允是国君夫人所出的嫡子,是前任国君亲命的世子,当然应该由鲁允来继承了。"

支持鲁息姑的人就说:"你就算嫡子又怎么样呢?小屁孩儿一个,你能管理得了国家吗?当然是应该由鲁息姑来继承。"

支持鲁允的人还会说:"你鲁息姑算什么呀,你不就是一个妾室的孩子吗?你有资格吗?"

两派纷争不断,搞不好鲁国因此就分裂了,所以和事佬就出来说:"大家别争了,不如各退一步吧",接着对支持鲁允的这一派说:"鲁允年纪太小,做不了国君,不如让鲁息姑先摄政,再把位置让给鲁允,这就完了吗?"然后跟鲁息姑这一派的人说:"鲁息姑毕竟是妾室所生,想做正式的国君也很麻烦,但是也不让你光是摄政,你索性带个国君的头衔,这样的话也总比你什么都得不到强吧。"

两派都认为有道理,最后相互妥协就有了摄政称公的局面。当然,这都是我们后人想当然,看似合理,但并不符合史实。

以我们前面所讲述的,鲁息姑在位的最后几年,跟着郑国国君郑寤生击败宋国、平定许国,为鲁国争取了极大的利益。我们可以想见这个时候的鲁息姑,在鲁国的声威盖过一切,如果他要想更进一步成为正式的国君,恐怕不费吹灰之力,这就是为什么像鲁翚那样桀骜不驯的人还要主动出来劝进,希望他做正式的国君。

可是在差一步就可以做正式国君的时候,鲁息姑却选择归隐,他为自己造了一个养老的地方,准备等着鲁允年纪到了,就还政于鲁允。

在国君宝座唾手可得的时候,鲁息姑都没有要,难道他在鲁弗湟刚去世、什么都没有的时候,会去争取国君宝座吗?这不符合逻辑。所以我们认为鲁息姑对国君的位置没有野心。

从另一个角度来说,中国历代类似像这样继承人之争的例子举不胜举,但是从来没有出现过以皇帝身份来摄政的人,为什么?不合法,不合规,如果认为鲁弗湟去世之后,两派人争就能争出这么一个结果,这个也不大现实。

我们认为,鲁息姑没有野心称公,何况因为摄政就要称公又做不到,所以为称公而摄政这个假设是不成立的。

如果鲁息姑不是为了称公而去摄政，那他岂不是为了摄政而去称公的吗？

这个事情在我们今天看来不可思议，谁会说为了劳动光荣才不得不带上领导的头衔呢？为了为人民服务，才不得不去做皇帝，这个话听起来似乎很奇怪。

但那只是因为我们没有生活在春秋时代，我们前面零零散散地提到过，鲁息姑在鲁国整个继承序列中是一个转折，同时鲁息姑也是鲁国由半政教合一的国家向世俗国家转换的节点，所以鲁弗湟去世之后，对于当时的鲁国来说，一个什么样的继承人最重要呢？

按照鲁国传统的继承法，对传统半政教合一的氛围，必须找一个年长的人做国君，因为长君才可以敬奉神灵，才可以保护社稷。而幼君对于敬奉神灵，如此烦琐的动作，很难做到中规中矩。这也就是鲁弗湟去世之后、鲁允因为年纪小不能做国君的原因。

这个时候，鲁息姑出面为鲁允摄政，但他如果不同时称公的话，又由谁来代表鲁国敬奉神灵呢？仅仅摄政不能满足需要，对于鲁国来说，就可能会选择别人来做国君，比如鲁益师的儿子，或者鲁彊的儿子。

所以对于鲁息姑来说，不称公，他恐怕连摄政都做不了。如果他想让鲁允最终得到国君的位置，那就必须称公，这样才能做到摄政，才能在将来把国君的位置还给鲁允。

所以我们说，鲁息姑实际上是为了摄政而不得不称公。如果理解这样一个概念，我们就会发现，其实在鲁弗湟去世的时候，鲁息姑就可以做鲁国的正式国君，但是他为了不违背父亲的嘱托，为了他的弟弟将来能够做正式的国君，就设立了摄政这么一个退出机制，以便将来把国君位置还给鲁允。

从这个角度上来说，鲁息姑的摄政称公实际上是鲁息姑自己找的麻烦，而这也为鲁息姑最终被暗杀增添一丝悲壮。

当然，我就这么一说，您就那么一听。

（三）鲁允

元年

公元前711年，庚午，周王姬林九年，鲁侯允元年，晋侯光七年，曲沃伯称五年，卫侯晋八年，蔡侯封人四年，郑伯寤生三十三年，曹伯终生四十六年，齐侯禄父二十年，宋公与夷九年，秦伯立五年，楚王熊彻三十年，杞武公四十年，陈侯鲍三十四年，许男郑元年。

使用微信扫描以上二维码收听本章音频

图12　鲁允元年人物关系图

元年春，王正月，公即位。

去年，《春秋》所记录的第一位鲁国国君也就是鲁国第十三任国君——鲁息姑被暗杀，他的弟弟鲁允继承了鲁国国君的位置，由此，鲁国进入了鲁允在位执政的阶段。本年是鲁允在位执政的元年，《春秋经》记作「元年春，王正月，公即位」。

我们最初讲鲁息姑的时候，提到鲁息姑是摄政称公，虽然他是国君的身份，享受国君的待遇，但是他是摄政，不算是正式的国君，所以鲁息姑在位执政元年，《春秋经》仅记「元年春，王正月」，没有「公即位」三个字。

鲁允虽然杀掉了鲁息姑，以政变的方式即位，但是他没有像鲁息姑那样有摄政的包袱，他是鲁国名正言顺的国君，所以《春秋经》就记录了「公即位」这三个字。

可是鲁允的即位在《春秋》的一经三传里，看法是不同的。

《春秋经》记录「公即位」三个字，自然说明《春秋经》认为鲁允是鲁国正式的国君。

《公羊传》认为鲁息姑是摄政的臣子，鲁允在很早之前就是正式的国君，所以，《公羊传》只是认为鲁允上位的手段有点卑鄙，但对他国君的身份没有什么异议。

《谷梁传》认为鲁息姑才是鲁国的正式国君，而鲁允是以臣子的身份杀掉了自己的国君，以弟弟的身份杀掉了自己的哥哥，所以对鲁允非常不齿。此后《谷梁传》还借鲁允执政中发生的其他事情不停地抨击他。

《左传》则根本不纠结这个问题。反正鲁国换了国君，至于什么原因、怎么换的，是不是正式的国君，并不是《左传》习惯关心的问题。

三月，公会郑伯于垂，郑伯以璧假许田。

四年以前，郑国主动向鲁国提出以祊邑换许田的交易。当时郑国国君郑寤生很大气地把祊邑给了鲁国，可是鲁息姑犹豫了许久，许田一直没有给郑国。

去年，郑国把许国吞并掉了，而许田就在许国的旁边。这么大片地方，就这么一点儿不属于郑国，所以郑国就希望赶快完成这个交易。

可是这时候鲁国换了国君，鲁国到底意向如何，郑国也搞不清楚，在这种情况下，郑国又不好意思去催鲁国，怎么办呢？原来的借口又拿出来了。

当年，郑国祊邑换许田，用的借口就是郑国要祭祀周公。郑国不好意思向鲁国要许田，就向鲁国说："我们着急祭祀周公已经很长时间了，可是许田这个地方您一直没给我们，我们想祭祀也祭祀不了。所以您看，什么时候方便把许田交给我们，好让我们祭祀周公。"

对于鲁允来说，他心里面很明白，鲁息姑前面低调谨慎了这么多年，在鲁国异军突起、声威大震就是靠的郑寤生。自己跟着郑寤生，肯定也没坏处。

所以，鲁允自然不会放弃和郑国的关系，他要和郑国修好，表明鲁国虽然国君换了，虽然前任国君是被干掉的，但是，鲁国跟郑国的关系是不会改变的。

鲁允有心和郑国修好，恰好郑国再提交易的事情，他立刻就同意了。

三月，鲁允和郑寤生在垂邑会面，郑寤生为了表示诚意，又拿了玉璧送给鲁允。等于郑国用祊邑加玉璧，才换得了许田。

无论如何，这笔交易总算是完成了。

夏，四月丁未，公及郑伯盟于越。

鲁允和郑寤生完成祊邑换许田的交易后，两人就借着这个缘由进一步搞好关系。

四月初二，鲁允和郑寤生在越邑举行盟誓，盟书中特意写上"如违此誓，国破家亡"的惩罚条款。

秋，大水。

鲁国发生水灾。《春秋经》记作「大水」，所谓大水，是指平原上淹了水，也就是今天的洪水。

冬，十月。

无事可记，《春秋经》照记「冬十月」。

（郑伯拜盟。）

郑、鲁四月结盟，到了冬天，郑寤生特意来到鲁国，拜谢结盟。

郑寤生对搞好两国的关系可谓不遗余力。经过这一年郑、鲁之间不断的交涉，两国的关系并没有因为鲁国国君的变更而发生任何变化。

二年

公元前710年，辛未，周王姬林十年，鲁侯允二年，晋侯光八年，曲沃伯称六年，卫侯晋九年，蔡侯封人五年，郑伯寤生三十四年，曹伯终生四十七年，齐侯禄父二十一年，宋公冯元年，秦伯立六年，楚王熊彻三十一年，杞武公四十一年，陈侯鲍三十五年，许男郑二年。

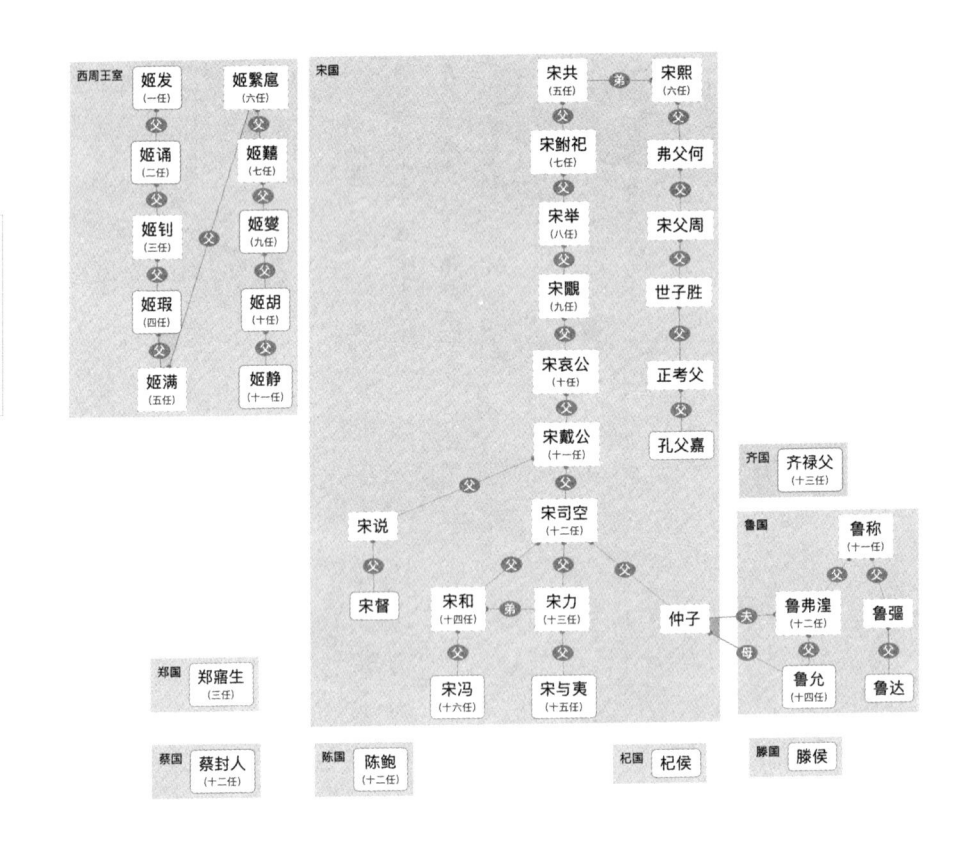

图13 鲁允二年人物关系图

三 鲁允·二年

二年春，王正月戊申，宋督弑其君与夷及其大夫孔父。

宋国有一位太宰，名叫宋督。算起来，他是宋国的公孙，而且还是当代宋国国君宋与夷的叔叔。

有一天，他在路上碰到宋国大司马孔父嘉的妻子。孔父嘉的妻子非常美貌，宋督一见倾心，当时就看傻了，眼睛就像长在了人家身上一样，再也移不开了，口中还念念有词："真是天生尤物，美艳动人。"

宋督回去以后辗转反侧，怎么也睡不好，心里一直在盘算怎样才能把孔父嘉的妻子搞到手。您说说，宋督，宋国堂堂的公孙，宋国的太宰，又是国君的叔叔，怎么就这么点儿德行呢？宋督想来想去，终于想出了一个办法。

这个时候的宋国是宋与夷在位的第十个年头，宋与夷虽然在位只有十年，但是在这十年里，宋国经历了11场战争，这十一场战争打下来之后，宋国从原本一个地区的强权国家变成现在处处受制、被郑国完全压制压于下风的弱势国家。

● **历史回顾** ●

我们在这里盘点一下这十一战。

第一战是卫国的卫州吁在发生政变之后，请宋国出面牵头，组织宋、卫、陈、蔡四个国家一起讨伐郑国，最后包围郑国的东门。这也就是我们前面所说的东门之战。

第二战是宋国再次牵头，联合卫、陈、蔡、鲁，五个国家一起攻打郑国，最后在郑国的外围割取郑国的庄稼。

第三战是宋国借着四国伐郑、五国伐郑的声威攻打邾国，占取了邾国的一部分土地。

这就引发了第四战。邾国受到宋国的攻击，引导郑国攻打宋国，最后攻入宋国的外城。也正是这一战，宋鲁之间关系开始交恶。

第五战是宋国为了报复郑国攻入自己的外城，包围郑国的长葛，经过一年多的时间最后攻占了长葛。

第六战是郑国以宋国不到王室朝见为由，借用王室的命令讨伐宋国。这次是郑国单独讨伐宋国，所以没有起太大的作用。

第七战是郑国再次纠合齐、鲁，三个国家一同讨伐宋国，让宋国吃了大亏。

由此引发了第八战，宋国为了报复三国伐宋，联合卫国一起攻入郑国。

第九战是宋国再一次纠集卫、蔡，三个国家一起攻打郑国戴邑，最终将戴邑攻克，可惜因为三国内部不和，在郑寤生的反击下，仅用一天的时间就重新收复了戴邑，俘获了三国联军。

第十战是郑国为了报复宋、卫，讨伐宋国。

第十一战是郑国用四块地交换王室的十二块地，借此调用虢国的军队，攻打宋国，结果大败宋国。

国家出人、出钱、出力，最后竟然得到这般结果，能不民怨沸腾吗？

宋督就借这个民怨，开始到处宣传："为什么宋国落到今天这个地步？就是因为大司马孔父嘉这个小人每天在国君面前撺掇着要打这个、打那个，最后把宋国搞得一团糟。"这一下，宋国的民怨全都集中到孔父嘉身上，宋督认为时机成熟。

周历正月，宋督带兵包围孔父嘉的府邸，最终将孔父嘉杀害。他还将孔父嘉的妻子掳回自己家，算是得偿所愿。

接着，宋督去见宋与夷，说起来这件事情。宋督以为，宋与夷即位十年把宋国搞的民怨沸腾，他给民怨一个宣泄的出口，把民怨都集中在孔父嘉身上，现在孔父嘉被杀了，大家自然也就不会再怨恨宋与夷了。这等于帮助宋与夷稳固了地位，对宋与夷是一件大好事。当然，宋督也知道他在其中图了私利，但毕竟也是为宋与夷着想。就算宋与夷对他不满意，认为他独断专行，多多少少也应该体谅他的苦心。

谁能想到宋与夷知道这件事情之后勃然大怒，训斥宋督："你怎么搞的，怎么能平白无故把寡人的执政大臣杀了？"

宋督回去以后越想越怕，索性一不做二不休，带兵再一次攻入宋与夷的宫殿，将宋与夷也杀了。

我们前面讲过，宋国的第十三任国君宋力去世的时候，没有把国君的位置交给自己的儿子，而是让给了自己的弟弟宋和。到宋和去世的时候，同样没有把国君的位置交给自己的儿子宋冯，而是让给宋力的儿子宋与夷。因为宋国是殷商后裔，而殷商的继承法就是兄终弟及，宋力、宋和这两位国君都希望通过在继承法上的改变，重新恢复殷商的荣光。

宋与夷即位之后，也是竭尽所能。他借用卫州吁政变的机会，希望建立一个地区性的霸权。但可惜的是，他的能力太有限了，而且气量狭小，连盟国之间的关系都处理不好。结果宋国不仅仅没有强大，反而被带入一个非常尴尬的境地，以至于连宋与夷自己都得不到善终。

所以，宋人按谥法"短折不成曰殇"（《逸周书·谥法解》），为宋与夷定谥号为殇，后世称宋与夷为宋殇公。

我们再折回来说说宋督。

宋督杀了宋与夷，就和当年卫州吁在卫国搞政变是一样的，首先面临的问题就是怎么来安定民心，怎么来得到国际间的承认。

好在相对于卫州吁，宋督自己并没有打算做宋国的国君，所以他只需要找一位宋国认可的继承人，国内的情绪自然就安抚了。这个继承人恰好也是现成的，他就是在郑国待着的宋国第十四任国君宋和的儿子宋冯。

所以，宋督就把宋冯从郑国接回宋国，拥立为宋国的国君。

滕子来朝。

滕国国君来鲁国朝见。

两年前,滕国国君也来鲁国朝见,当时《春秋经》称呼为「滕侯」,可知滕国为侯爵国。但这次来朝见,《春秋经》却称呼为「滕子」,这是降等的称呼。

降等的原因有多种,比如这次来的并非正式的国君,而是类似鲁国十三任国君鲁息姑那样摄政称公的国君;也可能是滕国旧君刚死,新君还在丧中,所以降等以表达对旧君的尊重;还有一种可能是,滕国国君改用蛮夷的礼仪,降等表示蔑视。

到底是哪一种情况,史书无载,只能存疑。

三月,公会齐侯、陈侯、郑伯于稷,以成宋乱。

宋国公孙宋督拥立宋冯摆平国内的问题,接着就要看怎样得到国际间的承认。

当时的国际形势就是宋卫集团和郑齐集团两大集团对峙,而宋卫集团本身处于弱势。最关键的是,宋督杀了自己的国君,是谋逆,自然不能向传统的盟国靠拢,所以他选择投靠郑齐集团。

宋督拥立宋冯作为国君,对于郑国来说,是很大的利好。郑寤生养宋冯这么多年,就是为了宋冯有朝一日可以回到宋国做国君,这样,郑国就可以得到一个亲郑的宋国。

自然,宋督向郑齐集团靠拢,郑国是首先同意的。

其他国家怎么摆平呢?就是靠发放贿赂。各种礼物往外送,而送给鲁国的贿赂是一件稀罕的器物,名字叫作郜大鼎。

郜大鼎原本是郜国祭祀用的器物,郜国被宋国所灭变成宋国的郜邑,所以郜大鼎也就落入宋国手中。郜大鼎既然叫作大鼎，我们就可以想象一下它的样子，就如我们之前提到的后母戊大方鼎一样，虽然未必有那么大，但也肯定是价值连城。这种东西不管送给谁，没有不愿意要的，可是为什么一定要送给鲁国呢？这就是送礼的学问。

虽然宋督到处发放贿赂的目的人尽皆知，他的东西一送，大家肯定知道他是什么意思，但是话却不能明着讲。不能说，我这东西给你运过来了，如果你承认我的政权我就给你，你要是不承认，我可不给你。

这种话怎么可能说得出口？所以，礼物、贿赂虽然要送，但是要有一个公开的理由。我们前面讲过，当年三国伐宋，郑国攻克郜邑，转手就送给鲁国，所以郜邑本来属于宋国，现在属于鲁国。

宋督就以这个为借口，把郜大鼎送给鲁国。言下之意，这个郜大鼎属于郜邑祭祀用的器物，现在郜邑既然已经是鲁国的地方，那自然郜大鼎也应该是鲁国的器物。

如此一来，话说的冠冕堂皇，而鲁国收了礼，自然也会在国际承认大会上投宋督一票，支持他一把。这样互成默契，可是表面上谁也不说透。

三月，经过宋督这么一番运作之后，鲁允和齐国国君齐禄父、陈国国君陈鲍、郑国国君郑寤生，四个国家的国君在稷邑会面，一同决定承认宋督所拥立的宋冯政权，由此，宋督这次政变算是被合法化了。

夏，四月，取郜大鼎于宋。戊申，纳于大庙。

四月，鲁国从宋国依照约定取回郜大鼎。四月初九，鲁国将郜大鼎安置在太庙里。

这个举动不符合礼数，所以就有人出来劝谏，要阻止这个事情。这个人叫作鲁达，鲁国的公孙鲁达。当年鲁息姑去棠邑观鱼，鲁国的公子鲁彄劝谏鲁息姑不要去，而鲁达就是鲁彄的儿子。父子两人一个脾气，看到不合礼数的事情，都忍不住要进谏言。

鲁达说："做国君的人最重要的是要以身作则，向百官展示什么事情能做，什么事情不能做，即使这样仍然担心会有疏漏，所以才要制定规章和政令，以向子孙展示什么是德行。"

鲁达先讲了原则，接着他从节俭说起："为了展示节俭，祭祀所用的太庙，一定是以茅草来铺顶。不仅是太庙，祭祀所用的车辆都铺草席；祭祀所食用的肉羹绝对不放调味料；祭祀所用的主食，不用精粮而用糙米。"

我们之前讲过，春秋时代讲究的是「国之大事，在祀与戎」（《左传·成公十三年》），也就是说称得上国家大事的，也就祭祀和战争两件事。祭祀在春秋时代是一件非常高规格的事情，可是作为最高祭祀所用的祖庙，竟然以茅草来铺顶，由此可见对展示节俭的重视。按照当时的习惯，一些有钱人会将车辆上面铺以皮革，修饰以玉器。可是作为最重要活动的祭祀，车辆却都铺以草席，自然是为了展示节俭。至于肉羹不放调味料，主食选用糙米都是一个意思。

试想，当一个人怀着崇敬的心情参加祭祀活动，看到建筑、车辆、食用的肉羹和主食，自然会觉得节俭才是最崇高的行为，这就是以祭祀来向子孙展示节俭的初衷。

鲁达接着说："在祭祀中，穿什么样的服装，戴什么样的帽子，系什么样的大带，佩戴什么样的饰品，佩戴多少饰品，服装绣什么样的花纹，花纹用什么样的颜色，不同级别的人都有不同的规定。祭祀车辆上挂什么样的铃铛，车行时发出什么样的铃响，车辆上悬挂什么样的旗帜，绣什么样的图案，也都有不同的规定。所以只要遥望到旌旗，听到铃铛的声响，看到对方身穿的衣服、佩戴的饰品，立刻就能知道这个人是什么样的身份，有什么样的规格，应该使用什么样的礼仪接待。"

鲁达得出结论："所有事情搞得如此复杂就是为了让百官能够明尊卑、知上下。由此，做事的时候小心翼翼，按照规章惯例行动，不敢随意破坏。由此可见，一个祭祀活动每个环节，历代的国君都是何等的用心良苦。"

鲁达最后结合现状说："宋国为了让篡得的政权得到认可，才来贿赂鲁国。可是如今，您作为国君，竟然把这些用来贿赂的赃物摆在太庙之中，这是把贿赂当成德行展示给百官。如果百官因此效仿的话，将来出了问题，我们又拿什么来制裁他们呢？国家的衰落源于官员的失德。官员的失德则来源于宠信和贿赂盛行。想当年，西周第一任天王姬发克灭殷商，那是多大的功绩。可是，姬发将殷商的九鼎迁到洛邑，还有有识之士非议他，何况我们不过是一个平凡的小国，竟然将宋国的贿赂展示在太庙中，这还了得吗？"

鲁达跟他父亲一样啰唆了一大堆，而这套话的意思实际上也和他父亲一样。

鲁彄劝鲁息姑不要去棠邑观鱼，就是强调国君做所有的事情一是为了端正法度；二是为了敬奉神明。鲁达劝谏鲁允不要把郜大鼎放在太庙里面，同样也是强调国君要以身作则，说白了还为了端正法度。

虽然两个人异口同声，都在说法度，但我们需要注意的是，中国的成文法最早出现是在春秋末年。也就是说，在鲁允所处的时代，并没有一部写成文字的法律，所以鲁彄、鲁达所说的法度是指习惯法。

所谓习惯法，是指人们在长期的社交生活中慢慢形成的一些惯例或习惯。在没有成文法可遵循的情况下，这些惯例或习惯常常被当作法律来遵守，违反它们，就会受到相应的惩罚。

鲁彄也好，鲁达也好，他们总是不停地提醒国君要以身作则，要端正法度，最重要的原因是他们知道习惯法只是一种惯例，是会变的。当国君将贿赂当成德行的时候，百官纷纷效仿。上下都将贿赂当成德行的时候，习惯法就变化了，变成了贿赂是对的，不贿赂是错的，久而久之就变成贿赂是合法的，不贿赂是不合法的。因为没有落成文字的法律条文可以参照，一旦大家都变成这样，那么法律本身就扭曲了，这才是鲁彄、鲁达所担心的，所以他们一再强调端正法度，目的正在于此。

鲁达说了半天，结果和鲁彄一样，就是没人听。鲁彄劝鲁息姑不要去棠邑观鱼，鲁息姑还敷衍了一句，因为鲁息姑是摄政称公，他要小心谨慎，但他还是偷偷地去了。鲁达劝鲁允不要把郜大鼎放到太庙里，鲁允索性连敷衍都没有，直接忽略不听。

鲁彄因为鲁息姑不听他的话，就退隐回家，当年就去世了。大概鲁彄身体不好，觉得何必呢，不撑了。可是鲁达正在壮年，没必要为了这么小点儿事伤了和气，最后还是厚着脸皮留在朝堂上。

但不管怎么说，鲁达劝谏这件事传扬出去。王室的内史听说之后，就评论说："鲁达的家族一定会在鲁国世享俸禄。国君不守礼法的时候，他们能够给出有益的谏言。"

秋，七月，杞侯来朝。

七月，杞国国君到鲁国朝见，对鲁允不敬。这位国君回国之后，鲁国开始策划讨伐杞国。

杞国是夏王朝的后裔，在周王朝建立的时候被分封为诸侯。杞国国君这次到鲁国来朝见，是一次平等的外事活动。当然，杞国是一个小国，也可能有讨好鲁国的意思，没想到弄巧成拙，酿成大祸。

蔡侯、郑伯会于邓。

蔡国国君蔡封人和郑国国君郑寤生在邓邑会面，讨论楚国的问题。

楚国是春秋时代最重要的国家之一，我们要多讲几句关于它的事情。

楚国，据说是黄帝的孙子高阳氏的后代，所以《楚辞·离骚》第一句就是「帝高阳之苗裔兮，朕皇考曰伯庸」（我们是帝高阳的后代，我的老爹叫作伯庸）。

在商代，楚人住在今天河南省新郑一带。新郑一带在春秋时代是郑国所在，可是在商代则属于殷商的都城。

后来，商代的君主帝盘庚把都城迁来迁去，也就是所谓的盘庚六迁，最后北迁到了今天河南省安阳市洹水两岸，这个地方叫作殷，所以商朝也称作殷商。

北迁之后，新郑这边的商都逐渐就废弃了，楚人当时就住在这个地方。到西周第一任天王姬发克灭商朝，楚人已经向南迁，迁到了汉水流域，定都在丹阳。

到西周第二任天王姬诵的时代，周王朝声势正盛，楚人就向周王室臣服，而周王室随手封了一个子爵给楚人，让楚人进贡青茅。青茅是一种用来过滤酒中渣滓的植物，我们后面讲齐小白伐楚的时候会具体讲述。

说起爵位，当时有所谓五等爵位，即公、侯、伯、子、男，一听就知道子爵是很低很一般的爵位。楚国自然不满足，尤其它地处南方，天高皇帝远，时间久了慢慢就开始自行其事。

到西周第四任天王姬瑕的时代，两边矛盾越来越激烈，姬瑕率兵攻入汉水，攻打楚国。姬瑕花了三年的时间终于使楚国臣服，但是姬瑕在撤退的时候，坐船经过汉水，淹死在汉水里，这个也是周王室和楚国之间的一个无头公案。

楚国相对于周王室来说，又老实了一段时间。可是，周王室在姬瑕之后，就开始逐步走向衰落，到第九任天王姬燮的时代，楚国已经完全不把王室当回事儿。它做了一个在当时算是比较惊人的举动，就是自行称王。

我们知道，在周代，最高的级别就是王，王室下面有公、侯、伯、子、男等爵位。称王之后也就意味着和周王室包括周王室下属的所有诸侯一刀两断，大家成为敌对的关系。可是，因为王室衰落，王室已经没有力量再组织攻打楚国，就只能听之任之了。

到西周第十任天王姬胡上台，姬胡手腕非常强横，他一直希望将分散出去的权力收归王室，所以他积极增强王室的力量，蓄势待发，这让楚人感到恐惧。楚人自行放弃王位，重新缓和与周王室之间的关系。周王室这边，因为后来出现内乱，最终也没能再去讨伐楚国。两边就这么着算是和解了。

到西周第十一任天王姬静上台，姬静号称中兴之主，但王室刚刚经过内乱，他能处理的也仅仅是一些缝缝补补的事情，大的动作做不了，可是楚国的威胁放在那儿，怎么办呢？姬静做了一个防守的动作，他在汉水附近分封很多姬姓的小国，希望以此来封锁楚国。这些小国后来就称为江汉诸姬。江汉诸姬就像一个小项链一样，把楚国割绝在南方。

由此，楚国自行在南方慢慢发展。一直到春秋时代，楚国实力日渐增强，又有向北扩张的趋势。这时候，首当其冲的就是蔡国，因为蔡国就在楚国的北面。蔡国虽然本是宋卫集团的一员，可是宋国已经完全臣服在郑国的脚下，宋卫集团形同虚设。这时候中原最强大、最有影响力、声威最盛的国家就是郑国。

郑国恰恰是在蔡国的北面，两个国家可谓唇亡齿寒。一旦楚国攻破蔡国，那么郑国将直接面临楚国的危机。所以，两个国家一拍即合，一起商量怎么应对楚国。

这是中原楚患的开始，而郑国倒霉的时代也就是从这里开始的。

九月，入杞。

九月，鲁国出兵攻入杞国，讨伐杞国国君对鲁允的不敬。

公及戎盟于唐。

鲁允一方面讨伐杞国；一方面和戎人重修旧好，他和戎人在唐邑举行了盟誓。

我们之前讲过，鲁息姑在上台的第二年和戎人重修旧好，如今，鲁允也有同样的举动。

冬，公至自唐。

鲁允在唐邑盟誓后回国，到祖庙向祖先通告自己的行程，自然也少不了在祖先面前自夸一下与戎人结盟的事情。这是符合礼数的。

凡是诸侯出国朝见、会盟、打仗，出行前都要先到祖庙里祭告。之前，郑国伐许就是在祖庙门口发放兵器，当然，发放兵器之前也是要做祭告的。祭告就是要告诉祖先，我们要去出征打仗，或者去会盟，请祖宗保佑一路平安。等到事情办完回国，也要先到祖庙里祭告，告诉祖先这次行程是否顺利，是不是托祖先的福把事情摆平等。

等到祖庙祭告完毕，国君要宴请大臣，按功行赏，并且还要把功劳都记下来，存到专门的档案室里，这个叫作饮至之礼，《春秋经》记作「至」。如果国君回国没到祖庙祭告，也没行饮至之礼，《春秋经》就不会记「至」，比如「公还自晋」（《春秋经·文公十三年》）。

鲁允和戎人举行了盟会，但《春秋经》记作「公至自唐」，而不是「公至自会」。这是因为开盟会一定要有盟主，但两个国君会面，必然会互相谦让，谁也不愿以盟主自居，所以虽然举行盟誓，但却算不上盟会，于是《春秋经》就只记地名「唐」，不记作「会」。

如果三个或以上国家举行盟会，则必然有一个国家做盟主，那个时候《春秋经》就记作「公至自会」。如果三个或以上国家联合讨伐某国，《春秋经》则会记作「公至自伐某国」。

这就是所谓春秋笔法，大家可以在之后留意一下。

三年

公元前709年，壬申，周王姬林十一年，鲁侯允三年，晋侯光九年，曲沃伯称七年，卫侯晋十年，蔡侯封人六年，郑伯寤生三十五年，曹伯终生四十八年，齐侯禄父二十二年，宋公冯二年，秦伯立七年，楚王熊彻三十二年，杞武公四十二年，陈侯鲍三十六年，许男郑三年。

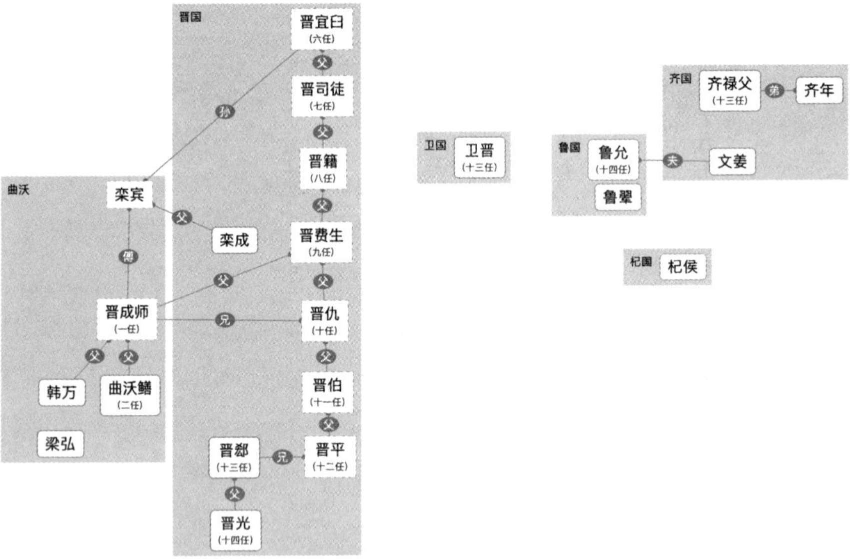

图14 鲁允三年人物关系图

三年春，正月，公会齐侯于嬴。

齐国国君齐禄父想把女儿嫁给鲁允，特地来鲁国和鲁允讨论联姻的事情。本年正月，鲁允和齐禄父在嬴邑会面。由此，鲁允也开始准备自己的婚事了。

（曲沃伯伐翼，获翼侯及大夫栾成。）

八年前，晋国小宗的曲沃鳝赶走晋国国君晋郄，王室拥立晋郄的儿子晋光做晋国的国君。

晋光侵害陉庭的土地，陉庭向曲沃求援。这时候曲沃鳝已经过世，曲沃改由曲沃鳝的儿子曲沃称执掌。曲沃称趁机出兵，在陉庭人的引导下讨伐翼都。

曲沃称将大军驻扎在陉庭，开战的那天，他以韩万做车御，梁弘做车右，攻打晋光。

● 一车四马 ●

我们之前也提到过，春秋时期主要的战争方式是车战。

当时的战车一车四马。我们现在有一句成语叫作"君子一言，驷马难追"，所谓驷马，就是指春秋时期这种四匹马拉的战车。

> 战车所配套的四匹马，左边这匹被称为左骖，右边这匹马叫作右骖。骖有旁边的意思。也就是说，左骖是左旁边的马，右骖是右旁边的马。
>
> 中间的两匹马被称为服马。四马并行的时候，左骖可以拉着战车向左转，右骖也能拉着战车向右转，只有中间两匹马决定不了战车的方向。两边的马转向，它们就跟着转向。两边的马直行，它们就跟着直行，所以叫作服马，服从两边马的马。

再说做车御的韩万，也不是一般的人，他是晋成师的庶子，是曲沃称叔父辈的人物。因为他被封在韩邑，所以大家称他韩万。韩万就是后世战国七雄之一的韩国的祖先。

这就是历史有趣的地方。

在当前这个时间点，也就是鲁允在位执政的第三年，整个国际最牛气冲天的人，非郑国国君郑寤生莫属。韩万这时候只不过是晋国小宗的大夫，负责给宗主驾车，仅此而已。可是谁能想到，在几百年后的春秋末年战国初年，正是这位韩万的后代所创建的韩国吞并了郑寤生后代所管理的郑国。当然这些都是题外话。

我们再说回来，曲沃称以韩万做车御，以梁弘做车右，和晋光所率领的大军展开厮杀。结果晋光大败，曲沃称亲自追赶晋光。

算起来，曲沃称是晋光叔叔辈的血亲，所谓「本是同根生，相煎何太急」（曹植《七步诗》）。可是对于曲沃称来说，正是因为同根生，所以才特着急。

曲沃称沿着汾水咬死晋光的战车，一直不停地追赶，直到战车的一匹骖马被路边的树枝挂住，战车实在无法继续前行才放弃。

可惜，晋光的运气也不好，到了晚上，他被曲沃称其他部队俘获，同时俘获的还有晋国大夫栾成。曲沃称俘获了晋光，二话不说，推出去，杀掉。但是，他对同时被俘获的栾成动了恻隐之心。

想当年，曲沃称的祖父晋成师被封在曲沃的时候，栾成的父亲栾宾是晋成师的副手。算起来，曲沃称很可能是栾成看着长大的，只不过后来栾成跑到翼都，去辅佐晋国的大宗，两人才成了敌人。

曲沃称对栾成说:"你的主君已经死了,你没有必要为那种人殉死,不如留下来辅佐我,我带你去见天子,让天子封你做晋国的卿大夫,执掌晋国的国政,你意下如何?"

栾成毫不犹豫地拒绝了曲沃称,慷慨赴死。

曲沃称和栾成很像三国时期的曹操和陈宫。陈宫曾经追随过曹操,和曹操的关系非常好,但因为理念不同,后来投靠了吕布。吕布最终被曹操所破,陈宫也就成了俘虏。

曹操用陈宫的母亲、妻子胁迫陈宫,陈宫不为所动,直接走上法场;曹操让人拦也没拦住,最后是哭着把陈宫送走了。陈宫死后,曹操比之前更加厚待陈宫的家人。

想来,曲沃称看着栾成离去,落寞之心大概和曹操类同吧。

● 卿大夫 ●

最后,我们还要再提一句,曲沃称承诺栾成做晋国的卿大夫,为什么还要请天子任命他呢?这是周王朝建国以来的一个习惯。

最初,诸侯的卿大夫都是由天王来任命,而不是诸侯来任命的,卿大夫的数量按照国家大小的不同也有一定的规格。卿大夫的爵位是世袭继承的,一般某个家族被任命为卿大夫,就会世袭罔替,一直做下去。所以大多数诸侯国的卿大夫是在周初就确定的,除非某个卿大夫家族因为犯罪被剥夺或者家族没有后人,才会有新增卿大夫的情况。

后来王室逐步衰落,对于任命诸侯卿大夫这件事情也就流于形式,诸侯逐渐自行任命卿大夫,任命的数目也是根据国内情况自行决定。

我们没办法确定,曲沃称的时代是否已经开始自行任命卿大夫,因为即使他说要去见天王如何如何,也可能只是一种表达习惯,未必真的会带栾成去见天王。

这有些类似三国时代的表奏。三国时代的地方诸侯在为手下封官的时候,往往会说,等我表奏圣上,封你为某某官。但实际上,当时是曹操挟天子以令诸侯,言路都不通,怎么表奏?难道曹操说不让封,下面的这些

> 诸侯就要失信于手下吗？那他们还怎么统御自己的部属呢？所以表奏这句话只是象征性的表奏，说是让天子任命，实际上还是由地方诸侯本人任命，只是形式上显得合法而已。
>
> 况且如今，曲沃和王室之间的关系并不是特别好，即使栾成不死，曲沃称把他封为卿大夫，程序上是不是一定会去见天子，也是很难说的。
>
> 当然这些都是题外话。

晋国大宗、小宗之争又进入一个新的阶段。曲沃称虽然杀了晋光，但是能不能得到晋国国人的支持，能不能成为晋国的国君，在这个时间点上，还是未定之数。我们还需要继续关注。

夏，齐侯、卫侯胥命于蒲。

齐国国君齐禄父和卫国国君卫晋在蒲邑胥命。我们之前讲过，胥命就是不歃血的盟誓，类似于今天的口头约定。

六月，公会杞侯于郕。

去年，杞国国君跑到鲁国来朝见，可是对鲁允不敬，鲁国出兵攻打了杞国。今年，看样子是杞国有点儿撑不住了，向鲁国求和。

六月，鲁允和杞国国君在郕邑会面，商讨如何缓和两国的关系。

> **秋，七月壬辰朔，日有食之，既。**

七月初一，发生了日全食。根据今天的推算，本次日食发生在公元前709年7月17日。

《春秋经》记作「既」，也就是尽的意思，月相已尽也就是日全食了。

> **公子翚如齐逆女。**

鲁允婚期将近，他派鲁国的公子鲁翚到齐国迎亲。

我们之前提到过，国君亲迎不出境，所以要派大夫去。大国派上大夫，小国派一般的大夫，这是礼数。

鲁允派出的竟是鲁翚。鲁翚是策划杀掉鲁息姑帮助鲁允上台的功臣，是鲁允的铁杆大臣，鲁允把自己的心腹重臣派到齐国去亲迎，可见他对这次婚姻的重视。

如此高规格的亲迎，鲁翚自然也肩负着友好大使的任务，要和齐国进一步加深关系，以便摆脱因为鲁国国君更替对齐、鲁关系的影响。

鲁翚之前不听鲁息姑的命令私自带兵参加五国讨郑，后来又抢先出兵会合郑、齐讨伐宋国，《春秋经》对他没有好脸色，皆称他为「翚」。而这一次，鲁翚努力修好两国的关系，《春秋经》特意点明他的身份来褒奖他，称他为「公子翚」。

> **九月，齐侯送姜氏于讙。公会齐侯于讙。**

九月，齐国以更高的规格来应对鲁国高规格的亲迎，齐国国君齐禄父进入鲁国国境，亲自将女儿送到讙邑。

● 出嫁 ●

按照当时的习惯，女儿出嫁，要到父亲的内寝辞行，父亲把女儿送到内寝门口，告诫"要听你公公的话"；母亲陪女儿走出内寝，再告诫女儿"要听你婆婆的话"，并把她送到内院的门口；庶母（父亲的妾室）兄弟陪女儿到外院，会说"别忘了你父母的交代"，一直送她到大门口；女儿自行走出大门，男方迎亲的人会接上她一路送到夫家，所以没人送亲送出家门。

对于国君来说，会有指定的卿大夫负责送亲。如果嫁的是一般国家，则国君的女儿出嫁由下卿来护送；国君的姐妹出嫁，由上卿护送，以表示对先君的尊重。如果嫁的是大国，即使是国君的女儿，仍然由上卿护送，以表示对大国的尊重。如果嫁的是天王，无论出嫁的是谁，都是由群臣一块儿护送，以表示对天王的尊重。但无论嫁的是谁，国君都不会亲自护送。

我们之前讲郑忽娶妻的时候，陈国派的是大夫鍼子护送国君陈鲍的女儿，没有说陈鲍亲自把女儿送到郑国。所以，像齐禄父亲自送女儿到鲁国，这是不合礼数的。

当然，齐禄父送女儿送入鲁国境内，一方面是显示齐禄父对齐鲁联姻的重视；另一方面也是父女天性。女儿出嫁了，做父亲的多送几步，满足一下自己的舐犊之情，对今天的人来说没什么。但对于《春秋经》来说，却非常令人头疼。

● 春秋笔法 ●

《春秋经》记录迎娶新媳妇有三种状态。去迎娶的时候称「女」，「女」就是未婚女子的意思，比如鲁翚去齐国亲迎，《春秋经》记作「如齐逆女」，鲁翚只是去迎还没迎到，所以新媳妇仍然是未婚，称「女」。迎娶到，走在路上则称「妇」，妇就是已婚女子的意思，夫家的人已经迎到了人，新

> 媳妇的状态变为已婚，所以称「妇」。进入国都后称「夫人」，夫人就是名分了。入了国都会举行婚礼，拜过祖先才算礼成，礼成名分才算是定下，所以称「夫人」。

按说，新媳妇已经进入鲁国，是在路上的状态，应该称「妇」，但偏偏有齐禄父随行，如果记「齐侯送妇姜氏」，则将齐禄父放在迎送新媳妇的大夫的规格上明显不敬；如果忽略齐禄父，仅记「公子翚送妇姜氏」，则更加失礼。所以《春秋经》为尊重齐禄父，索性忽略新媳妇的婚姻状态，仅称她为「姜氏」。

不管如何，齐禄父将出嫁的女儿送到讙邑，而鲁允则到讙邑亲迎，于是两人在讙邑会面。

夫人姜氏至自齐。

鲁允见过齐国国君齐禄父，亲迎新夫人回到鲁都。《春秋经》记作「至」，说明祭告了祖庙，所以名分已定称「夫人」。这位新夫人被后世称为文姜，以后我们还会提到她。

后世孔子的弟子端木赐问孔子说："戴着礼帽，身穿礼服，亲自前去迎娶，是不是太过隆重了？"

孔子回答说："婚礼是融汇两个家族的友好，还要延续到子孙万代的事情，怎么能说太过隆重呢？"

由此可见古人对婚礼和亲迎的态度，当然这些都是题外话。

冬，齐侯使其弟年来聘。

九月，齐国国君齐禄父的女儿出嫁，齐禄父送女儿到鲁国，回去以后还不放心。本年冬天，齐禄父又派他的弟弟齐年到鲁国聘问，顺便了解女儿出嫁之后的情况。

有年。

鲁国大丰收。五谷皆熟称为有年，所以《春秋经》记作「有年」。

本年杞国主动求和，国君娶了新媳妇，民众得了大丰收，鲁国从上到下可谓喜事连连。

四年

公元前708年，癸酉，周王姬林十二年，鲁侯允四年，晋侯小子元年，曲沃伯称八年，卫侯晋十一年，蔡侯封人七年，郑伯寤生三十六年，曹伯终生四十九年，齐侯禄父二十三年，宋公冯三年，秦伯立八年，楚王熊彻三十三年，杞武公四十三年，陈侯鲍三十七年，许男郑四年。

使用微信扫描以上二维码收听本章音频

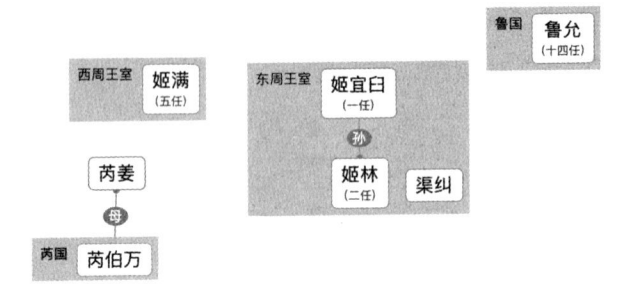

图15 鲁允四年人物关系图

四年春，正月，公狩于郎。

正月，鲁允在郎狩猎。因为在农闲进行，所以《春秋经》特别记录予以褒奖。

> **● 田猎 ●**
>
> 我们前面讲过，春秋时代的诸侯一年有四次打猎，春天称为蒐猎，夏天称为苗猎，秋天称为狝（音"显"）猎，冬天称为狩猎。
>
> 打猎的时候，诸侯会把重要的大夫、家臣全召集起来，一块儿拉出去，组织成一个小规模的军队，大家通过搜寻、追逐、围捕野兽的过程，训练相互的协作，以达到提高军事水平的目的。
>
> 在打猎过程中捕获到的猎物并不食用，而是用于敬献神灵。

正如当年鲁息姑去棠邑观鱼的时候，鲁彄说的那套话，国君所做的一切事情只有两个目的，即端正法度，敬奉神灵，打猎也是为了这两个目的。

所以，春秋时代的国君去打猎，只要不是违背农时，《春秋》都是赞成的，但后世就不同了。后世皇帝出去打猎，群臣或者以个人安全劝谏。例如，司马相如劝谏汉武帝；孙伏伽劝谏唐太宗；有的以荒废政务劝谏，如苏世长劝谏唐高祖；有的以扰民劝谏，如何泽劝后唐庄宗。总之，都是百般阻挠的态度。

夏，天王使宰渠伯纠来聘。

天王姬林派太宰渠伯纠到鲁国聘问。

因为渠伯纠的父亲也在王室为官，所以《春秋经》记录了渠伯纠的名字，以示区分。

（秋，秦师侵芮。）

本年秋天，秦国侵入芮国，因为轻敌，被芮国击败。

秦国可以说是春秋战国时代最励志的国家。

秦国的先祖是舜时代的诸侯。所谓尧、舜、禹、夏、商、周，一看顺序就可以想象到秦国是一个多么老牌的诸侯国。可是，就在它做了千年诸侯之后，到了商代末年，却"站错了队"。

如果大家有仔细看《封神演义》的话，《封神演义》讲到最后，周兵要攻入朝歌的时候，当时还在誓死抵抗的有两个人，一个叫作恶来，一个叫作蜚廉，这两个人就是后世秦国的祖先。试想，如此顽固地对抗新王朝，新王朝立国之后能有好果子吃吗？所以周立国之后，蜚廉和恶来的后代被一撸到底，从诸侯直接变成平民。

周代等级森严，分为天子、诸侯、大夫、士和平民。要想从平民向上爬，没有几百年的时间，肯定是搞不定的。好在秦人有一个特殊技能——养马，秦人也因此受到王室的器重。

传说，西周第五任天王姬满，也就是那位喜欢巡游天下在虎牢关养老虎的天王，他曾经被西王母邀请到昆仑山饮宴。当时姬满带了八匹神骏，而这八匹神骏都由造父负责管理，造父就是秦人的祖先。

秦人就是靠这么点儿技能，一点点地做到大夫，做到其他诸侯的附庸，但是想要成为诸侯，没有大功劳是不可能的。到了西周末年，机会终于来了。

当时王室内乱，作为京师的丰镐二京被犬戎攻破，太子姬宜臼也就是后来东周的第一任天王，东迁到洛邑，这时候郑人、晋人来帮忙，秦人也趁这个机会去帮忙。

姬宜臼在洛邑安定之后，对郑、晋、秦这三个国家进行封赏。对郑国的封赏是做王室的卿士，由此，郑国挟天子以令诸侯，打下郑国的一片江山。对晋国的封赏是分封汾水之地。而对秦国的封赏，这份礼可就大了，封给秦国的是西周的龙兴之地——已经被犬戎攻破的丰、镐二京，说是两个地方，其实是一个地方。

丰京最早是由西周第一任天王姬发的父亲姬昌建造的，是当年攻伐殷商的基础，而镐京则是由姬发受姬昌所命建造出来的，说是两个地方，但实际上只是隔了一条河，一个在河西，另一个在河东。

秦人拿到丰、镐二京也就正式成为诸侯。但是要注意，虽然是天王的赏赐，但这也需要秦人巨大的努力，因为赏赐的背后另有隐情。

姬宜臼东迁的时候，丰、镐二京周边还有很多周代的诸侯，这些诸侯一看，哎，天王怎么跑了？于是他们一同拥立另外一个人做了周王朝的天王。也就是说，姬宜臼东迁到洛邑时周王朝就分裂了，分裂成为西周和东周。从此有两个天王，两个王室。

姬宜臼把丰、镐二京分封给秦人，就是说，想做真正的诸侯，想要自己真正的封地，那就努力去吧。把那个小王室、小天王、那帮叛逆都给灭掉，这块儿地方就是秦国的了。所以秦人灭掉了新建的小王室，又花了很长时间平定周边的诸侯，这才真正成为诸侯级别的秦国。

但不管怎么说，秦人拿到了周王室的龙兴之地，后来秦人不停地宣传说，秦周同源，因为秦、周都是陕西那一带出来的。

秦、周同源的背后则暗含着秦国的野心。周王室不是越来越衰落了吗，我们是同源的，我们来帮助你统治天下，你们不行了，就让我们替代算了。

所以秦人就靠这份野心、这股韧劲，不停地向东发展，到了秦始皇的时代才能够「奋六世之余烈，振长策而于宇内」（贾谊《过秦论》），一统九州。

一个舜时代古老的诸侯，到了商代末年被一撸到底，从平民再一点点地向上爬，积功成为诸侯级别的秦国，然后又花了几百年的时间，能够统一华夏，还有比这个更励志的故事吗？

我们再来说说芮国。

芮国是西周王畿内的一个小国。说起来，它的位置距离郑国很近，可是郑国后来一看形势不好，跟着姬宜臼东迁到河南，而芮国依旧留在今天的陕西境内。

芮国的先祖曾经做过王室的卿士，也是一个相当有头有脸的国家。当代国君叫作芮伯万，芮伯万内宠太多，受到母亲的厌恶。芮伯万的母亲非常强悍，盛怒之下直接将芮伯万赶出芮国。堂堂国君被扫地出门，没有地方可去，只得跑到魏邑栖身。

一个国家突然没有国君，自然容易受到敌国的觊觎。秦国恰是因为看到这样的机会，才发动对芮国的入侵。

说起来，秦国实力比芮国要强，但是秦人自以为芮国没有国君，肯定不会顽强抵抗。结果，还没开战，秦人自己先喝了一壶"骄傲"，而伴着"骄傲"下肚的是战败的苦果。

（冬，王师、秦师执芮伯。）

秦人入侵芮国被击败，这才发现芮国虽然小，但是也不是那么容易就可以吞并的。

于是秦人自我检讨，芮国虽然没有破绽，但它的国君芮伯万不是在魏邑待着的吗？不如擒贼先擒王，把芮伯万抓起来，胁迫芮国就范。

秦人为谨慎起见，还特意联合王室的军队，一块儿包围魏邑。芮伯万毕竟不是在自己的国都内，孤掌难鸣，只有束手就擒，被秦国作为俘虏带回了国。

五年

公元前707年，甲戌，周王姬林十三年，鲁侯允五年，晋侯小子二年，曲沃伯称九年，卫侯晋十二年，蔡侯封人八年，郑伯寤生三十七年，曹伯终生五十年，齐侯禄父二十四年，宋公冯四年，秦伯立九年，楚王熊彻三十四年，杞武公四十四年，陈侯鲍三十八年，许男郑五年。

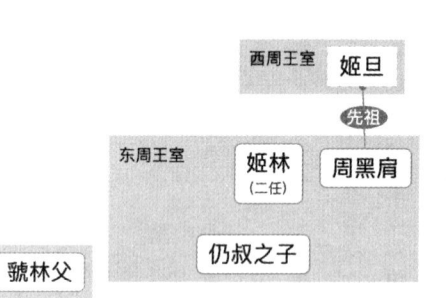

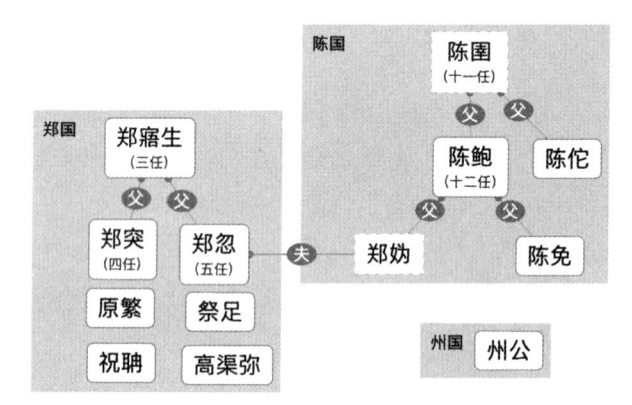

图16　鲁允五年人物关系图

鲁允·五年

五年春，正月，甲戌、己丑，陈侯鲍卒。

正月，陈国国君陈鲍去世。

陈鲍病重的时候，他的庶弟陈佗杀了陈国的世子，自立为陈国国君。到陈鲍去世的时候，陈国国内一片混乱。陈鲍的讣告给鲁国发了两次，两份讣告记录的时间还不一样，一个是「甲戌」（去年的十二月二十一）；一个是「己丑」（今年的正月初六），到底是哪一个，鲁国的史官也搞不清楚，所以就把这两个时间都记录下来。

夏，齐侯郑伯如纪。

本年夏天，齐国国君齐禄父和郑国国君郑寤生一块儿到纪国朝见。

虽然我们前面提到过，所谓朝见，在春秋初年是一种平等的国君之间的互访活动，但是齐国和郑国是当前风头最盛的国家，竟然联手跑到纪国这么一个小国去朝见，这是司马昭之心，路人皆知啊。

这件事牵头的是齐国。纪国正好处在齐国东南要冲上，所以齐国灭纪国之心由来已久。

郑寤生则是齐禄父拉来的，想当年，齐禄父帮助郑寤生把许国灭掉了。现在，齐禄父要是说："老郑，你陪我去试探一下纪国，如何？"郑寤生自然不会拒绝。所以才有这两个大人物突然到纪国的朝见。

纪国非常清楚、齐国的狼子野心。看到这场面，当然更明白来者不善，自然少不了严加戒备。

唉，这是一次多么尴尬的朝见。

天王使仍叔之子来聘。

天王姬林派仍叔的儿子来鲁国聘问。仍叔的儿子年纪还小，声名不彰，所以借父亲的名头以壮声势。

葬陈桓公。

陈国国君陈鲍下葬，陈人为他定谥号为桓，后世称陈鲍为陈桓公。

依照谥法，「辟土远服曰桓」（《逸周书·谥法解》），陈鲍应该是战勋卓著。但仅以《春秋》所记，陈鲍最强的战绩就是参与宋卫集团的四国伐郑、五国伐郑，但两战示威性质更强，说不上是「辟土」；而随后陈国即被郑国重创，也说不出上「远服」，或许陈鲍另有「辟土远服」的功绩不见于史料吧。

城祝丘。

鲁国修筑祝丘的城墙。

秋，蔡人、卫人、陈人从王伐郑。

天王姬林和郑国国君郑寤生的矛盾可以说由来已久，姬林一上台就把王室的事务分一部分给虢国国君，以削弱郑寤生在王室的影响力。对于郑寤生主动和解的朝见，姬林也不待见，甚至还把卿士的位置一分为二，让郑寤生做左卿士，而且彻底不允许郑寤生插手王室事务，郑寤生也就因此再也没有朝见过姬林。

双方冷战，但以王室的力量还不足以压制郑国，所以姬林一直在忍耐。后来郑寤生借着宋国不去朝见王室的名义，打得宋国屁滚尿流。姬林一想，郑国说宋国不朝见，就把宋国打成这个样子，如今郑国也不朝见，我也可以拿这个当借口来打郑国。所以到本年秋天，天王姬林调动蔡、卫、陈三个国家的军队攻打郑国。

某种意义上来说，姬林的这次出兵是借用宋卫集团的人来"敲打"郑寤生。宋卫集团以宋国为首，但宋国没有出面，因为当代的宋国国君宋冯是郑寤生一手扶持上来的，他没有办法参与这种事情。

陈国的出兵则有些微妙。陈国虽然最近这些年都和王室比较亲密，但陈国和郑国之间是婚姻之国，陈鲍的女儿嫁给了郑寤生的儿子郑忽，按道理不应该出兵。但是今年刚刚上台的陈佗，是通过谋篡即位的。他面临的问题就跟之前在卫国作乱的卫州吁、在宋国作乱的宋督一样，都是如何能够尽快地摆平国内外的反对势力。这时候，如果王室以表态支持换取陈佗出兵，陈佗自然要乖乖听命。

至于蔡、卫，本来都是没有受郑国清算的国家，很早就对郑国有意见，趁这个机会出来起哄，也不足为奇。

对于郑国来说，郑寤生怕过谁？王室的军队又如何？他马上列队防御，要和王室联军真刀真枪干一场试试。

王室联军首先开始列队。

天王姬林自领中军，由虢国国君虢林父带领蔡、卫两国的军队为右军，由周公周黑肩带领陈国的军队作为左军。虢林父就是之前和郑寤生平分卿士职务，做王室右卿士的那位。周黑肩则是鲁国始祖姬旦的后裔。想当年，姬旦的大儿子分封在鲁国，二儿子继承他周公的职务，留在王室，周黑肩就是姬旦二儿子的后代。

从这个阵容不难发现，全是王室的人在带军，没有蔡、卫、陈三国的国君出面，可见这三个国家并没有向王室尽全力。毕竟，郑国如日中天，虽然大家都很想踩他一脚，但又都怕被他咬上一口，王室要求他们出兵，他们象征性地给点儿兵，万一王室侥幸赢了，这些国君肯定会对郑寤生群起而攻之。

看到王室的阵势，郑寤生的儿子郑突建议郑军建立两个方阵，左方阵对付蔡、卫两军，右方阵对付陈军。

郑突说："陈国现在正在内乱，军队完全没有斗志，如果我们能先攻击他们，把他们击溃，王室军为了照顾被击溃的陈军，就很可能被陈军拖乱。蔡、卫的军队最多和我们相持而已。陈军被击溃，王室军混乱，蔡卫的军队没办法独力支撑，很可能先行撤退。陈军溃乱，联军的左军就被消灭了，而蔡卫军队又先行逃跑，那么就只剩下天王所带领的中军。我们左方阵、右方阵加上中军三面包抄，必然能够大败联军。"

这就是老子英雄儿好汉。郑突之前对付戎人就有一套办法，现在对付联军又是另外一套办法，每套办法都言之成理。郑寤生听着也觉得是好计，于是，就接受了郑突的建议。

郑国开始列阵。

郑国的右方阵由郑国世子郑忽率领，来对抗王室联军的左方阵。王室联军的左方阵就是陈国的军队，这是用陈国的女婿来对抗陈国的叛军，自然是先声夺人。加上郑忽也是了不起的将才，击溃陈国，可以说是势在必得。

左方阵则由郑国大夫祭足率领，来对抗王室联军的右方阵。郑寤生自领中军，郑国大夫原繁、高渠弥留在中军听令，郑国全军以鱼鳞阵势摆开。

● 鱼鳞阵 ●

所谓鱼鳞阵，就是前面二十五辆战车，每个战车后面配上五个士兵，如此向前缓缓推进。战车远程攻击靠的是弓箭，近程靠的是车右的长戈。推进过程中，如果战车上有士兵受伤，就由后面跟随的士兵补充，保证战车的攻击力不因为士兵受伤而减弱。这是一种稳定持续输出战力的阵法。

最终，王室联军和郑国的军队在繻葛开战。

郑寤生命令左右方阵摇旗击鼓，蔡、卫、陈三国军队被击溃，王室军也跟着混乱，郑国左方阵和右方阵合力夹击，王室军大败。

郑国大夫祝聃张弓搭箭，一箭射中天王姬林的肩膀。姬林也真是勇猛，轻伤不下火线，虽然肩膀上中了一箭，却一点儿也没有畏惧，依旧继续指挥战斗。但形势不如人，王室军最终还是溃不成军。

这时候，祝聃向郑寤生邀功："我射中了天王的肩膀，要不，我们就一块儿追击把他彻底消灭吧。"

郑寤生说："君子不愿凌驾于人，何况要凌驾于天子。我们这一战只是希望自保，让我们的国家不受损伤，这就足够了。"

于是，郑国没有继续追击王室联军。到了晚上，郑寤生又派祭足跑到王室联军的驻地，犒赏联军，并且慰问天王的左右。

祭足自然少不了要说些"白天不好意思啊，刀剑无眼，不知道伤到谁了，请大家多多担待"之类的客套话。

从这个举动上我们就能看出郑寤生的雄才大略，虽然姬林率领联军讨伐郑国这件事情，王室并不是非常占理，但是，王室讨伐一方诸侯却是合礼合法的。郑寤生虽然说是被讨伐，但是他也没有办法否认，姬林作为天王行使讨伐权的合法性。

按照当时的习惯，天王到某个地方讨伐，这个地方的诸侯要犒赏王室的军队，尽地主之谊。虽然这次被讨伐的是郑国，但是郑寤生仍然不忘尽地主之谊，犒赏王室的军队。这就是征战归征战，礼数不能缺。

可是对于王室来说，就完全是另外一个样子，堂堂天王纠集这么多军队去讨伐一个国家，居然被射中王肩，这是奇耻大辱。更关键的是，王室自从东周第一任天王姬宜臼东迁洛邑以来，权威就在不停地衰落，如今又打了败仗，其他诸侯会怎么来看待王室，我们可想而知。王室的权威可以说消磨殆尽了。

大雩。

鲁国举行大型的雩（音"于"）祭。

一年四祭

春秋时代，一年有四次重要的祭祀，也是四次例行的祭祀。

春天，万物复苏，昆虫开始活动，也就是二十四节气中惊蛰这个节气来临的时候，要举行郊祭，祈求今年的谷物种下去能够丰收。

夏天，东方七宿中角、亢二宿出现在天空中的时候要举行雩祭，祈求降下谷雨，让庄稼茁壮成长。

秋天，寒气降临举行尝祭，用新收的谷物敬献祖先，感谢祖先和神灵让今年有所收获。

冬天，万物寂静，昆虫蛰伏，这时候要举行烝（音"蒸"）祭。

《春秋》200多年的记录里，真正记录祭祀的次数并不多，但这不代表春秋时代不进行大型的祭祀活动，而是因为进行得太频繁，都已经融入正常生活中了。所以正常情况下，《春秋》对这些例行的祭祀并不会记录的。一旦记录某次祭祀，就说明祭祀的某个环节出现了问题。

一年四次祭祀，即郊祭、雩祭、尝祭、烝祭，举行的时间都是非常有意思的。如果按照农历来记录这四次祭祀，分别是农历正月、农历四月、农历七月、农历十月，正好是春夏秋冬四季每一个季度的第一个月，如果按照周历来记的话，这四次祭祀是周历的三月、六月、九月、十二月，恰好是每一个季度的最后一个月。

四祭即四次祭祀，四季即四个季节，听起来，四次祭祀和四个季节似乎是有关联的。当然，春秋时代，祭祀神灵和祖先是一件很严肃的事情，要投入相当的人力物力，不像我们今天随便摆两个苹果之类的放在那儿就可以了。

像这次，鲁国出现大旱，举行了大型的雩祭。雩祭本来应该是在六月举行，但这时候已经是秋天还举行雩祭，举行的时间错乱，所以《春秋经》特别予以记录。

螽。

虽然鲁国举行了求雨的大型雩祭，但大雨并没有如约而至，结果，鲁国还是发生了蝗虫灾害。《春秋经》记作「螽」。今天，螽属于螽斯科，蝗虫则属于飞蝗科，但古人螽、蝗不分，《春秋经》所记的螽多指蝗虫。

蝗虫是一种非常有趣的生物，它的繁殖能力和它所食用植物的含水量有关，含水量越高，繁殖能力就越差。天气湿润的时候，植物普遍含水量高，蝗虫就很少见，可是一旦遇到干旱，土地坚硬，植物干枯，蝗虫就会大规模地繁殖。

结果，往往是干旱得越厉害，蝗灾就越厉害，收成损失也就越厉害。

对于这次蝗灾，明显是因为干旱问题没有解决。本来，干旱问题没有解决才会举行雩祭，而雩祭结果导致蝗灾。当时人们会不会怪祭祀没有用呢？

恐怕不会的。他们会认为，雩祭没有起作用是因为没有在正确的时间进行，这恐怕也是《春秋经》记录这次雩祭和蝗虫灾害的原因之一。

冬，州公如曹。

州国国君到曹国朝见。朝见期间，州国国内发生动乱，州国国君评估认为回去也没办法解决问题，于是就留在曹国，不再回去了。

州国，据说是姜子牙的老家。因为都城在淳于，所以州国国君称「州公」，也称淳于公。

六年

公元前706年，甲亥，周王姬林十四年，鲁侯允六年，晋侯小子三年，曲沃伯称十年，卫侯晋十三年，蔡侯封人九年，郑伯寤生三十八年，曹伯终生五十一年，齐侯禄父二十五年，宋公冯五年，秦伯立十年，杞武公四十五年，陈侯跃元年，许男郑六年，楚王熊彻三十五年。

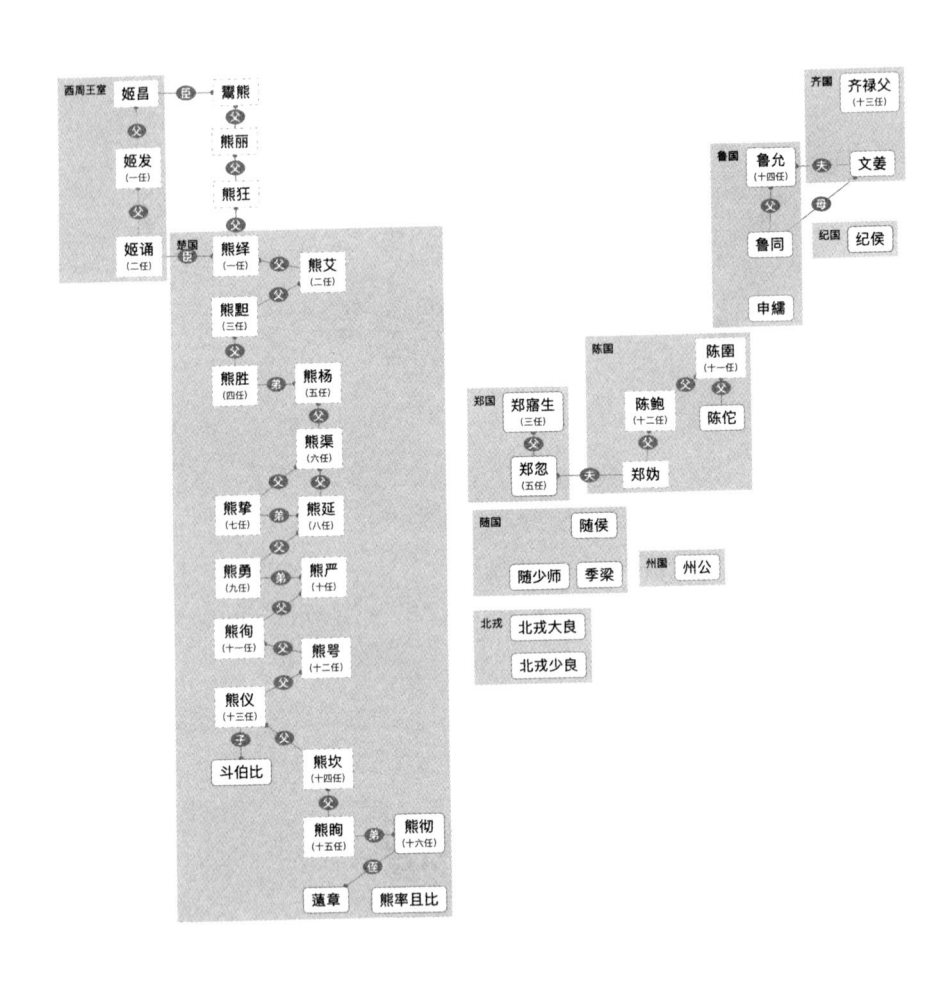

图17　鲁允六年人物关系图

三 鲁允·六年

六年春，正月，实来。

正月，州国国君从曹国到鲁国朝见，《春秋经》记作「实来」，是说他不再回国。

（楚子侵随。）

我们之前讲过，西周第十一任天王姬静为了防御楚国在汉水边上设立很多姬姓的小国，被称为江汉诸姬，随国是江汉诸姬中影响力最大的一个。

为了突破姬静所设立的防火线，本年春天，楚国国君熊彻[①]率领大军侵入随国。楚国的攻击并不是很顺利，楚军始终不能让随国屈服。熊彻有心撤军，他将楚国大军驻扎在瑕邑，然后派他的侄子蒍（音"伟"）章到随国谈判。随国则对应的派出少师主持这次和谈。

● 董成 ●

《左传》记录少师主持这次和谈用了两个字「董成」（《左传·桓公六年》）。成是和谈的意思；董是组织的意思。放到今天来说，我们总感

[①] 音频版称芈彻，本书称熊彻，详见"番外：何以姓氏"。

> 觉董这个字好像就是个姓，没有其他意思，实际上，组织这个意思仍然包含在今天的词汇里。比如公司董事，就是负责组织事务的人。2000多年前的文字虽然很多意思在我们平常的语言里面已经很少见，但是仍然留存在我们的文化之中。当然，这是题外话。

楚、随两国进行和谈。

楚国大夫斗伯比向熊彻提出建议，他说："我们楚国之所以不能得志于汉东，原因在我们自己。楚军虽然兵甲鲜明、能征惯战，但是楚国太习惯于使用武力来解决问题，所以汉东小国全都怕我们。正是恐惧才使它们联合在一起，这些国家虽然小，但联合起来，也不容易对付。所以我们要想办法对它们分而治之。随国在汉东小国里面算是最大最有影响力的国家，如果能让随国骄纵自大，它就一定会看不起其他小国，这样，它们之间就会产生嫌隙，而楚国可以趁这个机会从中渔利。我听说这次来的这位少师为人骄纵，我们应该对他示之以弱。他不是骄纵么？我们就助长他的骄纵，故意把疲弱的士兵和瘦弱的牲口展示给他看，让他更自大，您觉得怎么样？"

示敌以弱，这个招数，在后世常被人使用。比如，汉高祖刘邦在讨伐匈奴的时候，匈奴就对刘邦示之以弱，刘邦先后派了十几拨使者去匈奴查看，匈奴每次都把精兵隐藏起来，把疲弱的士兵和瘦弱的马匹展示给使者，小兵看起来连武器都举不动，马看起来也都是走不动的样子，结果所有使者都认为匈奴不堪一战，消灭他们易如反掌。

后来刘邦派了他的智囊刘敬去看。刘敬回来说："两军对垒，都是示敌以强，怎么可能把弱点露出来让我们看呢？这一定有诈，恐怕是他们隐藏了精兵，这些精兵回头很可能会作为奇兵来攻击我们。所以这个仗不能打。"

结果刘邦就生气了："之前去了十几拨人都说没问题，就你一个人说不行，你是不是有问题啊？"于是，刘邦就把刘敬关起来。可是，刘邦果然中了匈奴的圈套，被团团包围在白登。如果不是陈平用计，刘邦很可能就死在白登了。

不过刘邦这个人有个优点，就是善于认错。这次被打得很惨，说明自己错了，刘敬才是对的。所以刘邦回去以后就把刘敬放出来，而且封刘敬为关内侯。

所以，示敌以弱这个计策关键在于对方有没有能人，主君是不是可以采取能人的建议，并不单单在于施计的人做得好。

楚国当时也有人看出这个问题。楚国大夫熊率且比说："斗伯比这条计策听着挺好，但是没用。因为随国有一能人，叫作季梁，你这计策保准被季梁识破，我们费半天劲又有什么用呢？"

斗伯比说："你说得没错，这个计策用在季梁身上，肯定会被识破，但这次来组织和谈的人不是季梁，而是少师。只要少师看不破这个计策，有朝一日，少师在随侯面前得宠，他所看到的楚国疲弱的状况，就有可能为我们制造机会。所以我这条计不是用在当下的，而是放长线钓大鱼。"

熊彻听这两人说了半天，觉得无所谓，反正对楚国来说也没什么损失，于是就依照斗伯比的建议，把精兵全部藏起来，示少师以弱。少师看到楚国疲弱的状况，和谈一结束，就匆匆回国了。

少师回到随国，立刻求见随侯，他说："楚军完全没有战斗力，士兵疲弱而且缺粮。他们和我们和谈的原因，是他们实在撑不下去了。我们若不趁着这个机会消灭他们，一旦让他们跑掉了，有朝一日还会是祸害，所以我们要尽快组织军队追击。"

这一番话说得随侯心动不已。如果能把楚国打败，那将是多大的荣耀。

可是，熊率且比所说的随国贤人季梁出来阻拦，季梁说："当前，楚国声势正盛，他怎么可能把羸弱的一面展示给我们看呢？这明显有诈。"能人就是能人，季梁和后世刘敬说的话如出一辙。

季梁又劝随侯说："小国能击败大国，最重要的是小国有道而大国淫乱。所谓有道，是指做国君要对民众忠诚，对神灵诚信。国君要天天想着如何让人民生活得更好，这才叫对人民忠诚；负责祭祀的祝、史，要日日想着如何把正确的信息汇报给神灵，这才叫对神灵诚信。现在随国的民众正在挨饿受冻，可是做国君的人竟然想逞一时之快，主动攻打大国，这叫对人民忠诚吗？那些负责祭祀的祝、史，只想着在神灵面前风光，而不把实际的情况告诉神灵，这是对神灵诚信吗？对人民不忠，对神灵不诚，我们凭什么打胜仗？"

随侯听了很不服气，他说："您说的其他事情寡人不好反驳，可是就敬奉神灵这件事情上，寡人敬奉神灵所用的牺牲都是牲畜中最好的，个个硕壮肥大，祭祀神灵所用的谷物都物丰量足、门类齐全，寡人如此诚心诚意地敬奉神灵，您怎么能说寡人对神灵不诚信呢?"

季梁回答说:"民心所向决定神灵的意志。民众想要什么,神灵就会赋予您什么。先王总是先成就民众,让民众和乐安康,然后才把富余的部分敬献神灵。所以,先王在向神灵敬献牺牲的时候,会告诉神灵说这次敬献的牺牲何其硕壮肥大,这是因为治下的民众所蓄养的牲畜都是如此硕壮肥大,而且数量众多,也没有遭受到各种病害。敬献谷物的时候,先王会说,敬献的谷物物丰量足、门类齐全,因为治下的民众五谷丰足,没有匮乏。敬献酒酿的时候,先王会说,这次敬献的酒酿清冽醇香,都是好酒。是因为我们上下守序,即使有这样的好酒,也不会破坏我们的秩序,不会有醉酒后的混乱。正是因为怀着这样的心思,所以贡品所散发出来的芳香表示敬奉之人心中没有邪恶,只有善良和纯真,这才是真正有诚意的祭祀。要做到这样的祭祀,就要求做国君的人首先要务于农事,让大家衣食无忧,还要教化民众,让所有家庭中的成员都能够相亲相爱。民众之间和谐友爱,于是神灵就会降之以福泽,做事情就能够事半功倍,马到功成。可是如今,民众各有私心,连神灵都不知道要降什么样的福祉,就算国君您祭祀使用再丰厚的物品,恐怕神灵也没有什么福可以降给您的。所以请您姑且勤修政事,友爱兄弟之国,联系汉东小国,不要自大骄纵,这样我们才能对抗楚国。"

这段话说完,随侯被说服了。他突然感到恐惧,所以退而勤修国政,没有追击楚国。楚国一看随国没有追击,计策落空了,也没敢轻举妄动,就依照计划退兵了。

季梁说了这么多,其实跟我们前面讲到的鲁弻、鲁达喜欢长篇大论劝阻国君的人都是一个思路。也就是说,他们认为,世间最重要的两条线,一条是民众,一条是神灵。

鲁弻讲国君最重要的两件事是端正法度、敬奉神灵。这次季梁所讲的小国若想打赢大国,必须小国有道。有道是指对民众要有道,对神灵要有道。都是一手民众、一手神灵。

● **民为贵** ●

我们前面讲过,春秋时代是中国从政教合一转向世俗国家的重要转折点。

> 从夏商时代的很多记录中我们会发现，很多国君并不关心除了神灵之外的事情。比如打仗，国君派很多军队出征，但是他并不认为战争的结果依靠的是军队。如果神灵让你获胜，即使你只派一个人去，照样能把敌方的十万人打败，如果神灵让你失败，即使你带十万人去，敌方只有一个人，你也会失败。
>
> 他们认为，神灵是主导世界一切的力量，所以他们唯恐对神灵伺候不周。最典型的例子就是商代最后一任君主帝辛，也就是殷纣王。帝辛是一个疯狂的敬奉神灵者，与他相关的典故比如说酒池肉林、炮烙之刑，甚至取比干的心，砍路人的腿，说到底都是敬神、祭神的举动而已。
>
> 从周代开始，唯神灵论这种观点开始有所扭转。到了周代中后期，就出现像鲁彄、鲁达以及季梁他们这类人的观点。他们仍然认为，神灵是不可丢弃的，但是民众更重要。神灵实际上体现的是民众的意志。也就是民众要求什么，神灵就会支持什么。
>
> 正是这种观点一直延续到战国时代，才有孟老夫子所说的「民为贵，社稷次之，君为轻」（《孟子·尽心章句下》）。要注意的是，这里的社稷不是指国家，而是社神、稷神两位神灵。所以这句话放到今天应该说成"民为贵、神灵次之、君为轻"。

虽然潮流如此，但我们也同时会发现，当时的国君并不都这么认为。比如随侯，他就认为民众是不重要的。当季梁提出要对民有道、对神有道的时候，随侯认为他对神非常有道。随侯还是活在夏商时代老顽固思维的逻辑中，他依旧认为只要进献丰盛的祭品，把神灵伺候好，神灵就会保佑。至于国家民众如何，他一点儿都不关心，因为有神灵保佑，任何问题都能迎刃而解。

这样的思维在春秋时代的国君里非常常见，而这些国君到最后往往都没有好下场，因为时代的车轮早已不可阻挡。

夏四月，公会纪侯于成。

我们之前讲过，齐、郑两个国家的国君突然跑到纪国朝见，这一下可把纪国吓坏了，因为齐国对纪国的威胁就已经非常大，现在变成郑齐集团对纪国的威胁。纪国非常担心步许国的后尘，被这三个国家联合起来干掉。

所以纪侯主动跑到鲁国来讨论齐国的威胁，本年四月，鲁允和纪侯在成邑会面。

纪侯这次前来的第一个目的是要探鲁国的口风，因为鲁国和齐国刚刚联姻，而鲁国跟纪国也是婚姻之国，纪国想知道鲁国的动向如何，鲁国是否会跟着郑齐又搞一个三国灭纪。第二个目的则是，如果鲁国不站在郑齐集团那边，有没有可能支持纪国，有没有可能至少以一个中间调停人的身份调停齐国与纪国之间的关系。

这次会面只是纪国为了存亡所走的一步棋。后面还有一步又一步，步步惊心，但步步都徒劳无功。

小国的命运就是如此悲凉。

（北戎伐齐。）

本年夏天，戎人大举进犯齐国，以齐国之强，也感到应对吃力。于是，齐国国君齐禄父广撒求援信，请求诸侯驰援。

郑国首先响应，郑国国君郑寤生派出自己能干的儿子郑忽率领郑军救援齐国。

六月，郑忽大败戎人，俘获戎人大良、少良两位统帅以及戎人甲士三百余人，献俘于齐。

当时，各国前来支援的军队都驻扎在齐国。按照习惯，齐国要向这些军队供应牛、羊、米粮等物资，齐国请求鲁允出面，负责物资的发放。

鲁允发放物资时把郑国排在后面。论爵位，郑国不过一个伯爵国，算不上高；论资历，郑国到现在国君才历任三届，相对于其他有十几任历代国君的国家，更是没得比。

鲁允自认为公正，但却惹怒郑忽。郑忽觉得："国家资格老又怎么样？你们不过是尸位素餐，摆在那儿让人供奉的。打仗还不是靠我们郑国，还不是靠我郑忽。你们又出过什么功劳，竟然敢用自己的老资格抹杀我的战功，我不服！"

郑忽由此对鲁国非常愤怒，这种情绪在几年之后引发鲁国的一场灾难。

我们再说郑忽这次为齐国大胜戎人，齐禄父都是看在眼里的。齐禄父向郑忽提出结亲的请求。这不是齐禄父第一次提这样的要求了。

鲁允和齐禄父的女儿文姜结亲之前，齐禄父就有心将文姜嫁给郑忽。一方面，是因为郑忽英勇善战是个人才；另一方面，郑忽是郑国的法定继承人。对于齐禄父来说，如果和郑忽结亲，既可以保持齐郑之间的关系，又可以对郑国的下一代施加一定的影响力，何乐而不为呢？

可是，郑忽拒绝了。有人问郑忽："和齐国之间结亲不是挺好的吗？有齐禄父做你的老丈人，有齐国做你的靠山，将来你继承郑国的国君宝座，那不是稳如泰山吗？"

郑忽却回答说："每人都有各自的姻缘，齐国虽然强大，但却不是我的亲家。《诗经》有云：『自求多福』（《大雅·文王》）。我将来怎么样，取决于我自己，而不取决于是不是有齐国这个大靠山。齐国就算大国又如何，与我何干呢？"

君子曰："善自为谋。"这是称赞郑忽真是好男儿，有自己的想法，又能够保持自己的原则。

这次，齐禄父再一次提出要跟郑忽结亲，当然文姜已经嫁给鲁允，他还有其他女儿可以嫁。可是郑忽依然拒绝了。

郑忽说："当年齐国没发生什么事情，我还不敢答应。现在，国君的命令是要求我来救援齐国，可是我回国的时候带着媳妇回去了，这不就成了郑国劳师动众就为了给我娶亲吗？国人会怎么看？这件事我还是不能答应。"

我们说，郑忽这个人有立场、有想法、有原则，但就是太骄傲，也因此一个如此英勇善战的大好男儿，最后并没有好下场。当然，这是后话。

秋，八月壬午，大阅。

八月初八，鲁国举行大型阅兵活动。

按照春秋时代的习惯，一年四次打猎，三年一次大阅兵。这次阅兵就是指三年一次的阅兵。

蔡人杀陈佗。

去年，陈国第十二任国君陈鲍病重的时候，他的弟弟陈佗杀了世子自立为国君，后来，陈鲍过世，陈佗就成了陈国事实上的国君。

一眨眼，一年快过去了，国际间既没有声讨陈佗的声浪，也没有国家出面承认陈佗政权，这件事就像被大家忘记了一样。陈佗觉得，既然没有人反对他，可能就是大家默认了，所以就放松了警惕。

陈佗喜欢打猎，既然国内外没有反对他的声音，他就带着人跑到蔡国去打猎。在蔡国，陈佗和当地人因为猎物起了冲突。这些蔡国人并不知道陈佗是陈国的国君，两边人打得动了刀子，陈佗就莫名其妙地在冲突中被干掉了。

陈国一看，篡位的国君被干掉了，于是，陈国国人立第十二任国君陈鲍的儿子陈跃做陈国的国君。

九月丁卯，子同生。

九月二十四，鲁允和文姜的儿子鲁同出生。

鲁同，可以说是到本年为止《春秋》所有记录的人物中最幸运的一个人。因为《春秋》准确地记录了他出生的年月日。

如果我们打开历史人物表，就会发现古代人物生卒年月的记录，死的时间往往会有一个精确的年份，但什么时候生的，往往只有一个问号。

这是因为古人对死亡这件事情非常重视。在《春秋》里，一个国君什么时候即位，什么时候去世，什么时候下葬，往往都会有相应的记录，可是这个国君什么时候出生的，却没有人知道，国君尚且如此，更不要说下面的大夫、士这些人了。由此就造成很多悬案。

比如说两个人，谁是哥哥，谁是弟弟，除非有明确的记录，否则我们就很难确定；再比如某个人在某个事件中多大年龄，去世的时候享寿多少，因为没有出生日期的记录，我们也只能靠乱猜。

可是鲁同就不一样了。鲁同的出生、去世都被精确记录，所以他在某个事件里是多大年纪，也就很容易推算出来。这是我们《一说春秋》讲到现在为止，所有出场的人物所没有的。

此外，鲁同还是《春秋》所记录的鲁国十二任国君中唯一一个嫡长子，其他国君则都不是。

当然，鲁同的出世对于鲁国、对于鲁允来说都是大喜事。鲁允有了儿子，更重要的是他有了嫡子，鲁国有了法定继承人。所以鲁同一出生就是以世子的规格来对待的。

● 新生儿 ●

按照春秋的习惯，新生儿出生三天内会受到父亲的接见，而接见的规格也有不同。国君的世子出生，就是用太牢来接见。所谓太牢，就是牛、羊、猪，这个可是说是最大的规格了；而大夫的儿子则是用少牢来招待，也就是羊和猪，少了牛；士的儿子则用特来招待，特指的是猪；而庶人的儿子则是用小猪来招待。若非嫡长子，还会对应地下降一个级别。

鲁同是嫡长子，又是国君的嫡长子，所以他是按太牢来招待的。当然，小孩子刚出生三天，他能吃得了牛、羊、猪这么多东西吗？这个当然不完全是给小孩子吃的，主要是为了奖赏孩子的母亲，补虚强气。

鲁允要接见鲁同，就需要有人把鲁同抱出来。鲁允派人占卜手下，看哪个士适合做这个事情。结果，占卜得出一对士人夫妻，由男人背着鲁同出来，女人则做鲁同的奶妈。同时，鲁允和他的夫人加上宗室的夫人聚在一起，开始讨论怎么为鲁同起名。

说到起名，鲁允也完全没有头绪，所以他事先咨询了鲁国大夫申繻，向他请教如何给孩子起名。

申繻回答说："起名的方法一共有五种，分别是信，义，象，假，类。信，是以出生时候的情况来起名；义，是以祥瑞的字来起名；象，是以相类似的特征来取名；假，是假借万物来取名；类，是以新生儿和父亲相类似的地方来取名。除了这五种方法之外，起名还有非常多的避讳。比如说，不能以国家的名字来为人起名，也不能以国家设置的官职来为人起名，不能以山川的名字为人起名，不能以疾病为人起名，不能以牺牲或者祭祀用品为人起名。有一些人不信这些，非要使用避讳的词。比如晋国曾经有一个国君起名叫做司徒，他过世之后，为了避讳他只能把司徒改名，晋国就再也没有司徒这个官职了。宋国有一位国君叫做司空，他过世之后，宋国就没有司空这个官职了。同样的，鲁国有两位先君，一位以具山的具字命名，另外一位以敖山的敖字命名，结果这两位先君过世之后，鲁国没有人再称呼这两座山为具山、敖山，大家只能以山下面的聚落或者城市的名字来称呼它们。"

最后，申繻强调说："一定不要以这种大的物件和大的概念为孩子取名，会给很多人带来麻烦的。"

申繻所讲的五种起名方法多有例证。

西周一任天王姬发给他的儿子取名虞，就是因为姬虞的掌纹像虞字，这是以出生时看到的身体特征起名；明代江南四大才子之首唐寅唐伯虎，是庚寅年寅月寅日寅时出生，所以取名为寅，这是以出生的时辰来取名；其他也有以出生时听到的声音或是看到的景象来起名的，这些都是以信的方法来起名的。

姬发的发字，是一个比较吉利的字。他的父亲姬昌的昌字也是一个吉祥的字，他们都是以义的方法来起名的。

至圣先师孔子出生的时候大脑门，就像山丘一般，所以取名为丘。这是以类的方法来起名的。

宋国国君宋杵臼，杵臼是舂捣粮食和药物的器具，宋杵臼便是以器物为名；孔子的儿子孔鲤，则是以动物的名称来为他取名。这些都是以假的方法来起名的。

至于申繻所说的避讳，周代的人避讳鬼神，当他活着的时候，名字被他使用，一旦过世，为了尊敬他，他的名字就要做避讳。如果以国家的名字为他命名，这个人过世后，为了避讳，这个国家就要改名。如果以祭祀相关物品起名会是更麻烦的事情，比如最常用的牺牲是牛，如果给人起名叫牛，那么等他去世了，后人祭祀他，因为需要避讳，就不能使用牛做牺牲了。

申繻所提到的叫做司空的宋国国君，这个人大家应该很眼熟，他就是鲁允的外公，是鲁允母亲的父亲。因为他起名司空，为了避讳他，宋国就改司空为司城，这是宋六卿之一，以后我们还会提到。

申繻这么说完，鲁允就明白了。他说："这个孩子和我是同日出生，我们按照类的方法，就叫他鲁同吧。"

冬，纪侯来朝。

本年冬天，纪侯到鲁国来朝见。这是纪侯今年第二次跑到鲁国来，这次来还是讨论齐国威胁的问题。

夏天，纪侯与鲁允讨论了半天没个结论，他回国之后一群人又在商量到底怎么办，齐国的压力越来越大。结果，他们又想出一个新的招，就跑过来和鲁允商量看看有没有可能。

纪侯提议说："能不能请鲁国让王室出面来调停齐国和纪国的关系？能不能由王室牵头，让两个国家达成和解？"

鲁允回答说："这是不可能的事情。"

王室，尤其是现在的王室，刚刚纠集一批人攻打郑国，结果被郑国人箭射王肩,王室的权威是有史以来最低的,已经达到冰点。这个时候的王室还有心思出来调停这种事情吗?还有能力达成这样的调停吗?在鲁允看来,根本做不到。

鲁允非常清楚,可是纪侯能不清楚吗?但是他还能怎么办?一个面临亡国的小国,就算只有一线生机,他也会尽百倍的努力。

番外：何以姓氏

使用微信扫描以上二维码收听本章音频

今天我们要称呼一个人是比较简单的，姓什么叫什么，合起来就可以称呼了。可是放在古代，尤其是春秋时代，要称呼一个人还是蛮复杂的一件事情。

春秋时代讲究的是姓、氏、名、字、排行，五样东西加在一起来称呼一个人。一般来说，年幼的时候称呼他的名，行过冠礼成年后称呼他的字，等到他五六十岁年纪大了则称呼他的排行。

比如，关羽在春秋时代，小的时候大家都叫他关羽，这是称名；等到他行冠礼成年，大家就称呼他关云长，这是称字；等到他五十多岁，年龄大了就称呼他关二爷，这是称呼排行。

这种称呼方式就叫作「幼名，冠字，五十以伯仲」（《礼记·檀弓上》）。所谓伯仲就是排行，古代的排行讲究伯、仲、叔、季，伯是老大，仲是老二，季是老幺，其他都称叔。

名、字、排行一句话就说清楚了，比较复杂的是姓和氏。今天我们说姓氏，其实就是姓，可是在春秋时代姓是姓，氏是氏。所谓女生为姓，姓讲究的是血缘，周代有同姓不婚的习惯，如果不知道某一个人姓什么就要求神占卜来决定，占卜结果是同姓的话，就不能结婚。

周人对于姓是很重视的，虽然当时的女性称呼随便，但也一定会把姓放在称呼的最后，比如我们前面讲过的武姜、戴妫、厉妫、文姜都是这样的，而今天的文史学家也都是靠这个来确定某个国家的国姓。

氏代表的是一个人的身份和地位，这个问题就复杂了。一个人的身份和地位可以有很多个，好比现在一个人，他可以是 A 公司的总经理、B 公司的顾问、C 公司的董事，有的人的头衔连起来要用尺子量的。自然他们在不同的情况下，就会有不同的称呼，氏也同样有这个问题。

比如我们耳熟能详的姜尚姜子牙，《史记》称呼他为吕尚。吕就是姜子牙的氏。据说姜子牙是上古四岳的后裔，上古四岳的子孙曾经被封在吕，所以姜子牙就以吕氏自称。我们要注意的是，吕在今天河南省南阳市，姜子牙是东海上人，长期待在山东，南阳到山东这么远的距离，他怎么能以吕氏自称呢？我们看一下姜子牙的履历表就会明白了。

姜子牙年轻的时候，混得非常差，他曾经在朝歌屠过牛，在棘津卖过酒，最后因辅佐周王室克商有功，被封在营丘，成了齐国的始祖。姜子牙在发迹之前是很潦倒的，他称吕氏就是为了抬高身份，称吕氏的意思就是："别看兄弟现在混成这样，祖上也是有名的豪门啊。"吕氏能说得出口，拿得出手，大家一听也是响当当的。从后世来看，称他吕尚代表他的出身，而齐国人则称他为齐太公，也就是以齐作为他的氏来称呼他。您看，一个人两个氏，不同的人就以不同的氏称呼他。

同样的情况还有秦国。秦国除了有一个氏是秦之外，还有一个氏是赵。这个说起来很有意思，战国七雄里面一个秦国，一个赵国，结果，秦国又称秦又称赵。

当然，这就要说到秦赵同源的问题。秦、赵据说是源出同一支，都是飞廉、恶来的后代。飞廉、恶来因为对抗周王朝，所以周王朝立国之后把他们的家族一撸到底贬成平民，而他们的后裔也就因此分散到各处，主要有两个分支：一支留在今天的陕西省，后来就成为秦人的祖先；一只留在今天的山西和河北一带，成为赵人的祖先。

不巧的是，秦人的祖先比较倒霉，混了半天，什么都没混出来，而赵人的祖先很早就被封在赵城，成了大夫。所以秦人就说，我们和赵城那一支，祖上都是一家的，只不过后来分成两批，所以他们称赵氏，我们也是赵氏人呢！由此，秦人也称赵氏，说白了还是自抬身价。

东周初年，秦人被封为诸侯，赵人却还混在大夫阶层，这个时候秦人还会称赵氏自抬身价吗？他们恐怕早改称秦氏，而不再以赵氏自称了。

同样，我们都知道秦始皇叫嬴政，如果以氏来称呼他，就是秦政，有人也称呼他为赵政，好像不算错。但战国的赵国，地位最多和秦国一样，却奄奄一息，远不如秦国有朝气，秦始皇还需要称赵氏来自抬身份吗？恐怕也不需要吧。

氏是一个非常势利的东西，不同的人在不同的形势下有不同的称呼。在选择使用哪一个的时候，人们往往都会选择最能够荣耀自己的的那个来作为自己的氏。

可是，什么是最荣耀自己的氏呢？这在不同的时间点又有不同。

比如说像战国时代赵国的祖先赵衰，他跟随晋国公子晋重耳周游列国十九年，晋重耳回到晋国，成了我们后世尊称的晋文公。他把自己的女儿嫁给赵衰。晋重耳的女儿为赵衰生了三个儿子，这三个儿子分别被封在原、屏、楼三个地方，所以被称为原同、屏括、楼婴。也就是说，他们以自己的封地作为自己的氏，即原氏、屏氏、楼氏。

以后世的角度来说，赵氏绵延到了战国时代受封成为诸侯，后来甚至自行称王，赵氏相对于原氏、屏氏、楼氏来说，应该是一个更荣耀的氏。为什么三个人不称为赵氏呢？这就是时间不同看法不同。

当时，赵衰的三个儿子有了自己的封地，成了大夫。赵氏也不过是个大夫，从地位上来说，和原氏、屏氏、楼氏是相同的。赵衰的这三个儿子都不是赵氏的嫡子①，如果他们称赵氏，只不过是赵氏的小宗而已，可是如果称原氏，屏氏、楼氏，就变成这些氏的大宗始祖，那当然是称原氏、屏氏、楼氏比较好。

所以，从后世的角度看，我们认为他们应该称赵氏比较显赫，可是以当时的角度来看称原氏、屏氏、楼氏更显赫。

我们前面讲的姜子牙、嬴政、赵氏都是有头有脸的、被分封的，每年每个诸侯都生很多孩子，这些孩子又生很多孙子，不可能人人都受封，都变成大夫，如果没有受封，这些人怎么办呢？他们的氏从哪儿来呢？

这就需要以字为氏。

鲁国的司空无骇去世后，有人请求鲁息姑给他赐氏，鲁息姑就用无骇的字为他赐氏为展，这就是后来的展氏。

宋国大司马孔父嘉，字孔父，名嘉，乍一看，孔父嘉这个称呼是字加名的称呼，很奇怪，所谓「幼名，冠字，五十以伯仲」（《礼记·檀弓上》），字和名本是一个人不同阶段的称呼，怎么会加在一起来用呢？但类似这样的称呼，《春秋》里还有很多，未必是笔误。如果我们用以字为氏来解释的话，孔父嘉的孔父是他的字，同时也是他死后被赐的氏，那么，孔父嘉其实还是氏加名的称呼。

以字为氏的问题是可能出现很多氏，比如一个人以字为氏，他的儿子又以字为氏，他的孙子又以字为氏，那他的曾孙出生的时候，到底应该用曾祖父的

---

① 赵氏嫡庶问题是一段公案，这里权且这么说，后面碰到会做具体的说明。

字作为氏、祖父的字作为氏，还是用父亲的字作为氏呢？这又是一个非常功利的选择。

诸侯的儿子称公子，诸侯的孙子称公孙，诸侯的曾孙为什么没有公曾孙这个称呼呢？原因就是一个家族养不了这么多人。一个诸侯生几个儿子，每个儿子又生几个孙子，这时候家族里的人就已经非常多了，如果每个孙子再生曾孙，这些曾孙在整个家族里就会把大宗嫡系的权益给分薄了，所以到曾孙这一代就会分家，把他们分出去。公子、公孙的时候，他们还享受大宗的权益，可以用大宗的氏，但到曾孙就要另谋出路了。比如说，鲁国的公子氏鲁，鲁国的公孙氏鲁，但是鲁国的公曾孙就不能氏鲁，自然也就没有公曾孙这种叫法。

如果公曾孙想谋一个氏的话，对他来说最荣耀的就是他的祖父，因为他的祖父离诸侯这个级别是最近的，所以要以这一支里面最荣耀的人的字来作为他的氏，这就是《春秋》最常用祖父的字作为自己的氏的原因，说白了还是为了自抬身价，彰显自己的地位。

那么，能不能以父亲的字来作为自己的氏呢？一般情况下，不会有人这样做，如果以他父亲的字作为他的氏，意味着这个人是公孙，比如说鲁国的公孙，明明还可以享受鲁氏，为什么平白无故地自己造一个氏，把自己从大家族里分出去呢？这不是很奇怪吗？如果有两个氏让大家来选，大家当然是选更有身份、更有地位、更能彰显自己的氏。所谓以祖父的字作为氏的人，往往都是被别人从大家族里撵出来、实在没办法再用这个家族的氏作为自己的氏的时候，才想办法找自己世系里最荣耀的人，用他来彰显自己。

当然这说的是理想状态，在春秋中后期，诸侯的地位下降，诸侯的氏相对于强权大夫来说，未必就多么荣耀，所以有人以父亲的字为氏，来荣耀自己就不足为奇了。

氏用来彰显身份，显示荣耀，所以它比较势利，总是要用最荣耀的那个氏来称呼。但事有例外，比如像我们前面讲的晋国小宗晋成师这一支，晋成师是晋国的公子，同时又被封在曲沃，所以晋成师其实有两个氏，一个是晋氏，一个是曲沃氏，晋氏要比曲沃氏荣耀，所以我们称他为晋成师。

可是我们称晋成师的儿子为曲沃鳝，曲沃鳝论起来是晋国的公孙，同时也继承曲沃这个地方，所以曲沃鳝也是两个氏，一个是晋氏，一个是曲沃氏。我们称他为曲沃氏，原因是曲沃鳝在跟晋国大宗不停地争斗，所以我们称他为曲沃氏，以区别大宗的晋氏，这是一个例外。

还有一个例外，就是周王室的天王。我们从来没有以周来称呼天王，原因是王畿中还有一个小国叫作周，就是当年鲁国的始祖周公姬旦的二儿子继承周公的位置所建立的国家，如果我们称为周的话，就和周公混淆了。其次，战国时代周王室分裂成一个东周国，一个西周国，它们也都自称是周。

那么，我们怎么称呼天王呢？我们就称呼他的姓。所谓天子无氏，也就是说，周天子在整个体系里面是至高无上的，不需要通过氏这个东西来彰显他的身份，他只要以姓相称就足够了。

接着我们再来说说楚国。如何来称呼楚国的国君是个蛮复杂的问题，因为楚国有三种不同的称呼方式可供选择。

首先是称姓。楚国很早就自行称王，虽然《春秋经》顽固地以称呼蛮夷的方式称楚君为楚子，但也改变不了楚称王的事实。周代以王为最高领袖，楚称王也就是天子，天子无氏，自然应该以姓来称呼。

其次是称楚氏。楚国有太子建，因为受到迫害而流亡到郑国，结果又卷入郑国的内乱被杀。这位太子建就被称为楚建，即称楚氏。称楚氏应该是按中原诸侯的习惯，以国为氏的称呼，比如我们之前讲到的鲁息姑、鲁允、郑寤生等都是这样的称呼。但中原诸侯最初称楚国为荆，后来才称为楚，可知楚氏应该是春秋中后期，楚国崛起后，中原诸侯按自己习惯对楚人的称呼。

最后是称熊氏。楚国的祖先中有一个人叫作鬻熊，他曾经侍奉过西周第一任天王姬发的父亲姬昌，所以鬻熊的后代都以熊为氏，很明显这就是以字为氏的做法。

楚氏因为不是通用的称呼，我们先放在一边。对于楚君来说，称姓还是称熊氏呢？这可是一个大问题。

我们以楚国的武王为例，如果以熊氏来称呼他，那应该叫他熊彻，如果以姓来称呼他，楚人姓芈，则应该叫他芈彻。这两个称呼的区别非常大，尤其是在传统的中国。

秦汉以后讲大一统，所谓"天无二日，民无二王"（《孟子·万章上》），周代既然是以周王室作为主系，楚国不过是周王室的一个诸侯国，自然不能以天子无氏的规格来称呼楚国。可是如果我们抛开大一统的概念，以当时现实的状况来说，楚国既然自立为王，就跟周王室一分为二，变成平等地位，能用天子无氏称呼周天子，为什么不能用天子无氏称呼楚天子呢？当然没问题啊！所以对楚国的称呼实际上决定对楚国地位的认识。

那么我们怎么来称呼楚国呢？《一说春秋》的音频版以姓来称呼，也就是说，我们认可楚国自立为王的地位。但本书以熊氏来称呼，因为根据《左传》的记载，楚国以熊氏自称。

楚国称熊氏源出鬻熊，也就是说所有以熊氏自称的楚人，都是以鬻熊当时曾经侍奉过姬昌为最大的荣耀，在鬻熊之后的几代人，楚国向周王室称臣，这么认为还可以理解，但再过几代之后，楚国自立为王，和周王室一刀两断，为什么还要以鬻熊曾经侍奉过姬昌为荣呢？为什么不能以楚国、楚国王室为荣呢？

我们后面会讲到，晋楚争霸，晋国、楚国都有自己的势力范围，有自己的盟会，有自己的排场。但到弭兵之约，晋、楚头一次在同一个场合举行盟誓的时候，楚国才发现，晋国的排场是楚国想破脑袋都想不到的，即使以楚国见识最广博的智囊，也只了解十之二三。这恐怕就是因为楚国长期偏居南方，不如中原诸侯的花花肠子多，所以他们的传统他们的氏就很朴实地保留下来。

最后我们要说，氏这么复杂，为什么我们不以姓来称呼呢？这不是更符合现在的习惯吗？何况大多数网络百科也都是这么称呼的。

春秋时代，男子称氏不称姓，以姓称呼首先是不符合春秋时代的习惯。但更重要的是，以姓称呼会引发一个严重的技术问题。

周代王室姓姬，王室的小宗被分封成诸侯，所以鲁、郑、卫、蔡等都姓姬；诸侯的小宗被分封成大夫，所以鲁国内部的众氏、展氏、臧氏等都姓姬。如果我们全部以姓来称呼他们的话，周王室有姬宜臼、姬林，郑国有姬寤生、姬忽、姬突，鲁国有姬息姑、姬允，鲁国下面的大夫有姬仲、姬彄、姬达、姬翚、姬豫，天啊，我们前面提到的人物一多半都姓姬。

其实，《春秋》整部书中姓姬的人能占百分之七八十，真这样叫下来，恐怕大家就会更晕更乱了，全是姓姬的，那到底谁是哪个国家的？还能分得出来吗？

这恐怕也是为什么春秋时代男子称氏不称姓的一个重要原因，就是怕大家搞混淆了。

当然，我就这么一说，您就那么一听。

七年

公元前705年,丙子,周王姬林十五年,鲁侯允七年,晋侯小子四年,曲沃伯称十一年,卫侯晋十四年,蔡侯封人十年,郑伯寤生三十九年,曹伯终生五十二年,齐侯禄父二十六年,宋公冯六年,秦伯立十一年,楚王熊彻三十六年,杞武公四十六年,陈侯跃二年,许男郑七年。

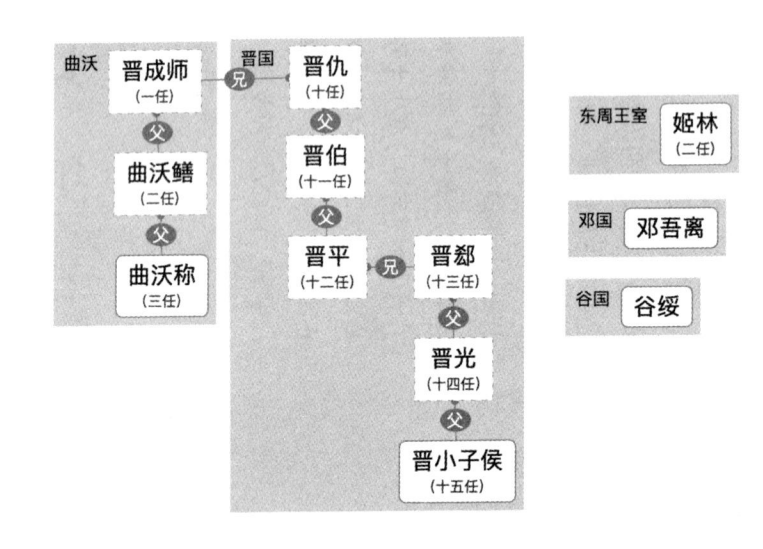

图18 鲁允七年人物关系图

七年春，二月己亥，焚咸丘。

二月二十八，鲁国在咸丘一带焚烧林木，驱逐野兽。

周历二月二十八也就是农历十二月二十八，这时候天气尚寒，鲁国通过焚烧林木，把野兽驱赶出来进行捕获，说白了这是一次田猎行动。

夏，谷伯绥来朝。邓侯吾离来朝。

谷国国君谷绥、邓国国君邓吾离到鲁国朝见。因为他们的国家太小、身份卑微，所以《春秋经》记下他们的名字。

（盟、向求成于郑。）

七年以前，天王姬林为了贪便宜，用了不属于自己的十二块地交换了郑国实实在在的四块地，虽然后来郑国通过调动虢国的军队攻打宋国，找回一点儿便宜，但是这十二块地一直没有真正属于郑国。

顾虑到与王室的关系比较紧张，而这十二块地又在王畿里，郑国不愿意派人强行把这十二块地收回来，所以这件事情就一直放着。

直到去年，姬林调动联军攻打郑国，被郑国箭射王肩，相当于郑国和王室之间完全决裂了，所以郑国现在再没有那么多顾忌，就开始收回十二块土地。

可是，这十二块地并非都想纳入郑国的版图。其中，盟、向这两个地方进行了反抗。

试想，盟、向这么两个小地方能有多大的能耐与当前如日中天的郑国抗衡？没多久，两个地方就支撑不住了，只好向郑国求和，郑国也同意了。

但没有过多长时间，盟、向又反悔了，投靠王室这边。结果，这下捅了"马蜂窝"。

（秋，郑人、齐人、卫人伐盟、向。）

盟、向向郑国求和，转而又背叛郑国，郑国国君郑寤生是何许人也，怎么可能善罢甘休？郑寤生当即在本年秋天纠集齐国、卫国，组成三国联军讨伐盟、向。

盟、向本就是小地方，一个郑国已经压得它们喘不过来气，现在又加上齐国和卫国，盟、向马上就陷入崩溃的境地，两邑只好向王室请求支援。

可是，这会儿的天王姬林敢有所动作吗？姬林纠集那么多军队，都没能打过郑国，现在人家是三个国家的军队，姬林凭什么跟它们对抗？

姬林在没有办法的情况下，只好把盟、向的居民统统迁移到王城附近，然后把盟、向的土地交给郑国。

（冬，曲沃伯杀晋小子侯。）

晋国的内争还在继续。我们前面讲过，所谓晋国内争，指的就是晋国大宗和晋国小宗曲沃的争斗。之前，大宗以晋光为主君，曲沃以曲沃称为主君，结果晋光被曲沃称俘获，杀掉了。

大宗又拥立晋光的儿子做晋国的国君，大概这位新任的国君年纪比较小，所以被称为小子侯。到了本年冬天，曲沃称用计把小子侯骗出了翼都，抓住他后又给杀了。

这真是大宗拥立一个国君，曲沃就想办法干掉，大宗再拥立一个国君，曲沃又想办法干掉，大宗能做国君的人快被曲沃杀光了。

八年

公元前704年，丁子，周王姬林十六年，鲁侯允八年，晋侯缗元年，曲沃伯称十二年，卫侯晋十五年，蔡侯封人十一年，郑伯寤生四十年，曹伯终生五十三年，齐侯禄父二十七年，宋公冯七年，秦伯立十二年，楚王熊彻三十七年，杞武公四十七年，陈侯跃三年，许男郑八年。

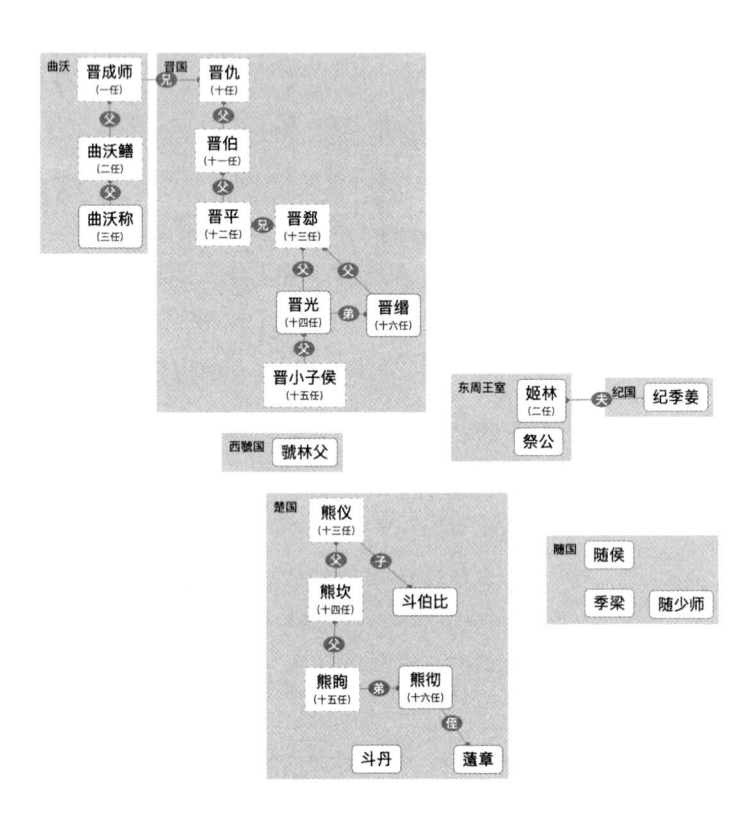

图19 鲁允八年人物关系图

八年春，正月己卯，烝。

正月十四，鲁国举行烝祭。

烝祭是一年四次例行祭祀的最后一次，一般都在夏历十月，也就是周正十二月举行，如今已经到了正月，才过期举行，所以《春秋经》特别予以记录。

（曲沃伯灭翼。）

去年，曲沃小宗的曲沃称诱杀大宗的主君小子侯。

紧接着在本年春天，曲沃称攻打翼都，将翼都攻克。晋国大宗似乎已经被曲沃称消灭了。

天王使家父来聘。

天王姬林派大夫家父来鲁国聘问。

夏，五月丁丑，烝。

五月十三，鲁国举行烝祭。

正月晚一个月举行烝祭就已经很不合适了，如今又早半年多举行，《春秋经》特别记录，予以抗议。

（楚子伐随。）

楚国大夫斗伯比听说随国的少师受随侯的宠信，于是赶快觐见楚国国君熊彻，他对熊彻说："机会来了。我们的仇敌随国有了破绽，我们要尽快行动，不要错过时机。"

于是，熊彻在沈鹿举行大会，召集汉水以东的小国参加。结果，黄国、随国没有来，这就落了楚国的口实。

春秋时代，作为强权霸主的大国经常喜欢召集小国来参会，这是它们用来打击对手的重要手段。

如果小国来参会，大国就会挑三拣四，想办法从气势上打击小国、激怒小国，一旦小国受气翻脸，大国马上以不敬作为理由出兵攻打小国。

有些小国不想在会上受辱，可是不去参加也不行。大国主动邀请还不来，这点儿面子都不给，大国就一个字——打。

所以这种大会，无论小国参加或不参加，大国总能找到出兵的借口。

熊彻派出他的侄子薳章去黄国谴责对方不来参会，他则亲率大军讨伐随国。

楚军驻扎在汉水和淮水之间，对随国形成威胁。为应对威胁，随国赶紧召开军事会议商议对策。

随国大夫季梁请求示弱给楚军，他说："如果楚国请战的话，我们一定不要同意，一定要等到被楚国逼得没办法、不得不出战的时候再出战，这样的话，楚军会误以为我们胆怯心虚，他们就会懈怠。而我军看到敌人竟然逼到了家门口，一定会非常愤怒。敌人懈怠，我军愤怒，就有可能击败楚军。"

季梁的这番话其实是想通过调整随军的士气减少随国在军力上的差距，这是一个可行的办法，但是有人当即反对，这个人就是少师。

前年，少师曾经参加对楚国的谈判，当时楚国大夫斗伯比示少师以弱，给少师展示的都是楚国军队疲弱的样子，这个印象深深地刻在少师的脑海里。

少师依旧认为这次来的楚军就是那种疲弱的楚军，他唯恐楚军还没开打就会逃走，所以少师说："这场战争，我们要速战速决，不要像上一次那样，打着打着就让人家跑了，我们想追都来不及。这一仗我们要主动出击，要一次性把楚国打得再也没有来侵犯的能力，不能等了。"

现在的少师正受到随侯的宠信，所以随侯就听从了少师的建议，亲自带兵到前线防御楚军。

两军对垒，随侯遥望楚军的阵势，季梁又来出主意。

季梁说："楚国的军队被分为左右两个方阵，楚国以左为尊，楚国国君熊彻一定是在左军。国君在左军，左军自然配的都是精兵良将，所以我们要避实就虚，放着左军不打，先打没有精锐部队的右军。如果我们能一举击溃楚国右军，右军崩溃就会拖累左军，使左军也同样混乱，这样我们就有可能赢得这场战斗的胜利。"

避实就虚也是一个好计策，但是少师马上出来反对。

少师说："楚国精锐又如何？我又不是没见过，小兵就那么高一点儿，武器一折就断了，这种精锐有什么可担心的？对于我们来说，如果不能在正面对抗、一举击溃熊彻带领的军队，这一仗打了也是白打，没有任何荣耀可言。所以我们应该对着楚国最强的左军开过去，一举击溃他们。这才是真正的战斗。"

少师说得气壮山河，结果随侯又没有听从季梁，而是采纳少师的建议。

楚、随两军在速杞交战，随军大败。随侯仓皇逃走，连战车都丢卜了。楚国大夫斗丹俘获了随侯的战车和车右少师。

少师能作为随侯的车右出战，可知他是一个勇猛之人，可惜有勇无谋，上了斗伯比的当，使随国栽了这么一个大跟头。

秋，伐邾。

本年秋天，鲁国出兵攻打邾国。

我们讲的近几年要么是晋国的事情，要么是楚国的事情，零碎还夹杂一些纪国的事情，可是鲁国本身的事情并不多。

鲁国似乎只是打打猎，接受一下朝见，乱搞一下祭祀活动。目前应该是太闲了，所以就发起一场战争，攻打郑国。

郑国相对于鲁国，就如同纪国相对于齐国。大概是鲁国看着齐国一点一点在蚕食纪国，也想学着一点一点蚕食郑国。

唉，这就是小国的悲哀。

（随及楚平。）

随、楚之间的战争还在继续，但随国已经无法支撑，所以随国开始向楚国求和。

楚国国君熊彻本打算一口回绝的，毕竟对他来说，趁这个机会一举灭掉随国是最好不过的选择。

但是，楚国大夫斗伯又出来说话了，他说："我们目前看似占有优势，但实际上处境还不如之前。少师被俘虏，这是上天为随国去掉内患，没有这个内患，随侯在季梁的辅佐下，以楚国目前的力量，战胜随国恐怕不是那么容易的事。"

熊彻考虑了一下，想来的确是这样，于是楚国和随国举行盟誓后退兵。

有人可能会不理解，小小一个随国，多了一个季梁，少了一个少师，楚国就打不过了吗？我们的回答是——真的有可能打不过。

春秋初年与战国时代的形势是完全不同的。这个时候是大国不大、小国不小，两边虽然实力有差距，但是差距很有限。一个国家突然出现一个猛人，这个人英勇善战非常厉害，这个国家可能就一跃成为地区性强国。某个国家连续三年丰收，粮食丰足，也可能变成强国。

楚、随之间就是如此，以楚国目前的实力，也只是比随国强一点儿。随国若是固守城池，坚决不出城，打城市战打攻坚战，楚国很可能耗不过。

随国若是在楚国包围自己的时候，再召集其他小国，将会对楚国造成很大威胁。

这也是为什么楚国攻破西周第十一任天王姬静搞出的防火墙会花费这么多时间。但是，也正是因为楚国不停尝试，吃掉越来越多的小国，自身变得越来越强大。春秋中期之后的楚国再要灭什么小国，说灭就灭掉了。

楚、随之间似乎一个贤人就主导战争的形势，但实际上那个时代的背景也起着重要的作用。

冬，十月，雨雪。

十月，鲁国天气异常，出现了雨雪。

周历十月，也就是今天农历八月。农历八月竟然下雪了，雪下得的确是有一点儿早，《春秋经》记录这件事情恐怕也是别有用心。

我们今天看来，天气哪怕是反常一点，也不觉得怎么样。可是在春秋时代，人们会认为这是上天传达下来的某种征兆。

今年鲁国的两次烝祭，都不合常规。接着鲁国又发动了一场战争，所以《春秋经》记录这件事情，很可能是为了警示鲁允：你要小心哦，你现在的行为举止已经有点儿出格了，所以上天才降下这样的预兆。

（王命立晋侯缗。）

年初，曲沃称攻克翼都，但并没有得到晋国内外的广泛支持。

晋国大宗的残余势力向王室求援，天王姬林派他的卿士——虢国国君虢林父率兵讨伐曲沃称。曲沃称一看虢林父来了，他也没有在翼都久待，就撤回曲沃。

曲沃称盘算得很精明，他虽然攻克了翼都，但是他仍然得不到晋国国人的支持，与其在翼都，跟王室的大军对抗，不如回到自己的老窝更安全。

更重要的是，对于曲沃称来说，经过三番五次的折腾，晋国大宗的实力已经今非昔比，大宗被曲沃称灭掉是迟早的事情。曲沃称没有必要为了早晚到手的肉跟王室直接对抗，所以他选择退避，毕竟王室的力量不可能在翼都长久停留。

再说虢林父，他到翼都一看，曲沃称老早就跑掉了，摆在他面前的问题是，晋国的国君又没了，虢林父就立晋小子侯的叔叔也就是上任国君晋光的弟弟晋缗做晋国的国君。

说起来，这是虢国国君第二次在天王的授权之下立晋国的国君。上一次是虢林父的哥哥，同样也是虢国的国君，叫作虢忌父，由他立了晋光，现在又由虢林父立晋光的弟弟晋缗。

估计大家也看出来了，晋国大宗这边立一个国君，曲沃那边就杀一个国君，大宗再立一个国君，曲沃那边再杀一个国君，所以这位晋缗的下场不言而喻。

祭公来，遂逆王后于纪。

王室派出大夫祭公来到鲁国，为天王姬林从纪国迎娶王后。

按照春秋时代的习惯，天王要和诸侯结亲，因为地位不同，王室不会主婚，而是托同姓的国家，比如鲁国负责主婚。王室亲迎的大夫会将新王后先迎到主婚的同姓国，然后再从主婚的同姓国迎回王室。

如果是王姬出嫁，也就是王室的女子要嫁到诸侯去，同样也是由同姓国来主婚，王室先把王姬送到同姓国，诸侯则到同姓国亲迎。

这次是由鲁国代为主持姬林的婚礼，王室派祭公亲迎，祭公先到鲁国，然后从鲁国去纪国迎接新王后。

本年是姬林在位的第十六年，所以娶纪国女子为王后，不是姬林第一次结婚，可见，这次联姻是纪国积极奔走促成的。

纪国在齐国强大的灭国威胁下，可以说是殚精竭虑。

最开始，纪国是找鲁国谈判，看看鲁国能不能帮助调解。鲁国说："我帮不了。"

不久，纪国又来找鲁国，看看鲁国能不能出面请求王室居中调停。鲁国说："这也没戏！"

再后来，纪国又想出个办法，直接和王室联姻。纪国认为，如果能成为王室的联姻国，到出问题的时候，王室难道会不顾及这一点的姻缘出面来调解一下吗？

纪国花了一年的时间来运作这件事情，终于将公室的女子送到王室，做了天王姬林的王后。

纪国跟王室联姻成功了！但是有这一层婚姻关系，姬林就会出面调停纪国和齐国的关系吗？估计大家自己也可以判断。但是纪国不这样做，还能做什么呢？

小国的悲哀，我们每说一次都要叹息一声。

九年

公元前703年,戊寅,周王姬林十七年,鲁侯允九年,晋侯缗二年,曲沃伯称十三年,卫侯晋十六年,蔡侯封人十二年,郑伯寤生四十一年,曹伯终生五十四年,齐侯禄父二十八年,宋公冯八年,秦伯曼元年,楚王熊彻三十八年,杞靖公元年,陈侯跃四年,许男郑九年。

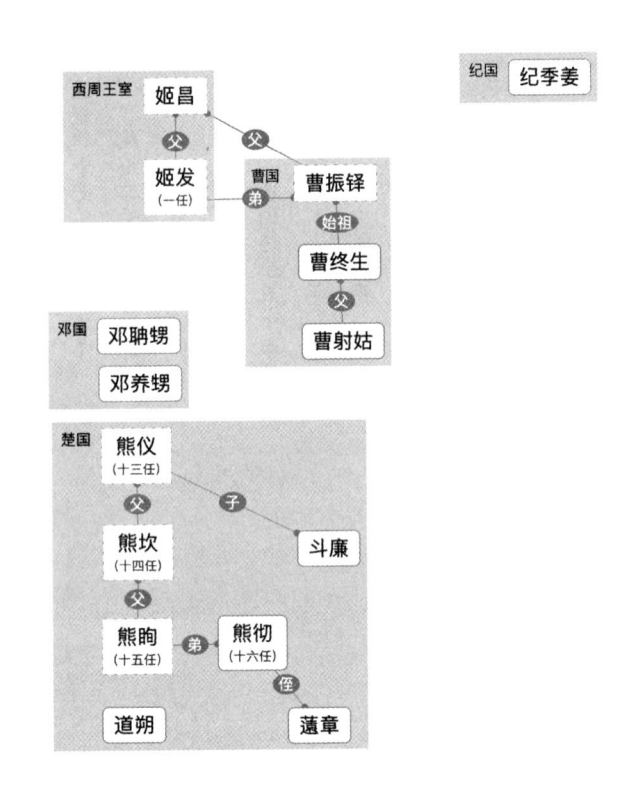

图20　鲁允九年人物关系图

九年春，纪季姜归于京师。

纪国为了摆脱齐国的威胁，和天王姬林联姻，本年春天新王后嫁入京师。

《春秋经》称呼这位新王后为「纪季姜」，「纪」代表她出身纪国，「季」代表她的排行；说明她是纪国某个人最小的女儿；「姜」是纪国的国姓，周人同姓不婚，称呼女子的时候一定要把姓放在最后，以表明和男方不是同姓的，如此才能结合。「京师」指的就是东周王室的都城，我们也称它为成周，或者洛邑。

● 京师 ●

京师之所以叫作京师，首先是"京"这个字大有来头。

周人第一个显赫的祖先叫公刘，公刘当年就住在京这个地方，所以后世的周人总是把都城叫作某京，比如说，西周第一任天王姬发所营造的都城就叫作镐京，他父亲姬昌所营造的都城则叫作丰京，这是当时的习惯。

除了王室之外，其他国也有类似的习惯。比如晋国后来定都在绛，迁都以后新的地方还叫绛，楚国定都在郢（音"影"），迁都之后还叫郢，再迁都还是叫郢。

这种带着地名走的习惯来源于当时没有规范的确定的天下地图的现实状况。

今天我们拿着地图看，可以看出这个地方被称为山西，那个地方被称为河南，这些地名都是定下来的。可是古代不一样，尤其是像春秋时代，大片的地方都没有人居住，那地方到底叫什么名儿谁也不知道。所以有人迁过去以后，就习惯地把自己原来居住地方的名字搬过来，这样用起来方便。到了秦汉以后，天下地理的名字基本上都有了，再迁入的人就只能入乡随俗，用本地人称呼的名字来称呼。

再看今天的北京、南京，甚至日本的京都、东京都是来源于这位周代显赫的祖先公刘，来源于他当时居住地方的名字，以及周人延续下来的习惯。能想象吗？一个名称就击穿几千年，一直延续到今天！

再说"师"这个字。

周人有另外一个习惯，在地名的后面，加上𠂤（音"对"）字，比如成𠂤、牧𠂤，𠂤是众的意思，一个地名加上一个𠂤，就代表这个地方人口众多，是一个大城市。到了汉代，𠂤这个字就不再使用，汉人把它改成师字，称作成师、牧师，对于京来说，也就是京师。

所以京师意味着：第一，这是东周王室的都城；第二，说明这个地方很大，人口众多。

《春秋经》为什么要记录这件事情？

《春秋经》记录的是鲁国以及与鲁国相关的事情。正常情况下，只有鲁国出嫁的女子会有记录，其他国家的女子是不记录的。一方面是当时的女子地位比较低，大家都认为这不是什么重要的事儿，没必要记它；另一方面则是别人的事情与我们国家有什么关系呢，如果人人都记，哪记得过来啊！

但纪季姜是经过鲁国主持嫁入王室的，纪季姜进入京师就意味着鲁国主持的这场婚礼圆满完成了，所以《春秋经》要把它记录下来，意思是说，我们鲁国把王室交代的任务搞定了。

夏，四月。

无事可记，《春秋经》照记「夏四月」。

（楚人、巴人围鄾。）

最初，巴国国君派一个使者到楚国来，这位使者叫作韩服。韩服请求楚国出面，帮助巴国和邓国建立友好的外交关系。

于是，楚国国君熊彻就派自己的手下道朔，陪同韩服，带着礼物一起去访问邓国。

道朔、韩服在邓国南部边界的鄾（音"优"）邑，和当地人发生了冲突。大概是鄾人眼红韩服和道朔的财物，就将他们斩杀，财物也被劫持一空。

熊彻听说这件事情以后非常愤怒，就派他的侄子薳章去谴责邓国。

这种事情在后世也很多，比较有名的是成吉思汗。成吉思汗曾经派使者带着礼物去花剌子模①，希望建立贸易关系，走到花剌子模边境上的一个城市，这个城市的总督眼红使者带的礼物，就抢夺了礼物，并将使团的人全部杀掉。

当时成吉思汗忙于对金国的战争，不愿意和花拉子模起战端，所以又派使者去花剌子模，和花剌子模的国王交涉说："你们边境上的人把我们派来的使者都干掉了，你看看怎么办吧！"

可是，花剌子模的国王认为说："我们这么大的国家，根本不在乎你们怎么想，就是把你们的人干掉了又怎么样？"所以对成吉思汗的诉求不予理睬。

使者回去转告成吉思汗，成吉思汗这下可就坐不住了，一怒之下东边的仗也不打了，立刻调动大军远征花剌子模，花剌子模由此灭国。

所谓两国相争不斩来使，一方派友好使者去，结果被杀了；另一方正常的反应应该是，要不制裁凶徒，要不就两方联合起来一块商量怎么解决问题。

可是面对楚国的谴责，邓国拒不接受。邓国认为，使者是被鄾人杀的，又不是我们指使的，最多是个意外，你楚国要怪就怪鄾人，不要怪我们邓国。

这还得了？不只楚国咽不下这口气，巴国对这件事也很不满意。巴国认为，我们本来派使者去跟你们邓国友好，你们就这样处理？

---

① 位于现中亚地区，约今乌兹别克斯坦和土库曼斯坦两国区域。

于是，楚国派斗廉率领大军联合巴国的军队，包围鄾邑。这下邓国坐不住了，邓国派养甥和聃甥两个人，率军救援鄾邑。

在这里要插一句，养甥、聃甥不是他们的名字，他们实际上是邓国国君的两个外甥，只不过我们不知道他们的名字，所以只好这样称呼他们。

邓国本来可以拒不接受谴责，但如今一出兵救援，就坐实斩杀使者的事情和邓国有关，就算不是邓国在后面指使，起码也是邓国默许的，反正邓国是脱不了关系的。于是，围鄾之战就变成楚国、巴国与邓国的对抗。

两军对峙，邓国的援军决定先攻打巴军，因为巴国相对于楚国来说比较弱，而且离邓国也比较远。可是，没想到巴军也很强啊！邓军三次冲击巴军，竟然都被顶了回来。面对巴军，邓军没有占到半点儿便宜。

这时候，斗廉想出一个招数，他把楚国的军队放在巴国军队中，当邓国再次攻击的时候，就假装成巴军逃走。

邓军一看，巴军果然还是不行，抵挡得住三次攻击还觉得他们了不得，没想到第四次就不行了，所以邓军趁势追击。伪装成巴人的楚国人，撤退到指定地点忽然反击，而巴军又从后面一块儿夹击，结果邓军大败。

鄾人的军队一看邓国被击败，立即就崩溃了，最终，楚国和巴国的联军取得了胜利。

秋，七月。

无事可记，《春秋经》照记「秋七月」。

（虢仲、芮伯、梁伯、荀侯、贾伯伐曲沃。）

去年，曲沃称攻克晋国大宗的翼都，王室的卿士——虢国国君虢林父率兵把曲沃称从翼都赶跑了，虢林父后来又立晋缗做晋国的国君，可是晋缗在翼都的地位并不稳固。

所以，虢林父再做一次好人，在本年秋天，带领芮国、梁国、荀国、贾国等小国联军攻打曲沃。虢林父这一次的目的是要削弱曲沃，以便让晋缗慢慢壮大起来。可是虢林父带领的只是一众小国，能对曲沃造成多大的威胁呢？

为什么虢林父不带领一些大国呢？尤其是像中原这边的国家，比如郑、齐、鲁、宋、卫等。恐怕是王室没有那么大的号召力，尤其现在王室和郑国的关系搞得很僵，郑国不出面的话，其他国家肯定也不会出兵。

冬，曹伯使其世子射姑来朝。

本年冬天，曹国国君曹终生派世子曹射姑到鲁国来朝见。

我们前面提到过，诸侯来访问叫作朝，大夫来访问叫作聘。曹射姑虽然是曹国的太子，但他毕竟不是曹国的国君，不是诸侯，但《春秋经》却记作「来朝」。这是因为曹终生病重，曹射姑目前是摄政的状态，所以他就以诸侯的规格来鲁国访问。

鲁国接待曹射姑，则是以上卿的规格来接待。曹射姑虽然是以诸侯的规格来鲁国访问的，可他毕竟不是国君。像鲁国这么讲礼数的国家，自然会以国君以下的最高规格来接待他，也就是上卿规格。

在招待曹射姑的宴会上，当歌舞出场，开始第一轮敬酒的时候，曹射姑——这位曹国的世子不自禁地在那里叹气。鲁国大夫施父就问："您有什么忧愁吗？现在是饮宴的时候，不是叹气的时候啊！"

曹射姑当然有忧愁了，因为他的父亲快要去世了。

十年

公元前702年，己卯，周王姬林十八年，鲁侯允十年，晋侯缗三年，曲沃伯称十四年，卫侯晋十七年，蔡侯封人十三年，郑伯寤生四十二年，曹伯终生五十五年，齐侯禄父二十九年，宋公冯九年，秦伯曼二年，楚王熊彻三十九年，杞靖公二年，陈侯跃五年，许男郑十年。

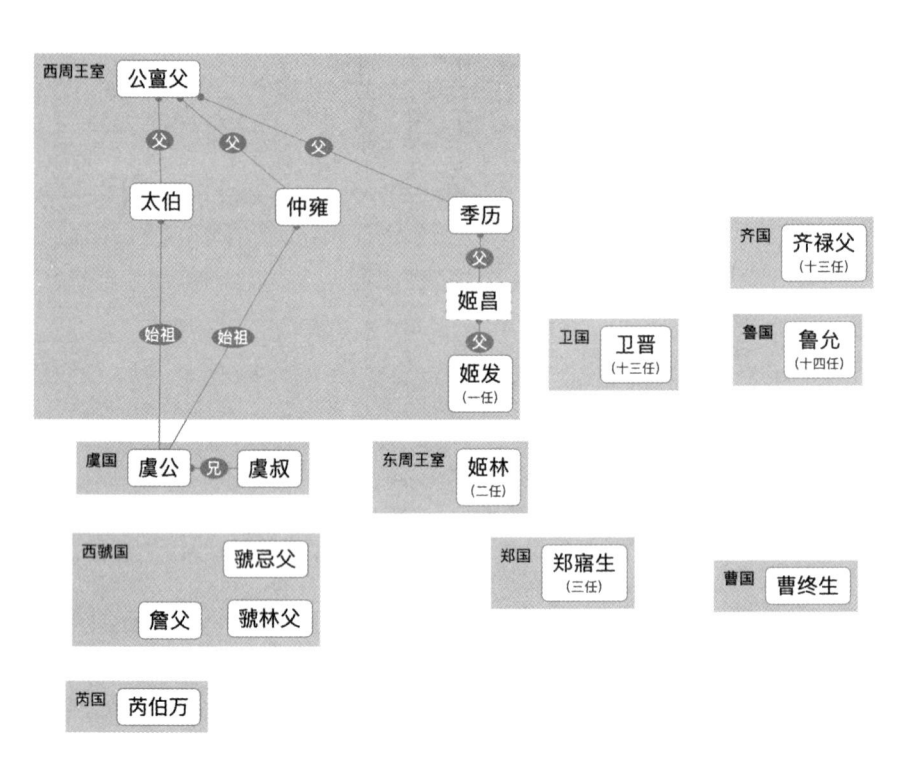

图21　鲁允十年人物关系图

十年春，王正月，庚申，曹伯终生卒。

周历正月初六，曹国国君曹终生去世。

夏，五月，葬曹桓公。

五月，曹国国君曹终生下葬。曹终生正月去世，五月下葬，所谓诸侯五月而葬，算是中规中矩。

曹终生过世之后，曹人为他定谥号为桓，所以后世称曹终生为曹桓公。

（虢公出奔虞。）

最初，王室的卿士、虢国国君虢林父，在天王姬林面前诋毁他的大夫詹父。

这个事说起来颇为微妙，按道理说虢林父是虢国的国君，还需要在天王面前诋毁自己的大夫吗？作为国君，底下的大夫不服，就把他压服啊。可是虢林父居然需要借助王室的力量来压服他，甚至使用嚼舌头根子进谗言这种方式来压服他，詹父这个人的影响力可想而知。

可是没想到，虢林父进了半天谗言，在他所说的这一堆事情里面，他并不占理，反而是这位詹父占理。

所以，詹父就理直气壮地调动王室的军队攻打虢国。虢林父在虢国待不下去，只好跑去虞国。

试问，仅凭一个虢国的大夫，如何能调动王室的军队去攻打王室的卿士，攻打他自己的国君呢？

这背后还有另外一只黑手在推动，这就是天王姬林。

想当年，东周第一任天王姬宜臼东迁到洛邑，依靠的是郑国的力量。当时郑国帮助姬宜臼抚平四方，谁不听话就打谁。可是郑国干涉王室的事务太多了，所以王室一直有心把郑国赶走，于是就引入了虢国。

第二任天王姬林上台以后，姬林首先分权，让郑国做左卿士，让虢国国君虢忌父做右卿士。再过一段时间，索性不让郑国管王室的事务。

可是前边驱狼后边引虎，虢国又开始干涉王室的事务。这是姬林非常不愿意看到的，姬林希望王室的事情由王室来管，诸侯可以中间插一脚，比如谏个言，但是不能介入过深。之前郑国就是因为介入过深，所以王室才把郑国赶走，现在变成虢国介入过深，就要想办法把虢国也赶走。

当虢林父向姬林进谗言的时候，姬林发现这是个非常好的机会，他就借用詹父的力量，使用王室的军队将虢林父也赶走了。

这下，姬林在王室的地位相对于姬宜臼来说就更稳固了。

秋，公会卫侯于桃丘，弗遇。

本年秋天，鲁允和卫国国君卫晋约定在桃丘会面，结果卫晋竟然没有出现。

这件事情非常蹊跷。按道理说，两个国君的会面一定是很早之前就敲定的，如果是仓促会面的话，就不叫作「会」，而应该叫作「遇」。即使卫晋临时有事，也应该提前通知鲁允，不会出现一个国君来、另一个国君不来的情况。像卫晋这样既没有通知鲁允又没有按约定赴会，是非常失礼的行为。

卫晋没有来，是因为一场对鲁国的巨大战争正在酝酿。卫晋已经选好自己的立场，他没有选在鲁国这一边。

（秦人纳芮伯万于芮。）

最初，秦人曾经派兵攻打芮国，但因为轻敌，被芮国击败，秦人就没敢再对芮国采取行动，而是跑到魏邑，将芮国国君芮伯万俘虏。

当时参与俘虏芮伯万的，还有王室的军队，也就是秦人和王室联合制裁了芮国的国君。

可是去年，芮国参加了王室卿士虢林父讨伐曲沃的战争，于是王室出来调停秦国和芮国的关系。由此，秦人同意送芮伯万回芮国。

秦芮之间的交锋，算是到了中间的一个阶段。

（虞公出奔共池。）

本年早些时候，虢国国君虢林父因为内乱流亡到虞国，结果虞国也发生了内乱。

虞国是周王朝最老牌的诸侯国，他的始祖可以一直追溯到西周第一任天王姬发的曾祖父。姬发的曾祖父叫作公亶父，也被人称为古公亶父。在周人的世系里面，公亶父是第一个被追封成王的人，周人称他为周太王。

周太王有三个儿子，大儿子叫太伯，二儿子叫仲雍，小儿子叫季历，姬发就是季历这一支的后代。太伯和仲雍在很早就被周太王派到夏墟这个地方。夏墟也就是以前夏代的聚落，太伯和仲雍在这里建立了一个国家，这个国家就是虞国。

周王朝都还没有建立的时候，虞国就已经建立了，而在周克商的过程中，虞国一直作为周军的后勤补给基地。

由此可见，虞国这个国家又老又传统。

到西周第二任天王姬诵的时代，虞国的一支被分封到吴地，这一支就成了后世的吴国，吴人将周太王的大儿子太伯尊称为自己的祖先，称他为吴太伯。《史记》世家第一，就是这位吴太伯了。

再说当代虞公的弟弟虞叔有一块宝玉被虞公看中，虞公就向他讨要："你那块玉不错，不如给我。"

虞叔也喜欢这块玉，所以就拒绝了，可是过了一段时间，虞叔觉得不是个味儿，国君向你要这么个东西你都不给，似乎不是很合适，所以他就有点后悔了。

虞叔说："周人有一句谚语：『匹夫无罪，怀璧其罪』（《左传·桓公十年》），我拿着这块玉，说不定这块玉就会变成我的过错，我何必为了一块玉而承受不该承受的灾难呢？"

「匹夫无罪，怀璧其罪」，意思就是说，一个人本身可能没有什么过错，但是你身藏宝物而被别人盯上，这件宝物可能就会变成你的过错。现在我们还把它作为一个成语在用，它的这种思想影响着今天的我们。

比如说，大家如果出远门，家里面的老人就会说："一定记着把零钱装在一个兜里面，把整钱装在另一个兜里面。"这样在一般的场合，不用一掏就是一大把百元大钞，这叫富不露财。有钱，但是不露出来，就是怕怀璧其罪。

虞叔自己想通了，就把玉献给了虞公。

可是没想到过了几天，虞公又来找虞叔，说："你那块玉是不错，我听说你有一把剑也不错，你不如把剑也一块儿给我吧！"

这下虞叔可傻了，虞叔心说："这是多么贪得无厌的人啊，这样下去什么时候是个头？某一天如果我说不的话，搞不好他就会降罪给我。"

于是，虞叔就起兵造反，把虞公赶出虞国，虞公只好流亡到共池这个地方。

冬，十有二月丙午，齐侯、卫侯、郑伯来战于郎。

十二月二十七，齐国国君齐禄父、卫国国君卫晋和郑国国君郑寤生率领三国联军，在鲁国的郎邑和鲁国的军队展开混战。

按说鲁国是郑齐集团的一员，而且和齐国还有婚姻，怎么突然之间，齐国、郑国还带着卫国一块来打鲁国呢？

这件事说来话长。

四年前，戎人攻打齐国，郑国世子郑忽率领郑国的军队救援齐国。当时齐国请求鲁国负责物资发放，鲁国就以王室爵位的大小来排序，郑国是伯爵，自然就把郑国排在后面，这件事情引起郑忽非常大的不满。

郑忽认为："我们有功，你鲁国凭什么把我们放在后面？明显就是通过这种排序来打压我们。"正是这件事情发酵四年，最终引发这场战争。

我们看参加的这几个国家，首先是齐国，齐国和鲁国之间有婚姻，但是齐国在戎人攻击这件事情上，欠郑国很大的人情，郑国提出发放物资的时候受了气，齐国不可能不理，所以齐国不只是参与战争，他还去协调卫国，拉上卫国一块儿来攻打鲁国。卫国正是决定参加这次对鲁国的讨伐，所以鲁允和卫晋之间本来约好的会面，卫晋没好意思出席。

然后我们看郑国，这次战争是因为四年前，郑国认为受到不公正的待遇，所以才进行的，可是为什么要等四年？按以前郑寤生的做派，郑寤生什么时候你打我一拳，我要等到四年以后才还你？自然是你打我，我当年能还你就还你，不能还你第二年还你，为什么要等四年呢？原因是郑寤生老了。

郑寤生到今年在位已经42年了，就按他十几岁即位，到现在也快六十岁了，这在春秋时代已经算是非常高的寿命了，以他的雄才大略，像这样一件小事，也要发动这么多人去攻打，显得有点儿过了，他完全可以采用其他方式来解决，可是他现在已经没有这么大的精神了，现在是年轻人说话的时候，也就是郑国世子郑忽说话的时候，郑寤生能把这件事情延了四年，就表示他的态度，他并不是非常愿意，可是看到郑忽咽不下这口气，所以才会发动这次战争。

而鲁国呢，虽然鲁国平白无故受到三个国家的攻打，这三个国家里面有它的姻缘之国，还有它的盟国，可是鲁国认为在这件事情上，理在鲁国！我们从《春秋经》的记录上就可以看出来鲁国的这种理直气壮。

《春秋经》记录出兵顺序的时候，是按照齐国、卫国、郑国的顺序记录的。因为组织这场战争的是齐国，卫国也是齐国拉过来的，所以把齐国放在前面，没什么问题。

可是，郑国是这场战争挑头的人，《春秋经》却把郑国放在跟这场战争没什么关系的卫国的后面。《春秋经》这样记法，意思就是说，卫国虽然跟这场战争没什么关系，但是卫国是侯爵，郑国是伯爵，当然爵位大的放在前面、爵位小的放在后面，这不是跟鲁国在分配物资的时候排序是一样吗？

鲁国就是以这种行动，非常明确地表示自己的态度，我虽然被打了，但是，我没错！

十一年

公元前701年，庚辰，周王姬林十九年，鲁侯允十一年，晋侯缗四年，曲沃伯称十五年，卫侯晋十八年，蔡侯封人十四年，郑伯寤生四十三年，郑伯忽元年，曹伯夕姑元年，齐侯禄父三十年，宋公冯十年，秦伯曼三年，楚王熊彻四十年，杞靖公三年，陈侯跃六年，许男郑十一年。

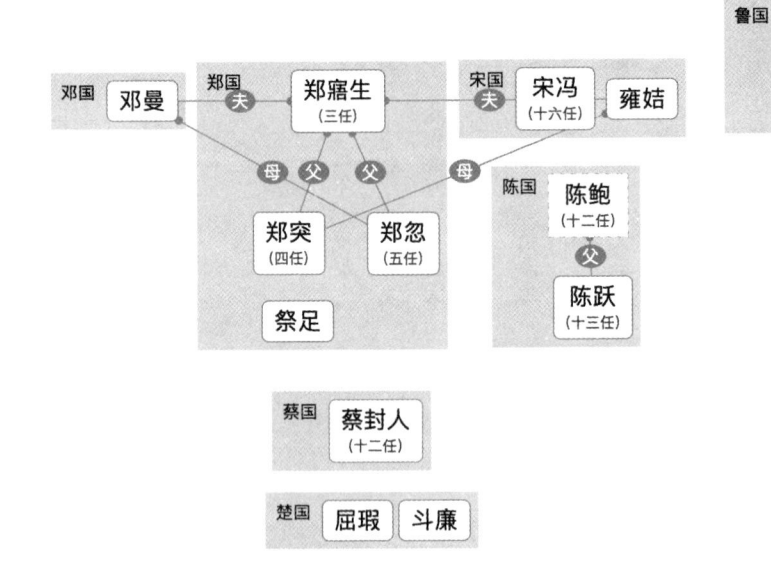

图22　鲁允十一年人物关系图

鲁允·十一年

十有一年春，正月，齐人、卫人、郑人盟于恶曹。

去年，因为郑国世子郑忽和鲁国有嫌隙，所以齐国挑头，拽上卫国，加上郑国，三个国家一起讨伐鲁国。三个国家打完仗之后，就索性结个盟吧，于是在本年正月，齐国、卫国、郑国三个国家在恶曹结盟。

（楚人败郧于蒲骚。）

楚国这两年动作频频，不断地向外扩张，先打随国，又打邓国，汉江诸姬的这些小国非常不安，于是就联合起来，准备对付楚国。楚国也在这个时候改变了策略，将军事进攻改为外交手段，希望在这些小国里拉一派、打一派。

楚国计划和贰国、轸国两个小国结盟，而负责实施这次结盟的是楚国的莫敖屈瑕。

• 莫敖 •

莫敖是楚国的一个官职，类似于大司马，是楚国早年最高的军事长官，到后来令尹的职权越来越大，所以莫敖和令尹平分秋色。再后来楚国又设置大司马、右司马、左司马，而莫敖这个职务因为长期空置，没有人做这个官，地位就不断地下降，最终定位在左司马之下。也就是说，莫敖在早

> 年是最高的军事长官，后来就变成了中层干部。莫敖一般情况下是由楚国的屈氏世袭，屈氏是楚国的几大世家之一，也是楚国王室的旁支，我们后世大名鼎鼎的屈原就是屈氏的后人。

莫敖屈瑕正准备和贰国、轸国小国结盟，另外一个小国郧国却把军队驻扎在蒲骚，打算和随国、绞国、州国、蓼国联合攻打楚国。这让屈瑕非常忧心。

这些小国单独拿出来，哪一个都不是楚国的对手，但是五个联合起来，对于楚国来说就非常棘手。

楚国大夫斗廉为屈瑕出主意说："郧军现在驻扎在城池的旁边，军队松懈，一定不会有所戒备。他们日夜等待四国联军的到来，自然不会主动进攻，我们也不用防备他们偷袭。请您把军队驻扎在郊郢，以防备四国的联军。我则率领精锐部队，趁晚上偷袭郧军。郧军一方面觉得有四国军队支援，另一方面，他们觉得自己在城池旁边，可以凭借城池的防御来守卫自己，所以他们一定不会和我们拼命，而我们集中力量，只要把郧军击败，那么其他四个国家就会自行撤兵。"

斗廉指出当时形势中的一个要点，就是郧军驻扎在散地。《孙子兵法》上讲："诸侯自战其地，为散地"（《孙子兵法·九地》）。也就是说，军队在自己家门口，一旦碰到强力的对抗，就很容易崩溃。因为在自己家门口，士兵一看打不过就扛着武器跑回家了，所以这种地方叫作散地。

虽然看起来郧军在城池旁边，有城池的庇护，但是它的军队没有战心，斗廉清晰地指出郧国在优势局面下的弱点。

可是屈瑕还是非常担心，他说："我们对抗的可是五个国家的军队啊！一旦偷袭失败，郧军和其他四国联合起来，那我们现在的军队能对抗吗？我们难道要去主动攻击强大的敌人吗？"

最后屈瑕提了自己的看法："要进行这样的军事行动，是不是应该先向国君请求援军呢？"

斗廉说："军队的强弱在于军队的内部是否团结，而不在于军队的数量。"斗廉一句话把组织学的精髓说出来了，组织学里有这样一条：组织的强弱不在于组织的大小，而在于组织内部的紧密程度。人多人少，并不能决定力量的大小，这就好比精兵对乌合之众，可能几百人就可以击溃上千人甚至上万人。

当然，屈瑕并不知道组织学是怎么回事。斗廉进一步举例："想当年，商、周之间力量对比是何其悬殊，但是周以弱小的力量最终把商击溃，这件事您也有所耳闻吧。只要我们能同仇敌忾，抓住战机，根本不需要支援。"

屈瑕还是不放心，又说："要不我们先占卜一下胜负？"

斗廉张嘴又说了一句名言："卜以决疑。"卜以决疑，就是说碰见事情的时候，有纠结，搞不清楚，觉得左边也行，右边也行，这个时候才要占卜来决定怎样做。我们现在也是这样的，面临两份工作，到底选哪一个？纠结的时候就投个钱儿吧！拿硬币啪的一扔，正面的就是这个，反面的就是那个。这就是卜以决疑的意思。

斗廉接着说："可是我们现在的情况只有这一条路，就是立即出兵，击败郧军，否则，一旦五国联军会师，那我们的麻烦就大了。因为只有这一条路，所以没有什么可纠结的，这种情况下我们还需要占卜吗？"

最终，屈瑕被说服，楚军主动出击，在蒲骚击败郧军，顺利地和贰国、轸国两个小国结盟以后撤回楚国。

夏，五月癸未，郑伯寤生卒。

五月初七，郑国国君郑寤生去世。

秋，七月，葬郑庄公。

七月，郑国国君郑寤生下葬。郑寤生五月去世，七月下葬，所谓诸侯五月而葬，郑寤生三个月就下葬了，算是赶了一把时髦。

郑寤生从在位的第 22 年进入《春秋》的记录。最初，他着力于解决国内的矛盾，把他的弟弟郑段赶出郑国，稳定了郑国的内政。

紧接着，郑寤生又在和王室的纷争中，表现得非常强势。

再之后，因为和宋国、卫国有嫌隙，导致四国伐郑、五国伐郑。这两场战争对于郑寤生来说是一大危机，但是郑寤生能够沉着面对，通过各种机会打击分化对手，最终变成以王室的命令组织联军伐宋，将宋国彻底击溃，并且扶持亲郑的宋冯做了宋国的国君。

从被联军讨伐到联军去讨伐，郑寤生一系列内政、外交、军事手段让人眼花缭乱。郑寤生在位期间，通过平灭许国，为郑国势力的扩张奠定了基础。

郑寤生所生活的春秋早期，国家之间的实力相对来说比较均衡，一个国家即使压倒另一个国家，也很难把这个国家吞并或者彻底消灭，所以郑国仅仅是在整体的外交形势占了上风，相对于后世那些当仁不让、一句话能够决定小国生死的春秋霸主来说，郑寤生只能算是春秋小霸。

《春秋》一共记录了郑寤生在位 22 年的零碎事迹，22 年间，郑国至少经历 15 场战争，几乎每年都在征伐和被征伐之中，所以郑人按谥法「兵甲亟作曰庄」（《逸周书·谥法解》），为郑寤生定谥号为庄，后世称郑寤生为郑庄公。

九月，宋人执郑祭仲。突归于郑。郑忽出奔卫。

郑寤生一死，马上就有人惦记郑寤生去世后的郑国有什么样的走向，这个人就是宋国国君宋冯。

想当年，宋冯的父亲宋和去世的时候，没有把宋国国君的位置交给宋冯，而是交给了宋冯的兄弟宋与夷，宋冯被迫流亡到郑国，此后一直受到郑寤生的庇护，后来郑寤生彻底击溃了宋国，宋冯才有机会重返宋国，成为宋国的国君。

自然宋冯送出了大量贿赂，感谢郑寤生。在此之后，宋冯一下子寂寂无声了，甚至宋国好像就不存在了，完全以郑国马首是瞻。

现在郑寤生死了，宋国又开始活跃起来，对于宋冯来说，受到郑寤生那么多的照顾，他对郑国内部事务可以说是了如指掌。他最清楚怎么样才能得到一个亲宋的郑国，这一招当然还是学的郑寤生。郑寤生当年扶持他得到一个亲郑的宋国，现在他也希望扶持一个人，以便能得到一个亲宋的郑国，这叫三十年河东，三十年河西。

但这件事情由谁来办呢？宋冯选择了祭足。

我们从讲《春秋》开始，就提到过祭足这个人。祭足受到郑寤生的宠信，被封为郑国的卿大夫，在郑国权威非常大。

祭足当年为郑寤生迎娶邓曼，郑忽就是邓曼的儿子，正因为郑忽和祭足之间有这样的关系，所以当年郑忽帮助齐国击败戎人，当时齐国国君齐禄父提出招郑忽为婿。郑忽想拒绝，祭足就劝郑忽说："这个事不能拒绝，一定要接受，国君有那么多的宠妾，儿子多的是，如果你没有大国的支持，将来恐怕连国君的宝座都坐不稳，你那几个弟弟哪一个不能做国君呢？"

可是郑忽总是秉承着自求多福、善自为谋的想法，最终还是拒绝了。即使这样，郑寤生去世之后，祭足还是支持郑忽坐上郑国国君的宝座。

除了郑忽，郑寤生还有一个厉害的儿子，我们前面也经常提到的郑突。郑国跟戎人、跟王室激战的时候，都有郑突的出谋划策。

郑突是宋国雍氏的女儿雍姞所生的儿子，雍氏是宋国的名门，据说他们是黄帝的后裔，可以说是名门中的名门，但在宋冯的眼中，郑突和宋国的血脉是一样的，所以他想立郑突做郑国的国君，如果成功的话，他就能得到一个亲宋的郑国，于是宋冯计划了很长时间，现在开始正式实施。

九月，宋冯诱骗祭足和郑突来到宋国，扣留祭足并且要挟他："如果你不帮忙拥立郑突做郑国的国君，我就干掉你。"同时宋冯又扣留郑突，索要贿赂，就是想把当年自己送出去的再要回来，可能还要更多。他跟郑突说："我现在打算拥立你做郑国的国君，那你总得来点好处吧，你开价多少啊？"

有人愿意立自己做国君，郑突自然不会拒绝，所以这个事情就取决于祭足到底要不要支持郑突做郑国的国君。

这时候祭足就要左右权衡了。郑忽也好、郑突也好，都不是郑寤生的嫡子，他们谁做国君，从合法性上来说都差不到哪儿去。

郑忽和祭足之间有邓曼的关系，但是郑忽这个人太骄傲了，以祭足来说，他也搞不清楚是不是能够把郑忽拿捏在手中。

反过来说，宋国一意要立郑突做郑国的国君，那就跟当年郑寤生要立宋冯做宋国的国君一样，很可能会引起郑国的分裂，如果两边打起来，目前国君新丧，郑国肯定会吃亏的。

祭足权衡来权衡去，答应了宋冯的要求，他承诺宋冯："我一定会立郑突做郑国的国君！"然后带着郑突回到郑国，紧接着他就拥立郑突做郑国的国君。

九月十三，屁股还没坐热的郑国新任国君郑忽不得不流亡卫国。九月二十五，郑突正式即位，成为郑国的国君。

郑寤生一死，郑国再一次陷入夺嫡的危机之中，而这场危机要延续很久很久。

柔会宋公、陈侯、蔡叔盟于折。

宋国国君宋冯拥立亲宋的郑国国君郑突之后，马上纠集以前的小伙伴如陈国、蔡国，重组宋卫集团。

虽然之前鲁国和宋国的嫌隙很深，但是宋冯已经顾不上了，他把鲁国也列入召集的队列里，毕竟两国都换了新君，而鲁允的母亲还是宋国人。

鲁国去年被郑国、齐国、卫国打了一顿，今年郑国突然翻了天，明显郑突已经受制于宋冯，鲁国自然开始向宋国倾斜。

本年秋天，鲁国大夫柔和宋冯、陈国国君陈跃、蔡国国君蔡封人的同母弟弟蔡叔在折邑举行盟誓。

鲁国再次向宋国靠拢。

公会宋公于夫钟。

折之盟刚结束，鲁允和宋冯就在夫钟会面。

冬，十月有二月，公会宋公于阚。

十二月，鲁允和宋冯在阚邑再次会面，鲁国向宋国靠得越来越近。作为春秋小霸的郑寤生一去世，国际间马上就开始重新洗牌。

附录

人物别名表

本书依《春秋经》以氏 + 名来称呼春秋人物，在三传中则有称名、称字、称官、称爵、称谥等方式，下面列出本书所有出场人物其他称呼对照，供参考。

B

褒姒：褒姒
北戎大良：大良
北戎少良：少良
卜商：子夏

C

蔡封人：蔡侯
蔡考父：蔡侯考父、蔡宣公
曹射姑：曹大子
曹终生：曹伯、曹伯终生、曹桓公
陈鲍：陈侯、陈侯鲍、陈桓公
陈免：大子免

陈佗：文公子佗、五父
陈跃：陈侯

D

大夫柔：柔
邓聃甥：聃甥
邓吾离：邓侯、邓侯吾离

F

费庈父：费伯

G

公亶父：古公亶父、周太王

附录

谷绥：谷伯、谷伯绥
虢忌父：虢公忌父
虢林父：虢公、虢公林父、虢仲

J

姬旦：周公
姬发：武王
姬宫涅：幽王
姬狐：王子狐
姬林：桓王、天王、王
姬满：王孙满
姬宜臼：平王、天王
姬虞：叔虞、唐叔虞
纪伯姬：伯姬
纪季姜：王后
纪叔姬：叔姬
祭足：祭仲、祭仲足、仲足
晋伯：昭侯

晋成师：成师、桓叔
晋仇：仇
晋费生：晋穆侯
晋光：哀侯、晋哀侯、翼侯
晋缗：缗
晋平：孝侯
晋郄：鄂侯、晋侯
晋小子侯：小子侯
晋宜臼：靖侯

K

孔父嘉：孔父

L

裂繻：纪裂繻、纪履緰、纪子帛
鲁达：臧哀伯
鲁弗湟：惠公
鲁翚：公子翚、翚、羽父

鲁彄：公子彄、臧僖伯

鲁同：子同

鲁息姑：公、隐公

鲁益师：公子益师、众父

鲁豫：公子豫

鲁允：公、桓公

栾成：栾共叔

Q

齐得臣：东宫得臣

齐禄父：齐侯

齐年：齐仲年、夷仲年

曲沃称：曲沃伯、曲沃武公

曲沃鱓：曲沃伯、曲沃庄伯

屈瑕：莫敖

渠纠：渠伯纠

R

芮伯万：芮伯

S

声子：君氏

石厚：厚

石碏：石子

宋勃：左师勃

宋督：督、华父督

宋冯：公子冯、宋公、宋庄公、庄公、庄公冯

宋和：宋公和、宋缪公、宋穆公

宋力：宋宣公

宋司空：宋武公

宋与夷：殇公、宋公、宋殇公

随少师：少师

T

太伯：吴太伯

滕侯：滕子

W

卫晋：公子晋、卫侯、宣公

卫完：桓公、卫侯、卫桓公

卫扬：卫庄公

卫州吁：公子州吁、州吁

文姜：姜氏

无骇：司空无骇

X

挟：侠

泄驾：泄伯

熊彻：楚武王、楚子

许弗：许庄公

许新臣：许叔

Z

郑段：大叔段、共叔段、京城大叔、郑共叔

郑阏：公孙阏、子都

郑妫：妫氏

郑忽：大子忽、公子忽、曼伯、昭公、郑公子忽

郑滑：公孙滑

郑获：公孙获

郑掘突：郑武公

郑吕：公子吕、子封

郑突：公子突、厉公、子元

郑寤生：郑伯、郑伯寤生、郑庄公、庄公

仲子：夫人子氏、鲁夫人

州公：淳于公

周黑肩：周公黑肩

邾克：邾娄仪父、邾仪父、邾子、邾子克

参考文献

《一说春秋》目前参考的书目，总体来说，读《春秋》首推的还是杨伯峻先生的《春秋左传注》。

春秋类

杨伯峻编著：《春秋左传注（修订版）》，中华书局2009版。

（晋）杜预注：《春秋左传正义》，（唐）孔颖达疏，国学导航（http://www.guoxue123.com/jinbu/ssj/zz/index.htm）。

刘尚慈译注：《春秋公羊传译注》，中华书局2010年版。

承载撰：《春秋谷梁传译注》，上海古籍出版社2004年版。

徐元诰撰：《国语集解（修订本）》，王树民、沈长云点校，中华书局2002年版。

董常保：《<春秋><左传>谥号研究》，四川大学出版社2013年版。

陈盘撰：《春秋大事表列国爵姓及存灭表撰异》，上海古籍出版社2009年版。

史籍

范祥雍订补：《古本竹书纪年辑校订补》，上海古籍出版社2011年版。

（汉）司马迁撰：《史记》，（宋）裴骃集解、（唐）司马贞索隐、（唐）张守节正义，中华书局2005年版。

（晋）陈寿撰：《三国志》，（宋）裴松之注、金名周成点校，浙江古籍出版社2000版。

（汉）宋衷注：《世本八种》，（清）秦嘉谟等辑，中华书局2008年版。

杨宽：《西周史》，上海人民出版社2016年版。

童书业：《春秋史（校订本）》，童教英校订，中华书局2006年版。

杨宽：《战国史》，上海人民出版社 2016 年版。

孙飞燕：《清华简＜系年＞初探》，中西书局 2015 年版。

[日] 宫本一夫：《从神话到历史：神话时代、夏王朝》，吴菲译，广西师范大学出版社 2014 年版。

[日] 平势隆郎：《从城市国家到中华：殷周 春秋战国》，周洁译，广西师范大学出版社 2014 年版。

[日] 鹤间和幸：《始皇帝的遗产：秦汉帝国》，马彪译，广西师范大学出版社 2014 年版。

[日] 金文京：《三国志的世界：后汉 三国时代》，何晓毅、梁蕾译，广西师范大学出版社 2014 年版。

[英] 丘吉尔：《英语民族史》，薛力敏、林林译，南方出版社 2004 年版。

[英] 西蒙·蒙蒂菲奥里：《耶路撒冷三千年》，张倩红、马丹静译，民主与建设出版社 2014 年版。

经书诸子

（清）方玉润撰：《诗经原始》，李先耕点校，中华书局 1986 年版。

（清）孙星衍：《尚书今古文注疏》，陈抗、盛冬铃点校，中华书局 1986 年版。

（宋）朱熹：《周易本义》，柯誉整理，中央编译出版社 2010 年版。

金景芳，吕绍刚：《周易全解（修订版）》，上海古籍出版社 2005 年版。

（宋）邵康节撰：《梅花易数》，周浩良整理，九州出版社 2011 年版。

（宋）朱熹撰：《四书章句集注》，中华书局 2012 年版。

钱穆：《论语新解》，九州出版社 2011 年版。

程树德撰：《论语集释》，程俊英、蒋见元点校，中华书局 2013 年版。

（春秋）孔丘：《白话四书五经》，杨伯峻等译，新世界出版社 2008 年版。

（清）王先谦撰：《荀子集解》，沈啸寰、王星贤点校，中华书局 1988 年版。

（战国）韩非：《韩非子新校注》，陈奇猷校注，上海古籍出版社 2000 年版。

许维遹撰：《吕氏春秋集释》，中华书局 2009 年版。

张镇泽撰：《孙膑兵法校理》，中华书局 2014 年版。

史论

钱穆：《先秦诸子系年（新校本）》，九州出版社 2011 年版。

张培瑜：《先秦秦汉历法和殷周年代》，科学出版社 2015 年版。

黄奇逸：《历史的荒原：古文化的哲学结构（增订本）》，巴蜀书社 2008 年版。

钱穆：《中国历代政治得失（新校本）》，生活·读书·新知三联书店 2001 年版。

金毓黻：《中国史学史》，商务印书馆 1999 年版。

卜宪群：《秦汉官僚制度》，社会科学文献出版社 2002 年版。

钱穆：《宋明理学概述》，九州出版社 2010 年版。

钱穆：《阳明学述要》，九州出版社 2010 年版。

杨向奎：《大一统与儒教思想》，北京出版社 2011 年版。

许宏：《大都无城：中国古都的动态解读》，生活·读书·新知三联书店 2016 年版。

李祚唐：《论中国古代的服丧期限——三年之丧期限的演变》，《学术月刊》1994 年 12 期，第 55—60 页。

杂书类

（明）许仲琳：《封神演义》，吉林文史出版社 2000 年版。

（明）冯梦龙，蔡元放编：《东周列国志》，黄钧校注，人民文学出版社 1955 年版。

吴思：《潜规则：中国历史中的真实游戏（修订版）》，复旦大学出版社 2009 年版。

工具类网站

维基百科（https://www.wikipedia.org/）

百度百科（https://baike.baidu.com/）

词典网（http://www.cidianwang.com/）

劝学网（http://www.quanxue.cn/）